WTO农业谈判与中国农业支持政策研究

农业农村部农业贸易促进中心　编著

中国农业出版社

北　京

图书在版编目（CIP）数据

WTO农业谈判与中国农业支持政策研究／农业农村部农业贸易促进中心编著. —北京：中国农业出版社，2024.1

ISBN 978-7-109-31605-8

Ⅰ.①W… Ⅱ.①农… Ⅲ.①世界贸易组织－农产品－国际贸易－贸易协定－研究②农业政策－研究－中国 Ⅳ.①F743②F746.2③F320

中国国家版本馆CIP数据核字（2024）第011316号

中国农业出版社出版

地址：北京市朝阳区麦子店街18号楼
邮编：100125
责任编辑：郑　君
版式设计：王　晨　　责任校对：吴丽婷
印刷：北京中兴印刷有限公司
版次：2024年1月第1版
印次：2024年1月北京第1次印刷
发行：新华书店北京发行所
开本：700mm×1000mm　1/16
印张：14.75
字数：235千字
定价：88.00元

序 言

全球农业贸易保护主义长期深深根植于发达成员高补贴的农业保护政策之中。WTO《农业协定》是关贸总协定乌拉圭回合谈判取得的重要成果，首次将农业纳入多边贸易规则的约束和管理。《农业协定》旨在"建立一个公平的、以市场为导向的农产品贸易体制"，通过约束农业保护主义、规范农产品国际市场，实现农业资源在全球范围内的有效配置。

其中，《农业协定》对农业国内支持按照对生产和贸易的扭曲程度进行分类治理，分为"绿箱""黄箱"和"蓝箱"三类，以增强各成员国内支持政策实施的透明性、合规性，由此使全球农业完成了贸易自由化的第一步。《农业协定》自1995年实施以来，对削减和约束发达成员扭曲性农业补贴发挥了重要作用。如发达成员的扭曲性农业补贴总量已削减2/3，其中，"黄箱"补贴下降幅度达到75%，在一定程度上改善了全球农业贸易竞争环境。

但与发展中成员相比，发达成员仍然存在巨额的扭曲性农业补贴，且不断采取箱体转移等方法规避《农业协定》的约束，因此，农业国内支持改革仍存在规则不平衡、约束不充分、改革缺乏持续性等问题。例如，由于发达成员在《农业协定》生效之前的基期实施大量"黄箱"补贴措施，虽然在《农业协定》生效后需要进行削减，但发达成员仍然拥有巨额的"黄箱"补贴空间，而发展中成员仅有相当于农业总产值10%的微量允许空间。因此，《农业协定》对扭曲贸易的"黄箱"补贴削减并不彻底，却在实质上限制了发展中成员使用"黄箱"补贴的权利。目前发达成员仍有高达1 470亿美元之巨的"黄箱"补贴空间，而发展中成员仅有130亿美元，不足发达成员的9%。

特别是，由于WTO对农业补贴的约束存在功能性漏洞，发达成员可通过"转箱"逃避规则约束，继续通过农业补贴增强其市场竞争力。发达成员凭借雄厚的财力和对规则的灵活运用，通过巧立名目、"转箱"通报等方式进行"合规性设计"，以此规避削减承诺。例如，发达成员基期"黄箱"占农业补贴近 3/4，近年来，发达成员迫于削减承诺压力对农业补贴政策进行改革，但实际上大多以调整补贴结构为主，把受 WTO 约束的"黄箱"补贴转移到 WTO 允许的"绿箱"补贴范围，目前发达成员"绿箱"占比已达 81%。

2001 年启动的多哈回合谈判，本可持续推动对农业国内支持的改革。但由于部分主要成员缺乏农业改革的政治意愿和动力，使农业国内支持改革谈判无限期陷于停顿。虽然世界贸易组织第 12 届部长级会议（MC12）取得了超出预期的成果，尤其在粮食安全和渔业补贴方面取得重要涉农成果，重振了各方对多边贸易体制的信心，有助于共同应对全球挑战、推动世界经济复苏。但世界正面临百年未有之大变局，全球性挑战更加复杂严峻，世界比任何时候都需要坚持多边主义，维护多边体系的核心作用。如何深化 WTO 改革，重振多边贸易体制权威和引领作用，进一步推动建立公平合理的国际农业贸易规则，目前仍然处于十字路口，今后全球农业谈判任务艰巨、任重道远。

中国作为 WTO 成员，是农业贸易自由化的先行者，是推动全球农业发展的贡献者，更是多边贸易体制的捍卫者。加入世贸组织 22 年，中国成为世界最大的农产品进口国，农产品进口在世界的份额，从 22 年前的 3.3%，增加到目前的 12.4%；中国也是重要的农产品出口国，农产品出口在世界的份额，从 22 年前的 3%，增加到目前 4.3%。中国超大规模农业食品市场，是当前全球农业发展的重要驱动力所在。中国积极支持并参与 WTO 等国际组织主导的全球农业贸易治理，是维护多边主义、共建开放型世界经济的坚定践行者。

在世界贸易组织第 13 届部长级会议（MC13）召开前夕，农业农村部农业贸易促进中心编著出版的《WTO 农业谈判与中国农业支持政策研究》，体现了研究团队的专业精神和对 WTO 农业问题的系统把握。该书既有对 WTO《农业协定》与农业谈判的深度研究，也有对农业支持政策改革国际经验的综合借鉴，更有对中国农业支持政策完善的前瞻性思考，对中国参与并推动 WTO 农业谈判、完善全球农业贸易治理将具有重要的决策咨询意义。这本书对高校、科研院所及智库的专家学者开展 WTO 农业谈判、农业支持政策等问题研究，也具有专业指引和政策启迪意义。特推荐，并为序。

中国人民大学教授，国家粮食安全战略研究院院长

2024 年 1 月于北京

目 录

CONTENTS

序言

第一篇 WTO《农业协定》与多边农业贸易谈判

第四篇　相关专题研究报告

第一篇

WTO《农业协定》与
多边农业贸易谈判

　　长期以来，世界农产品贸易一直作为特例游离于世界多边贸易体制管理和约束之外。1986年关税与贸易总协定（GATT）启动了其历史上最重要的一轮谈判——乌拉圭回合谈判，将农业、服务贸易、知识产权和与贸易有关的投资等领域全面纳入谈判。该轮谈判主要在美国、欧共体和凯恩斯集团三大利益集团之间展开。经过8年的艰苦努力，各成员于1994年签订了包含WTO《农业协定》[①]在内的《马拉喀什建立世界贸易组织协定》，[②]标志着运行了半个世纪的关税与贸易总协定的终结，也标志着世界贸易组织（WTO）的成立，自此开启了全球农业贸易自由化的新纪元。

[①] WTO《农业协定》又称乌拉圭回合《农业协定》，简称《农业协定》。

[②] 对外贸易经济合作部国际经贸关系司. 乌拉圭回合多边贸易谈判结果：法律文本［M］. 北京：法律出版社，2000.

第一章 乌拉圭回合《农业协定》

第一节 乌拉圭回合《农业协定》基本框架

乌拉圭回合农业谈判的目标是削减扭曲贸易的国内支持和出口补贴，提高市场准入水平，以便将长期游离于国际贸易协定之外的农业贸易纳入多边贸易规则的约束和管理之中。乌拉圭回合《农业协定》包括序言、12个部分和5个附件①。

序言阐明了农产品贸易谈判的目标、宗旨和基本原则。

协定文本有12个部分：①术语定义和产品范围；②减让和承诺的并入；③市场准入与特殊保障条款；④国内支持承诺与一般纪律；⑤出口竞争承诺、出口补贴承诺、防止规避出口补贴承诺、加工产品；⑥出口禁止和限制的纪律；⑦适当克制；⑧卫生与植物卫生措施；⑨特殊和差别待遇；⑩最不发达国家与粮食净进口发展中国家；⑪农业委员会、对承诺执行情况的审议、磋商和争端解决；⑫改革进程的继续。

协定有5个附件：附件1规定了协定所涉及的农产品范围；附件2列明了可免除削减承诺的国内支持措施的标准，以及12项"绿箱"政策措施；附件3规定了综合支持量（AMS）的计算方法；附件4规定了支持等值的计算方法；附件5界定了第4条第2款规定的特别处理。

第二节 乌拉圭回合《农业协定》主要内容

乌拉圭回合《农业协定》主要包括市场准入、国内支持和出口补贴三

---

① 对外贸易经济合作部国际经贸关系司. 乌拉圭回合多边贸易谈判结果：法律文本［M］. 北京：法律出版社，2000：33－58.

方面的内容见表1-1。

表1-1　乌拉圭回合《农业协定》的具体目标

	发达成员 (1995—2000年)	发展中成员 (1995—2004年)
市场准入		
关税的平均削减幅度/%	36	24
关税的最低削减幅度/%	15	10
国内支持		
AMS的削减幅度/%	20	13
出口补贴		
补贴值削减/%	36	24
补贴量削减/%	21	14

　　注：最不发达成员无须削减关税和补贴。

一、市场准入

　　这部分主要包括了六方面内容：一是关税化，《农业协定》要求各方取消非关税措施，将所有非关税壁垒关税化；二是关税减让，要求各方承诺在实施期限内将关税削减到一定水平；三是最低市场准入，《农业协定》规定了最低市场准入机会；四是维持现行市场准入；五是特殊保障条款，为进行关税化的农产品建立了一个特殊保障机制，当某种农产品进口突然增加，或价格跌到一定限度时，允许进口国对该产品征收一定的附加税；六是特殊和差别待遇，《农业协定》放宽了对发展中国家市场准入的要求。

二、国内支持

　　这部分将国内支持措施分为三类：一是没有或者较小扭曲贸易的政策，称为"绿箱"政策（简称"绿箱"），可免予减让承诺；二是产生贸易扭曲的政策，称为"黄箱"政策（简称"黄箱"），《农业协定》要求各方用综合支持量来计算其措施的货币价值，逐步予以削减；三是"蓝箱"政策（简称"蓝箱"）。"蓝箱"政策措施可以免于削减义务，它以控制生产数量为前提，但必须满足下列要求之一：①按固定面积或者产量提供的补贴；②享受补贴的产品数量不超过基期平均生产水平的85％；③按牲口的固定头数所提供的补贴。

"绿箱"政策主要包括12项内容：①农业或农村公共服务有关支出（或放弃的税收），但不得涉及对生产者或加工者的直接支付，主要包括科研、病虫害控制、培训服务、推广和咨询服务、营销和促销服务、农业基础设施服务等；②用于粮食安全目的的公共储备；③国内粮食援助；④对生产者的直接支付；⑤不挂钩的收入支持；⑥收入保险和收入安全网计划中的政府投入；⑦自然灾害救济支付（直接救济或政府对农作物保险的投入）；⑧通过生产者退休计划提供的结构调整援助；⑨通过资源停用计划提供的结构调整援助；⑩通过投资援助提供的结构调整援助；⑪环境计划下的支付；⑫地区援助计划下的支付。

"黄箱"政策包括六个方面：①价格支持；②营销贷款；③按产品种植面积补贴；④牲畜数量补贴；⑤种子、肥料、灌溉等投入品补贴；⑥某些有补贴性质的贷款计划。

《农业协定》规定，国内支持以1986—1988年为减让基期，以"综合支持量（AMS）"为基础进行削减。综合支持量指"给基本农产品生产者生产某项特定农产品提供的，或者给全体农业生产者生产非特定农产品提供的年度支持措施的货币价值"。从1995年起，发达成员在6年内逐步削减20％的AMS，发展中成员在10年内削减13％的AMS。对特定农产品的国内支持总额不超过该农产品相关年度内生产总值的5％，以及非特定农产品的国内支持不超过农业生产总值5％（发展中国家为10％），则无须计入AMS进行削减。

三、出口补贴

《农业协定》规定出口补贴必须减让，包括数量减让和价值减让两种方式。数量减让以1986—1990年的平均水平为基础，在实施期结束时，发达成员将享受补贴的农产品出口数量减少21％，发展中成员减少14％。价值减让以1986—1990年的平均水平为基础，在实施期结束时，发达成员将出口补贴支出额减少36％，发展中成员减少21％。《农业协定》规定，如果在基期没有对某种农产品进行过出口补贴，则禁止该成员将来对该产品出口进行补贴。《农业协定》还对发展中成员规定了特殊与差别待遇。

第三节　乌拉圭回合《农业协定》的局限性

乌拉圭回合《农业协定》虽然将农产品贸易全面纳入世界多边贸易体制的管理，但这仅仅是改革的第一步。由于农业的特殊性、农业贸易的敏感性、农业谈判的复杂性，特别是由于发达国家主导谈判，致使乌拉圭回合《农业协定》存在局限性。

一、市场准入无实质改善

各成员按照乌拉圭回合《农业协定》的要求进行市场准入改革后，并未实质性提高市场准入水平。

一是对农产品关税实质性削减作用有限，WTO 成员根据乌拉圭回合关税减让承诺削减关税后，世界农产品平均关税水平仍高达 62%（图 1-1）。考虑到许多成员大量使用非从价税，世界实际平均关税水平更高。

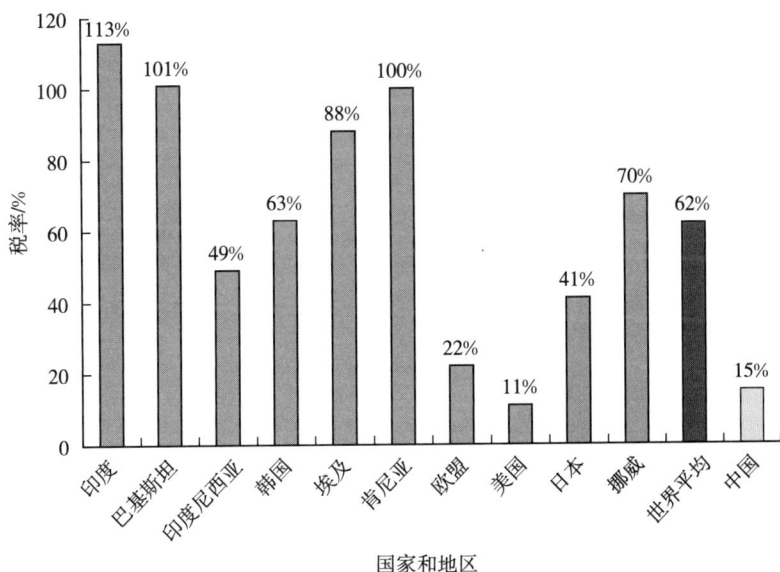

图 1-1　农产品平均约束关税水平

资料来源：根据 WTO 成员关税减让表整理。

二是根据乌拉圭回合关税减让表，虽然发达成员平均关税水平较低，但其重要产品和不具比较优势的产品关税很高，存在大量的关税高峰

（表1-2、图1-2）。

表1-2 主要成员的农产品约束关税水平

单位：%

	美国	欧盟	日本	挪威	巴西	印度	阿根廷	中国
最高税率	350	407	1 705	1 061	55	300	35	65
平均税率	11.2	22.8	41.8	70.7	35.3	113	32	15.3

资料来源：根据WTO成员的通报整理。

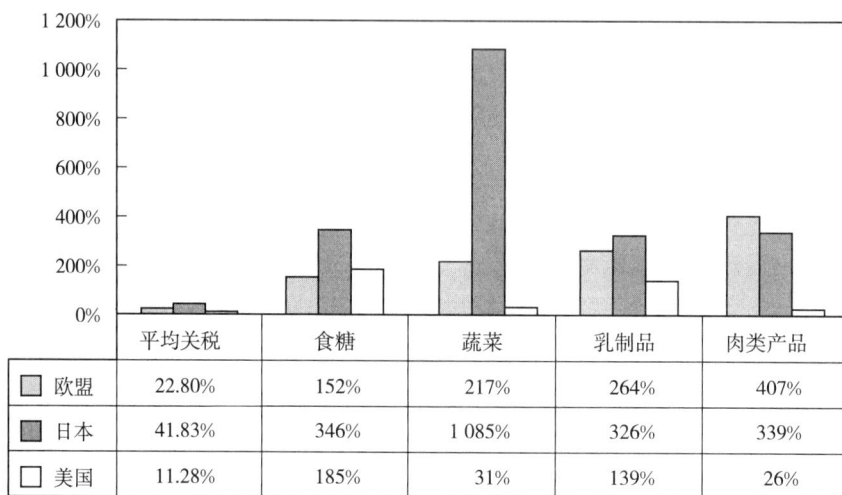

	平均关税	食糖	蔬菜	乳制品	肉类产品
欧盟	22.80%	152%	217%	264%	407%
日本	41.83%	346%	1 085%	326%	339%
美国	11.28%	185%	31%	139%	26%

图1-2 部分发达成员的关税高峰

资料来源：根据WTO成员关税减让表整理。

　　三是发达成员的关税结构还存在比较严重的关税升级（图1-3）。

　　四是存在大量的关税水分：乌拉圭回合对所有农产品关税进行了约束，并在约束关税的基础上进行削减，但普遍存在着约束税率远远高于实施税率的现象（图1-4）。

　　五是存在大量的复杂性关税：乌拉圭回合没有对具体的关税形式加以规范，许多成员大量使用非从价税（表1-3、图1-5），具有隐蔽性保护作用。瑞士、挪威、欧盟、美国等发达成员从量税、选择税、复合税等非从价税税目的比例非常高，税制相当复杂。非从价税不能直观地反映农产品的实际关税保护水平，必须进行复杂的换算才能测定其保护程度。

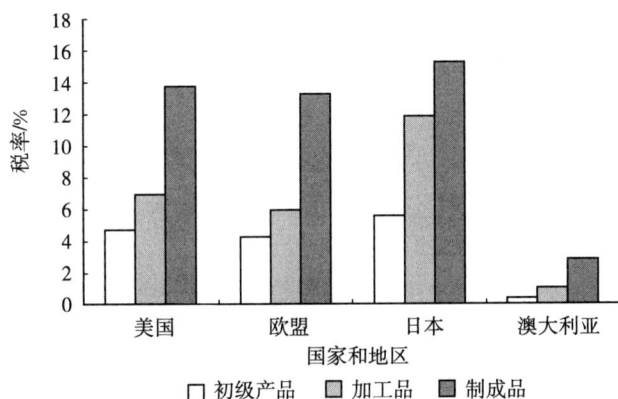

图 1-3　发达成员的农产品关税升级

资料来源：根据 WTO 成员关税减让表整理。

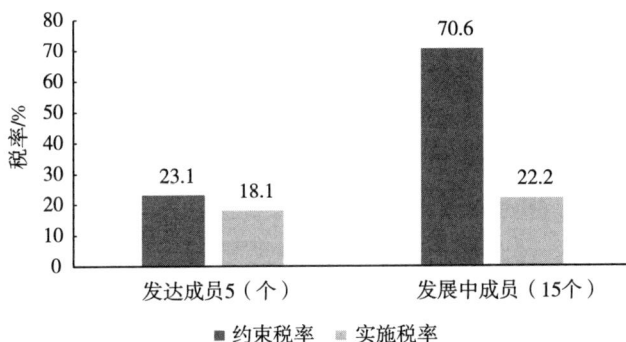

图 1-4　典型成员实施税率与约束税率差

表 1-3　部分 WTO 成员的非从价税使用情况

国别	税目数/个	非从价税比例				
		从量税/个	复合税/个	选择税/个	其他税/个	非从价税合计/%
瑞士	2 179	1 938	2	—	—	89
挪威	1 060	202	520	—	—	68
欧盟	2 205	589	54	262	105	46
美国	1 777	597	—	111	47	42.5

此外，《农业协定》对非关税措施实行关税化。为了确保非关税措施关税化后市场准入机会的扩大，对关税化后关税很高（禁止性关税）的产品进行了最低市场准入和现行市场准入承诺，这些承诺通过关税配额来实

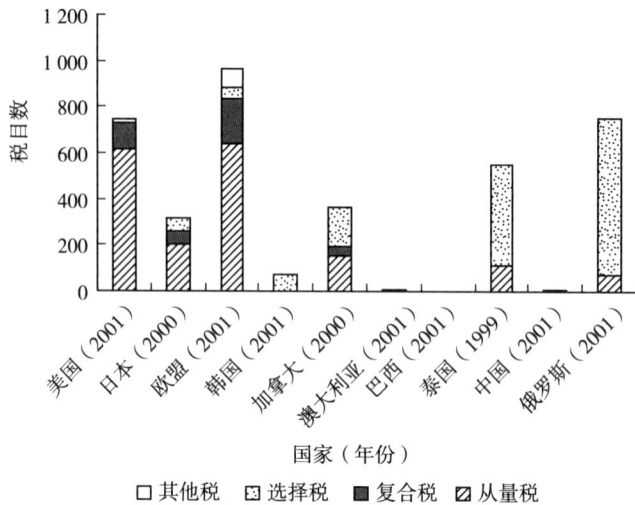

图 1-5 部分成员的非从价税具体形式的使用情况

注：俄罗斯当时还不是 WTO 成员。

现。关税配额产品集中在谷物、油料、奶类、肉类和果菜类产品。但从 1995—2000 年部分成员的关税配额使用情况看，平均的配额使用率只有 60%，市场准入改善有限。

二、扭曲贸易的国内支持未得到有效削减

国内支持规则要求各成员在基期支持水平的基础上进行削减，基期支持水平越高，削减后的支持空间越大。产生以下问题：

第一，经过乌拉圭回合的削减，发达成员包括 AMS 在内的国内支持空间及实际使用量仍保持在较高的水平。根据经济合作与发展组织（OECD）测算，1998—2000 年，主要发达成员生产者补贴等值（PSE）占生产者收入的比率（%）与 1986—1988 年基期的相比差别不大，其中欧盟为 40%，日本为 63%；就特定产品而言，大多数情形下发达成员提供的 AMS 相当于该产品产值的 20% 以上。

第二，发达成员与发展中成员在国内支持空间方面存在严重的不平衡，发达成员使用的 AMS 约为 1 460 亿美元，占允许使用 AMS 总量的 90%（图 1-6、图 1-7）。在《农业协定》签订之初，"蓝箱"政策只有少部分发达成员使用。

第三，微量允许条款给予了发达成员较大的支持空间，而多数发展中成员因财力限制难以充分利用。

第四，发达成员通过"转箱"，可以在维持甚至提高国内支持总体水平的同时，轻而易举地达到减让承诺要求。

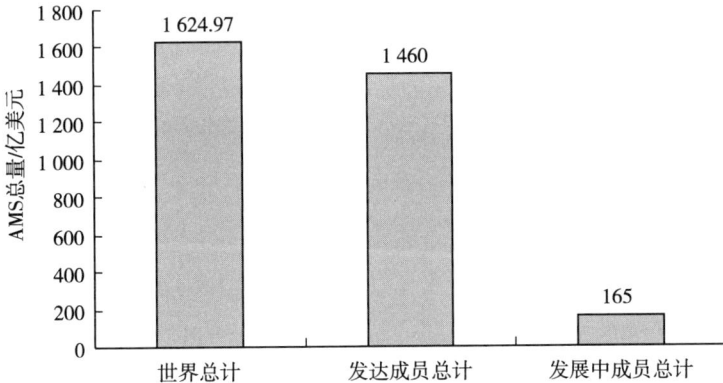

图 1-6　允许使用的 AMS 总量及分布

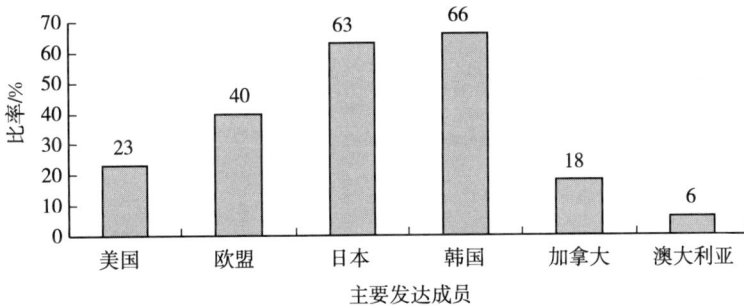

图 1-7　1998—2000 年主要发达成员生产者补贴等值占生产者收入的比率

三、出口补贴仍居高不下

根据协定，过去没有使用过出口补贴的成员不能再使用出口补贴。对于过去大量补贴农产品出口的成员而言，只要其补贴规模没有超出承诺的水平，就可以继续使用这种补贴。这导致那些过去有财力采取贸易扭曲政策的成员（主要为发达成员）可以继续维持这种扭曲，广大发展中成员则不能采取此类措施。共有 25 个 WTO 成员对 428 种农产品使用出口补贴，欧盟、瑞士、美国和挪威 4 个 OECD 成员可使用的出口补贴占到了全球可使用总额的 97% 左右（图 1-8）。

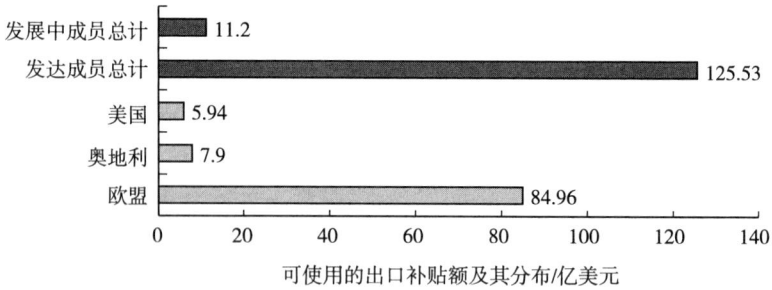

图 1-8　主要成员出口补贴使用水平

据测算，1997 年发达成员农产品的加权平均进口关税为 23.67%，发展中成员为 19.62%；发达成员的出口补贴率为 4.79%，发展中成员为 0.13%；发达成员的国内支持水平为 5.25%，多数发展中成员并没有实施这类国内支持措施。由此可见，《农业协定》并未实质性地改善农产品国际贸易环境，而且存在大量对发展中成员不公平的条款。此后，国际农产品贸易体制改革的核心任务是要对发达成员现行农业政策进行深刻和全面的改革。

第二章　多哈回合农业谈判

尽管乌拉圭回合在一定程度上改善了开展农产品贸易的环境，但国际农产品市场仍然面临严重的政策性扭曲。乌拉圭回合《农业协定》第20条规定"认识到实现实质性削减扭曲贸易的农业支持，减少农业保护的目标是一个长期的过程，各成员同意在《农业协定》实施期结束的前一年，启动继续农业领域改革进程的谈判"。根据包括《农业协定》在内的乌拉圭回合达成的一系列协定，WTO应于2000年前后启动新一轮多边贸易谈判，以进一步推进世界范围的贸易开放。然而，这一最初被称为"千年回合"的谈判在起步之时就遭遇重大挫折，1999年11月，在美国西雅图举行的WTO部长级会议，一方面面临会场外抗议活动的阻挠，另一方面会场内的主要参与方之间出现了严重的意见分歧，最终未能达成一致意见，于2000年启动多边贸易谈判的构想也随之成为泡影。对于导致西雅图会议失败的原因有多种看法，但关键争议主要包括以下三个方面：一是欧美之间围绕欧盟农产品出口补贴问题发生的争议；二是美日之间关于取消美国的反倾销法案发生的争议；三是发展中国家与发达国家之间围绕劳工权益问题产生的争议。

西雅图会议后，各方经过一年多的广泛磋商，就启动新一轮多边贸易谈判初步形成共识。2001年11月9—14日，在卡塔尔首都多哈举行的第四届部长级会议上通过了《多哈部长宣言》，全面启动了包括农业、非农、服务、发展等领域的新一轮多边贸易谈判，即多哈回合谈判，由此揭开了多哈回合谈判的序幕。

第一节　谈判进程

《多哈部长宣言》提出：农业谈判的长期目标是通过加强规则和对支

持及保护特定承诺等基础性改革，建立一个公平的和以市场为导向的国际贸易体制。成员共同承诺，要切实改善市场准入，实质性地削减关税；减少直至取消各种形式的出口补贴；实质性地减少扭曲贸易的国内支持。各方一致同意将发展中国家的特殊和差别待遇作为谈判的重要组成部分，在各个方面予以体现并具可操作性，以确保发展中成员发展的需要，包括粮食安全和农村发展。同时，也要注意到有关成员对非贸易关注的建议，确认在谈判中予以考虑。由于多哈会议宣言突出强调了社会经济发展方面的问题，多哈回合也被称作多哈发展议程（DDA）。

根据多哈会议的决定，WTO成立了谈判委员会，其职责是与WTO有关机构一道组织开展谈判工作，监督进展情况。在2002年1月举行的首次会议上，谈判委员会就其工作方式达成一致意见，并建立了负责各专题的谈判机构。其中，市场准入和规则两个专题的谈判由新建立的谈判小组负责；农业、服务贸易、与贸易有关的知识产权保护、贸易争端处理、贸易与环境、贸易与发展等专题的谈判则由WTO现有的相应机构负责组织，采取特别会议的形式来进行。

此外，在多哈会议上，WTO成员还就这一轮多边贸易谈判确定出三个重要的截止日期：于2003年3月31日前确定出新一轮谈判中涉及各项改革的承诺模式，包括削减关税和补贴的公式；各成员应于2003年9月举行的第五届部长级会议之前向WTO提交承诺草案；于2005年1月1日前完成谈判。

一、第一阶段（2000.3—2003.9）：各方表达关注、相互摸底、初步交锋阶段

第一阶段是各方表达关注、相互摸底和初步交锋的阶段。这一阶段从2000年3月到2003年9月。其间，各成员通过多次农业委员会特别会议（简称农业特会），围绕扩大市场准入、削减国内支持和削减出口补贴等乌拉圭回合传统议题提交了大量提案，就提案涉及的问题进行广泛讨论和磋商，并就谈判可能达成的减让模式进行了初步交锋。此外，欧盟还就动物福利问题、东南亚国家联盟就给予发展中国家的特殊和差别待遇问题、南美共同市场国家就国家贸易问题提出了谈判建议。

这一阶段至关重要，是实现《多哈部长宣言》授权的目标制定具体模

式、量化指标和新规则的阶段。由于各方分歧多、难度大，原定于 2003 年 3 月底前达成成员承诺共识和模式，于 2003 年 9 月第五届部长会议上达成成员承诺综合草案的两项目标都被迫拖延。农业特会主席斯图特·哈宾森先后提出"总体文件"并两易其稿，成员虽表示要忠实于多哈授权继续努力，但终因缺乏政府政治上明确的指引而丧失了达成一致的机会。

从 2003 年 8 月 13 日起，以欧美联合提案为标志，谈判的重点开始转向简化和集中重点，即出现了框架谈判的端倪。此间，总理事会组织了几次非正式磋商，召开了一些"小型部长会议"，包括 20 成员协调组、4 个中美洲成员、日本、东欧和亚洲及瑞士、肯尼亚等谈判方相继提出了 6 个建议案。尽管各方对框架谈判有不同意见，但最终还是接受了框架谈判基本构架。总理事会主席乌拉圭大使卡斯蒂洛在欧美联合提案和其他成员方提案的基础上，起草了坎昆框架草案。在坎昆会议期间，新加坡贸工部部长杨荣文作为协调员组织了多次磋商。9 月 13 日，成员形成了大会主席墨西哥外长德尔贝兹案文。由于发展中成员与发达成员之间在新加坡议题和棉花问题上的巨大分歧，农业议题尚未经过详细深入的谈判，大会主席就宣布结束会议。总体上，第一阶段的谈判以坎昆会议的失败为标志无果而终。

二、第二阶段（2003.9—2008.12）：模式框架谈判阶段（也称"一揽子"谈判）

第二阶段是模式框架谈判阶段。从 2003 年 9 月到 2008 年 12 月，各成员总结了上一阶段谈判的经验与教训，调整了谈判策略和节奏，采取了分步走的方式，重点就谈判模式寻求共识。这一阶段，由于坎昆会议谈判失败，一些成员和国际舆论对 WTO 和多边贸易体制暂时困境发出过于悲观信号；欧盟等成员对 WTO 的决策机制也产生了巨大的怀疑。同时，20成员协调组（G20）、特殊产品和特殊保障机制协调组（G33）的形成，发展中成员的谈判力量逐步强大，使整个谈判的格局发生了巨大变化。

2004 年 3 月，新任特会主席——新西兰大使提姆·格鲁斯一改哈宾森的做法，交由成员相互之间谈判，其本人将工作重点转到程序上，以观察员的身份参加到成员磋商中。格鲁斯称其为"实验性"谈判，并号召成员将立场转变为谈判建议，进入"解决问题阶段"。值得一提的是，2004

年，美国还发起组织了包括欧盟、巴西、印度和澳大利亚在内的五方（亦称 NG5 或 FIPs）磋商。五方会谈对框架协定的达成起到了催化作用。经过各方努力，最终于 2004 年 8 月 1 日凌晨达成了《7 月框架协议》，并在 2005 年 12 月中国香港 WTO 第六届部长级会议上，成员就框架协议部分内容进一步细化并达成一致：同意在 2013 年前取消出口补贴；没有 AMS 承诺的发展中成员将免于国内支持削减；给予最不发达成员免关税免配额市场准入待遇。香港会议的成功召开标志着新一轮农业谈判取得重要阶段性成果。

香港会议后，成员继续进行了更为密集和频繁的各类磋商，但由于各主要成员立场分歧巨大，农业模式谈判困难重重，2006 年 7 月 WTO 总干事不得不宣布谈判中止。2006 年 12 月，各方就谈判走势进行了沟通和探讨，并要求全面恢复谈判。2007 年 7 月 17 日，WTO 农业特别委员会发布了农业模式草案，2008 年 2 月、5 月、7 月和 12 月分别就农业模式草案提出了四份修订稿，其中 2008 年 12 月农业模式草案第四修订版（后续谈判中称为"模式案文"，简称"Rev.4"）是最全面的农业谈判成果文本，在诸多关键问题上都已具备较稳定的解决方案。然而，由于美国出于自身利益考虑不同意以模式案文为基础开展后续谈判，从此多哈农业谈判陷入僵局。

三、第三阶段（2008.12—2015.12）："双轨制"及早期收获谈判阶段

2009 年，美国和加拿大从谈判策略考虑，提出"跨越模式阶段直接进入减让表谈判"的提议，试图通过减让表谈判获取更多的市场开放。这一提议遭到了多数发展中成员和一些发达成员的反对。时任 WTO 总干事拉米为弥合分歧，提出所谓"双轨法"（dual track approach），即在继续模式谈判的同时，成员就如何制定减让表进行技术讨论。2009 年 7 月起，农业谈判开始形成减让表模板讨论与模式议题谈判同步推进的"双轨"格局。2011 年 4 月，《农业谈判进展报告》①梳理了十大议题。成员对这些

①　David Walker. Report by the Chairman，H. E. Mr. David Walker，to the Trade Negotiations Committee（TN/AG/26）［R］. Geneva：WTO Committee on Agriculture Special Session，21 April 2011.

问题进行了深入的谈判，但没有从根本上解决分歧，农业谈判再度陷入僵局。为避免多哈回合谈判硬着陆，总干事拉米主导进入选择部分议题进行谈判的早期收获阶段。农业方面，主要是选择关税配额管理体制、棉花、出口竞争等议题进行试探性讨论。2013 年 12 月，WTO 第九届部长会（MC9）在印度尼西亚巴厘岛召开，在各方的努力下，会议通过了巴厘部长会声明，就多哈回合谈判早期收获一揽子协议达成了一致，农业方面的成果主要包括关税配额管理和粮食安全公共储备临时方案，这是多哈回合谈判启动 12 年以来首次取得具体谈判成果。2014 年中，由于印度和美国在贸易便利化和粮食安全问题上的矛盾，导致《贸易便利化协定》未能按计划在 7 月底通过，后巴厘谈判也因此陷入停滞。11 月，经过各方努力，美国和印度达成妥协，并在 11 月底通过了关于贸易便利化、粮食安全储备和后巴厘工作的三个总理事会决议，重启后巴厘谈判工作。

经过艰苦谈判，各方在第十届部长会（MC10）上达成出口竞争、粮食安全公共储备（PSH）、特殊保障机制（SSM）和棉花等四项成果，其中全面取消农业出口补贴成为具有里程碑意义的成果。但 MC10 也被认为是一个分水岭，美国等部分发达成员开始否定多哈谈判授权，以世界变化论等为借口，提出需采用新的方法来推动谈判。

四、第四阶段（2015.12—至今）：谈判胶着和停顿阶段

2015 年 WTO 第十届部长级会议以后，相对容易的成果均已收获。对于剩下的议题，各方利益诉求错综复杂，议题之间相互挂钩，成员的经济实力、贸易量、会费、绿屋会议成员构成、谈判能力均在发生变化，打破了欧美等少数成员完全掌控的局面。不少成员把矛头转向中美印等主要成员，要求发挥领导力，但美国出于国内经济和政治考量，反复阻挠WTO 谈判。而 WTO 多哈回合谈判似乎也进入了"反思期"，成员主要思考多边贸易体制和多哈谈判的走向，谈判整体态势犹如回到 2001 年谈判启动之初，成员主要就如何推进下一步谈判和议题选择等进行磋商。与此同时，WTO 的几项功能，如谈判、审议和争端解决，也都面临诸多现实困难，农业谈判已经走到了十字路口。

近年来，贸易保护主义甚嚣尘上，部分国家采用单边措施频繁挑起贸易争端，WTO 面临空前危机，叠加新冠疫情、地区冲突、粮食危机等因

素，百年未有之大变局加速演进，多边谈判在危与机之间艰难前行。中国、印度、印度尼西亚等存在大量小规模生计型农业的发展中成员，强调继续坚持多哈回合的发展授权、特殊差别待遇和既有谈判基础，同时要求按照内罗毕部长宣言要求，推进粮食安全公共储备（PSH）和特殊保障机制（SSM）谈判。美国、欧盟、澳大利亚、加拿大等发达成员以及巴西、阿根廷等发展中出口成员则强调要在发展授权以外寻找新思路、新方法、新途径，推进谈判。农业谈判20方协调组（G20）中出口成员和进口成员发生分化。

2017年在阿根廷召开的第十一届部长级会议（MC11）上，各方矛盾错综复杂，利益冲突激烈，导致MC11未达成任何农业成果，连非约束性的工作计划都未形成。2018年年底，农业特会主席宣布在特会之外成立国内支持、粮食安全公共储备、市场准入、特殊保障机制、出口竞争、出口限制和棉花七个议题工作小组，由相关成员担任工作小组协调员，并负责牵头组织讨论，推动各议题磋商。经过长达4年的孕育，2022年6月中旬WTO成功召开MC12，农业上在粮食安全、出口限制等方面达成了积极成果，但各成员在国内支持、市场准入等传统的核心议题上，立场观点仍然难以调和。

第二节　阶段性成果

农业谈判的阶段性成果集中体现在2004年达成的《7月框架协议》[①]；2005年达成的《香港部长宣言》[②]；2013年WTO第九届部长级会议（MC9）早期收获一揽子协议包括贸易便利化、农业和发展三个方面；2015年WTO第十届部长级会议（MC10）的《内罗毕部长宣言》及9项

[①] WTO, Text of the "July package" — the General Council's post-Cancún decision [EB/OL]. (2004-08-01) [2023-10-25]. https://www.wto.org/english/tratop_e/dda_e/draft_text_gc_dg_31july04_e.htm.

[②] WTO, Doha Work Programme - Ministerial Declaration WT/MIN（05）/DEC [EB/OL]. (2005-12-22) [2023-10-25]. https://docs.wto.org/dol2fe/Pages/FE_Search/FE_S_S006.aspx? MetaCollection=WTO&SymbolList=%22WT%2fMIN（05）%2fDEC%22+OR+%22WT%2fMIN（05）%2fDEC%2f*%22&Language=ENGLISH&SearchPage=FE_S_S001&languageUIChanged=true#.

部长决定①；2022 年 6 月发布的《MC12 成果文件》②。

一、《7 月框架协议》

在国内支持方面，明确采取总体削减和分项削减模式，按照分层公式总体削减扭曲贸易的"黄箱"、微量允许和"蓝箱"措施，并在第一年至少削减 20％；对特定产品的综合支持量（AMS）将通过一定的方法加以限定；对"蓝箱"封顶，将其约束在某一特定历史时期平均农业生产总值的 5％以内，对"蓝箱"标准进行审议，引入"新蓝箱"的概念并通过谈判确定"新蓝箱"的条件；加强"绿箱"纪律；用于生计和资源匮乏农民的发展中成员的微量允许可免于削减。

在出口竞争方面，《7 月框架协议》明确规定将为最终取消出口补贴确定具体日期，同时要求平行取消出口信贷、出口国营贸易和粮食援助等措施中的补贴和贸易扭曲成分，并就国有贸易企业今后使用出口垄断权进行谈判，同时给予发展中成员特殊和差别待遇。

在市场准入方面，《7 月框架协议》规定使用分层公式削减关税，高关税多减，通过公式解决关税升级问题；在同意给予"敏感产品"一定灵活性的同时，要求通过削减关税与扩大关税配额相结合的方式改善这些产品的市场准入水平。《7 月框架协议》允许发展中成员采用较小的减让幅度并可自行确定一些与粮食安全、生计安全、农村发展需要有关的特殊产品，具体待遇通过谈判议定。发展中成员的特殊和差别待遇将是谈判所有要素的组成部分，将为发展中成员建立特殊保障机制。明确新成员的关注必须有效解决。

二、《香港部长宣言》

在《7 月框架协议》的基础上，成员对谈判涉及的部分议题进行了细

---

① WTO, Nairobi Package [EB/OL]. [2023 - 10 - 25]. https：//www.wto.org/english/thewto _ e/minist _ e/mc10 _ e/nairobipackage _ e. htm.

② WTO, MC12 OUTCOME DOCUMENT WT/MIN（22）/24WT/L/1135 [EB/OL]. （2022 - 06 - 22）[2023 - 10 - 25]. https：//docs. wto. org/dol2fe/Pages/FE _ Search/FE _ S _ S006. aspx? Meta-Collection＝WTO&SymbolList＝%22WT%2fMIN（22）%2f24%22＋OR＋%22WT%2fMIN（22）%2f24%2f ＊ %22&Language＝ENGLISH&SearchPage＝FE _ S _ S001&languageUIChanged＝true＃.

化。在出口竞争方面明确了所有出口补贴应在 2013 年底前取消。在国内支持方面，发达成员将在今后实质性削减其扭曲农产品国际贸易的国内支持，而没有 AMS 的发展中成员微量允许免予减让。在市场准入方面，明确了发展中成员可以根据粮食安全、农民生计与农村发展需要，自主指定适当数量的产品为特殊产品，享有比其他产品更大的灵活性；再次明确新成员的关注必须得到有效解决。

《7 月框架协议》和《香港部长宣言》的达成使以后的谈判重点更为明确和突出，即：市场准入关税的最终削减幅度、敏感产品数量和待遇、特殊产品数量与待遇、特殊保障机制以及关税是否封顶等；国内支持总体削减，"黄箱"、"蓝箱"削减以及"绿箱"规范等问题；出口竞争方面平行削减出口竞争补贴措施、国有贸易企业问题等。这些都是谈判中棘手的和分歧较大的问题。

三、2013 年 WTO 第九届部长级会议（MC9）早期收获一揽子协议

巴厘早期收获一揽子协议包括贸易便利化、发展和农业三个方面。贸易便利化涉及海关通关手续简化、规范和透明度，以及海关合作等内容。发展议题涉及最不发达成员原产地优惠、服务贸易优惠、特殊差别待遇执行情况监督以及减少棉花贸易扭曲等。农业议题是早期收获的核心和焦点，包括关税配额（TRQ）管理、粮食安全和出口竞争三个方面。农业议题都是发展中成员为平衡美欧等发达成员在贸易便利化议题上获得收益而提出的。

关税配额管理方面，TRQ 管理提案由 G20 根据 2008 年模式案文提出，主要内容有三个方面：一是加严 TRQ 管理透明度纪律，明确配额申领和配额期限等相关信息公布和通报义务；二是建立 TRQ 未完成机制，如连续 3 年未达到设定的配额完成率（65%），成员必须改变原有的配额管理方式，采用完全放开或先来先领等更自由的管理方式；三是明确发展中成员可以享受特殊差别待遇，在配额完成率未达到 65% 的情况下，可以维持现有管理方式。

TRQ 谈判贯穿两大矛盾，一是美国对发展中成员特殊差别待遇进行挑战，要求发展中成员必须受未完成机制约束，在完成率不高的情况下强

制改变现有关税配额管理方法，这遭到了以中国为代表的发展中成员强烈反对。二是巴西、阿根廷为代表的发展中出口成员与日本等发达成员的矛盾。巴西等要求发达成员必须受未完成机制的约束，提高关税配额的完成率。经各方反复磋商，谈判最后形成了折中方案，即先通过包括特殊差别待遇的案文，4~6 年后对此进行审议。届时，如无法达成一致，则未完成机制对发展中成员及发达成员均不适用，但不愿继续执行未完成机制义务的发达成员须列入附件名单。最终通过的协议中，发达成员只有美国一家表示审议后不愿履行未完成机制义务，被列入附录。

粮食安全议题方面，粮食安全提案由 G33 根据 2008 年模式案文相关内容提出。其主要内容是对乌拉圭回合《农业协定》"绿箱"条款进行修订：一是在"绿箱""政府一般服务"条款下增列发展中成员用于农民安置、土地改革、乡村发展和生计安全方面的支持内容；二是针对部分发展中成员用于粮食安全收储开支增加，使其国内支持水平接近或突破微量允许上限的情况，要求粮食安全储备收购补贴不计入"黄箱"。

对于"绿箱"条款增加的内容，各方表示认可。但关于 G33 提出的粮食安全储备收购补贴支持不纳入"黄箱"的要求遭到了部分发达成员的反对。经反复谈判，各方形成妥协，即通过"和平条款"临时解决 G33 部分关注。根据此和平条款，对发展中成员因粮食安全储备补贴而超出微量允许上限的情况，其他成员应保持适当克制。在这一条款的磋商中，中国、印度、印度尼西亚、菲律宾等 G33 成员要求临时方案应有效、易操作，附加条件少，并与永久方案相联系。美国、欧盟、澳大利亚、加拿大等发达成员则对和平条款提出较多限制，包括期限不能过长、严格控制产品范围，建立通报与信息更新透明度机制等。

在巴厘会议上，印度因国内政治需要提出粮食安全和平条款的有效期不能有具体年限，必须延续到永久方案的达成，同时还表明了粮食安全问题不容谈判的强硬立场。这与美国形成了直接对抗。经过多方斡旋，美国在基于贸易便利化获益考虑的基础上，最后同意了印度的要求。达成的粮食安全协议案文内容包括：明确和平条款适用于现有的对传统主粮的储备收购支持，规定公共储备不能扭曲贸易或对其他成员的粮食安全造成负面影响；和平条款在达成永久方案之前始终有效；尽早开始永久方案谈判，永久方案适用于所有发展中成员。

出口竞争方面，出口竞争议题由 G20 根据 2008 年模式案文相关内容提出，主要是重申《香港部长宣言》内容，重点集中在削减出口补贴和加严出口信贷纪律两个方面。

出口竞争问题的主要矛盾方是出口发展中成员与发达成员。巴西、阿根廷等坚持要求发达成员在出口竞争方面做出具有法律约束力的削减承诺。而美国、欧盟则强调多哈农业谈判包括三大议题，出口竞争只能在与其他两大议题取得平衡的情况下解决，不可能做出具有法律约束力的承诺。经过激烈较量，最后各方同意在早期收获中以政治声明形式重申以往有关取消所有形式出口补贴的承诺，呼吁发达成员采取切实具体的行动。

四、2015 年 WTO 第十届部长级会议（MC10）的《内罗毕部长宣言》及 9 项部长决定

WTO 成员在第十届部长级会议上就多哈回合农业出口竞争、最不发达国家议题达成共识，承诺全面取消农产品出口补贴，并就农产品出口融资支持、棉花、国际粮食援助等达成了新的多边纪律，有利于改善农产品国际贸易环境；承诺在内罗毕后继续就特殊保障机制（SSM）和粮食安全储备议题进行谈判；在优惠原产地规则、服务豁免机制、棉花等方面给予最不发达国家优惠待遇，承诺切实解决最不发达国家面临的实际困难，使最不发达国家更好地从多边贸易体制受益。本次会议还达成了近 18 年来世贸组织首个关税减让协议——《信息技术协定》扩围协议。此外，会议正式批准阿富汗和利比里亚加入世贸组织，进一步扩大了多边贸易体制的代表性。

农业议题是此次部长会的核心和焦点，包括出口竞争、粮食安全公共储备、特殊保障机制和棉花 4 个议题分别通过部长决定。

在出口竞争方面，最重要的成果是取消出口补贴。会议决定发达成员将立即取消农业出口补贴，但对"加工产品、奶制品和猪肉"的出口补贴可以延至 2020 年。发展中成员对棉花的出口补贴需在 2017 年 1 月 1 日前取消，其他出口补贴需在 2018 年底前取消，但依据《农业协定》第 9.4 条"用于运输和市场推广目的的出口补贴"可延至 2023 年。最不发达成员和粮食净进口发展中成员获准可以在 2030 年前取消出口补贴。此外，会议在出口信贷、出口信用担保或保险项目、出口国营贸易企业以及粮食

援助等方面达成了部分成果。

特殊保障机制（SSM）方面，会议最终通过了关于 SSM 部长决定。此项决定虽然没有就 SSM 取得实质性突破，但确认发展中成员拥有根据"香港部长宣言第 7 段"使用"特殊保障机制"的权利，并承诺未来将在WTO 农业委员会的专门会议中进行谈判。

粮食安全公共储备方面，2013 年 WTO 第九届部长级会议（MC9）前及期间，以美国为首的部分发达成员和印度等 G33 主要成员经过激烈博弈，达成了类似"和平条款"的临时方案，即在发展中成员以粮食储备及救助贫困人口为目的的国内支持措施接近或突破其承诺的"黄箱"上限时，应免于起诉。2014 年 11 月的 WTO 总理事会决定进一步明确在达成永久解决方案前临时方案始终有效。G33 要求在内罗毕会议上达成永久方案，但美国、欧盟、澳大利亚等发达成员，及巴西、阿根廷等部分出口发展中成员表示反对。最终双方达成妥协，部长决定重新确认了 2014 年 11 月总理事会决定，进一步细化和明确后内罗毕粮食安全储备议题谈判的具体任务目标、谈判平台和时间框架。

在棉花议题上，决定规定，发达成员和"宣称有能力的"发展中成员将从 2016 年 1 月 1 日起开始向最不发达成员的棉花出口给予免关税和免配额的市场准入待遇。棉花国内支持方面，仍然需要采取更多行动；出口竞争方面，发达成员将立即取消对棉花的出口补贴，而发展中成员则在2017 年 1 月 1 日前取消。

五、《MC12 成果文件》

经过长达 4 年的孕育，2022 年 6 月中旬 WTO 成功召开第十二届部长级会议（MC12），会议发表了《MC12 成果文件》，这是 WTO 成员在2015 年肯尼亚内罗毕第 10 届部长级会议后，时隔 7 年再次达成协商一致的成果文件。经过成员密集谈判和艰苦努力，MC12 上既达成了已谈判 21年的《渔业补贴协定》，也回应了当时国际社会关注的热点问题，在粮食安全和应对新冠疫情等方面达成了积极成果，充分证明了多边体制的生命力。《渔业补贴协定》旨在通过制定新的补贴规则，约束渔业有害补贴，助力海洋渔业资源可持续发展；在《关于紧急应对粮食安全问题的部长宣言》中，各成员承诺采取步骤，以便利农产品贸易，改善全球粮食和农产品市场运转，鼓励向贫弱国家提供粮食援助，帮助最不发达国家和粮食净进口发展中国家提高农业生产能力；在《关于世界粮食计划署购粮免除出口禁止或限制的部长决定》中，成员承诺不对世界粮食计划署人道主义粮食采购实施出口禁止或限制措施。MC12取得了超出预期的成果，成为多边主义一次关键而重要的胜利，表明各成员对多边贸易体制的积极态度，提振了国际社会对多边贸易体制的信心。

第三节　主要谈判方及立场

总体看多哈农业谈判，可划分出以下几个主要利益方。

美国的核心目标是推动各国开放农业市场，但在某些农产品也存在防守利益。其农业国内支持水平较高，削减补贴具有政治敏锐性，因此一直强调其国内支持的削减取决于其产品获得的市场准入机会。随着美国意识到难以在多边贸易谈判实现其利益，逐渐转向双边贸易安排、采取单边贸易措施，并开始否定多哈授权和既定谈判成果。

凯恩斯集团（澳大利亚、新西兰、加拿大、巴西、阿根廷等19个农产品出口成员）农产品竞争力强，该集团旨在积极推动农产品贸易自由化，主张大幅提高市场准入机会，不希望给予任何关税少减、不减的例外条款，主张对敏感产品和特殊产品的灵活性加以限制；强调实质性削减农业补贴，消除农业生产及贸易的扭曲。

10成员协调组（G10，瑞士、挪威、日本和韩国等11个成员）农业缺乏比较优势，农业生产产品主要集中在少数温带产品和畜产品，是防守利益发达成员的代表，希望尽可能维持对农业的高度保护和支持，并通过敏感产品等灵活性尽量降低重点产品的市场准入程度，维持相当水平的国内支持。作为农产品进口成员，G10十分关注出口限制措施，主张加严相关纪律，提高出口限制措施的透明度。

20成员协调组（G20，巴西、印度、中国等），33成员协调组（G33，印度尼西亚、印度、菲律宾和中国等47个成员），非洲集团，非加太集团（即非洲、加勒比和太平洋地区国家集团）等发展中成员强调现有国际贸易规则的严重不平衡以及发展中成员的发展需要。G20主要在维护发展中成员进攻利益方面发挥作用。随着谈判深入，集团内巴西、阿根廷等出口成员与印度等进口成员的贸易利益冲突不断加剧，G20作为谈判集团已经瓦解。

G33 主要体现发展中成员的防守关注，强调要充分考虑发展中成员粮食安全等发展关注，应给予发展中成员充分有效的特殊产品（SP）和特殊保障机制（SSM）等特殊和差别待遇，主张达成便于发展中成员使用的粮食安全公共储备（PSH）永久解决方案。

新加入成员（厄瓜多尔、阿曼等，后改称"12条成员"，即按照《马拉喀什建立世界贸易组织协定》第12条加入世贸组织的成员）主要强调其面临的特殊困难和加入谈判中所作的广泛承诺，要求给予新加入成员特殊灵活性待遇。

第三章　农业谈判主要议题及成员关注

多哈回合农业谈判的长期目标是在乌拉圭回合《农业协定》的框架基础上继续农业贸易改革，主要包括两个方面：一是实质性提高市场准入、大幅度削减扭曲贸易的国内支持以及削减并逐步取消所有形式的出口补贴；二是为发展中成员提供特殊和差别待遇，确保实现其在粮食安全、生计安全和乡村发展方面的发展关注，从而最终建立一个公平和以市场为导向的农业多边贸易体制，具体议题包括市场准入、国内支持、粮食安全公共储备、特殊保障机制、出口竞争、棉花、透明度等。

第一节　市场准入议题

市场准入议题是 WTO 农业谈判的核心议题之一。WTO 成员在农产品市场准入方面存在的主要问题是高关税、关税高峰、关税升级、约束关税与实施关税的差异，以及复杂关税形式。市场准入谈判的目的是减少影响农产品市场准入的各种壁垒，推动成员间市场的相互开放。市场准入议题主要包括关税削减、敏感产品、特殊产品（SP）以及关税配额扩大等内容，其中关税削减问题是重点和难点，涉及关税削减公式、关税简化、关税封顶、关税升级等内容。农产品出口国冀望于从谈判中获取实质的进攻利益，但由于分歧太大，相关议题众多且复杂，近年市场准入议题的谈判处于停滞状态，主要要价方为美国及凯恩斯集团。

在多哈回合农业谈判初期，谈判的主要内容是关税削减模式的确定。随着谈判的深入，G20 提出分层公式的基本原则，即将关税分层，不同水平范围的关税适用不同的削减幅度，高税高减、低税低减。各谈判成员就采用分层公式进行关税削减内容逐步达成一致，并在 2004 年 8 月达成的《框架协议》中得以明确规定。《框架协议》达成后，关税削减公式谈判的主要内容是分层公式中分层层数、各层分界点以及各层削减幅度等要素的确定。由于近年主要成员逐渐将重点放在国内支持方面，市场准入讨论开始聚焦透明度，澳大利亚等凯恩斯集团成员就在途货物实施关税临时调整问题提出具体提案，旨在提高关税措施的可预测性，稳定出口市场。美国、欧盟对此表示支持，而印度、南非等反对新增通报义务。南非等成员还强调由于法律体制原因无法做到提前通知调整关税。MC12 成果主席案文及后来的修订版为提高实施关税透明度设立了"最佳努力"条款，但遭到印度、南非反对。

近年来，特别是 MC12 召开之前，美国持续通过散发技术文件和提交案文等，推进市场准入讨论，并强调 MC12 应制订全面综合的工作计划，并包含从约束税率开始削减、所有成员均需做贡献等要素。一方面，美国在多边农业谈判的主要目的就是打开别国市场，市场准入是重中之重；另一方面，美国也通过力推市场准入，表明其积极姿态并对冲对其国内支持方面的压力。凯恩斯集团也是市场准入的要价方，要求在 MC12 制订全面综合的工作计划。印度、南非等坚持 PSH 和国内支持是优先议题，不支持讨论市场准入。欧盟以农业须与非农市场准入挂钩为由反对讨论市场准入工作计划。

第二节 国内支持议题

国内支持谈判的目标是实质性地大幅度削减扭曲贸易的国内支持。其主要内容包括综合支持总量削减、微量允许削减、"蓝箱"削减和纪律，以及"绿箱"审议和澄清等。谈判的焦点集中在总量封顶削减、AMS 削减以及"蓝箱"和"绿箱"的纪律等问题。

一、议题内容和焦点

根据 2004 年达成的《7 月框架协议》，该议题谈判的内容是使用分层公式对成员的扭曲贸易总体支持（OTDS）进行削减，支持水平越高，削减幅度越大。欧盟、美国和日本是当时农业补贴空间最大的三个成员，分别被放置在分层公式的首层和第二层进行削减。综合支持总量（AMS）为零的发展中成员免于削减。2005 年，各成员和集团提出建议案，对于各自被放置在哪一层进行削减以及削减幅度提出立场和建议。G20等多数发展中成员以及凯恩斯集团要求美欧等发达成员实质性地、大幅度削减现有扭曲贸易总体国内支持，而不是仅仅削减国内支持的水分，或者将"黄箱"支持转移到"蓝箱"或"绿箱"。美国和欧盟互相要求对方进行大幅度削减以减轻自身压力。欧盟已通过共同农业政策改革将部分"黄箱"转入"绿箱"，谈判压力相对较小，同意进行最高幅度的削减，但同时紧盯美国，要求美国国内支持必须实施大幅度的实质性削减。美国却一再拒绝实质性削减自身的国内农业补贴水平。2005年底香港会议期间，成员发布的《香港部长宣言》规定了分层削减公式的分层以及相应的削减幅度范围，并再次明确AMS空间为零的发展中成员免于总体削减。

2008年12月主席模式案文（第四稿）对OTDS削减进一步明确如下：对于发达成员，OTDS在600亿美元以上、居于公式第一层成员的OTDS削减80%（欧盟）；100亿～600亿美元、居于公式第二层成员削减70%（美国）或75%（日本）；100亿美元以下、居于公式第三层成员削减55%；有削减义务的发展中成员削减37%；包括中国在内的综合支持总量为零的发展中成员、粮食净进口发展中成员、新加入成员、低收入转型小经济体OTDS免于削减。但模式案文最终未能转变为谈判成果，各方继续就国内支持议题展开激烈交锋。

近年来，随着中印等发展中成员的综合实力不断增强，农业产值及与之相关的微量允许空间不断增大，谈判形势发生了较大变化，成员在该议题下主要分为两大阵营，一是以澳大利亚、巴西、加拿大等为代表的凯恩斯集团，在提案中强调所有成员应当根据各自支持总量空间大小，按比例对《农业协定》第6条涉及的"黄箱"（包括综合支持量和微量允许）、"蓝箱"和"发展箱"补贴空间予以削减，要求所有成员第6条国内支持空间总量到2030年削减一半。据初步测算，按照该提案，我国补贴空间要削减八成以上，印度、欧盟至少削减六成，美国、日本需要削减一半左右，而凯恩斯集团成员受到的影响较小，削减幅度在三成以下。二是以中国、印度、非洲集团、非加太（ACP）集团为代表的发展中成员，强调只有部分国家享有的超出微量允许的综合支持量（AMS）才是最扭曲贸易的国内支持措施，应首先削减直至最终取消AMS，从而纠正现有规则的不公平、不平衡，中国、印度还提出人均支持水平是衡量扭曲程度的重要指标，任何国内支持新纪律应建立在人均补贴水平基础上。

二、主要成员立场

美国拥有 191 亿美元的 AMS，"黄箱"补贴空间大，农业支持政策项目繁多，各类措施工具丰富完善，对农民形成了完备的"收入安全网"。近年来，为应对经贸摩擦以及新冠疫情对美国农业产业的冲击，美国政府大幅增加农业补贴支出。据估算，2018—2020 年，美国农业"黄箱"支持已非常接近甚至超出 191 亿美元的 WTO 承诺上限。这种情况下，美国对削减农业国内支持总体持消极态度，强调所有成员，特别是中印等新兴补贴大国必须都要做贡献；市场准入取得进展之前不能接受削减国内支持；反对优先削减 AMS。

欧盟拥有 825 亿美元的 AMS，并大量使用"蓝箱"和"绿箱"。对于国内支持削减的态度与美国类似，既反对中国、印度提案优先平衡规则，也反对凯恩斯集团按比例削减方案。其优先关注是"蓝箱"和"绿箱"纪律不能动，鼓励转箱改革。日本、瑞士等对农业进行高补贴的 G10 成员在国内支持方面与欧盟持相似立场。

印度作为发展中成员，没有享受超出微量允许的 AMS 权利，只有农业产值 10% 的"黄箱"空间，但可以享受 6.2 条"发展箱"条款。印度的农业支持主要包括市场价格支持，即政府以管理价格收购农产品从而保障农民收入，以及投入品（农药、化肥、种子等）补贴，印度部分产品按照 WTO 规则计算的市场价格支持水平逐年提高，已接近甚至突破 10% 的承诺上限。因此，印度竭力维护微量允许和"发展箱"空间不减损，积极主张平衡规则，优先削减 AMS。

非洲集团和非加太集团（ACP）立场与中印等发展中成员大体一致，均强调首先削减超出微量的 AMS 以纠正规则不平衡，非洲集团还提出冻结 AMS 的具体建议。非洲集团和 ACP 强调 6.2 条不能纳入削减或纪律约束；主张限制"蓝箱"支持，要求加严"绿箱"纪律，确保"绿箱"措施真正不扭曲或扭曲最小化。

2021 年 7 月的农业特会主席案文第一稿（简称主席案文）以及 11 月初综合各方意见出台的修改稿中，关于国内支持部长决定或工作计划的基本框架，都以凯恩斯集团提案为基础，即削减范围涵盖第 6 条所有措施，设定削减目标，按成员补贴空间占全球总量的比例进行削减。主席案文一出台，便遭到除凯恩斯集团以外的各方诟病，中国、印度及 G33 成员、非洲集团等广大发展中成员强烈要求主席再平衡案文，甚至主张另起炉灶；美欧则强调工作计划应务实，需要降低雄心水平。之后的小范围磋商中，除凯恩斯集团仍坚持明确削减目标和模式的高雄心工作计划，美欧中印等主要成员均认为工作计划雄心水平应适度，以各方可接受的原则性表述为宜，不应包含削减目标和模式。由于各方分歧巨大，最终 MC12 未能就国内支持削减达成一致。

第三节　粮食安全公共储备

粮食安全公共储备（PSH）是农业谈判的重点议题，实质也是农业国内支持问题，旨在解决发展中成员用于粮食储备采购的支出超出 WTO 承诺上限的问题。

2012 年 11 月，G33 以 2008 年农业模式案文相关内容为基础，提出了发展中成员粮食安全提案，2013 年 WTO 第九届部长级会议期间，以美国为首的部分发达成员和印度等 G33 主要成员进行了激烈博弈，最终通过了类似"和平条款"的粮食安全公共储备临时方案，明确对于发展中成员用于粮食储备及救助贫困人口的国内支持措施，在其接近或突破其承诺的"黄箱"上限时，其他成员在决定是否诉诸争端解决机制时应保持克制，同时要求成员继续就永久方案进行谈判，并在第十一届部长会上通过。第十届部长会议对该议题进一步明确授权，要求独立于总体农业谈判，在专门会议加速进行粮食安全永久方案谈判。

在后巴厘及后内罗毕农业谈判中，G33 与发达成员及部分发展中成员在永久方案谈判中立场针锋相对，僵持不下。G33 坚持要求同时解决发展中成员"粮食安全"和"生计安全"关注，要求将 PSH 项目支持免于计入"黄箱"，且应操作简单便利，从而为发展中成员解决粮食安全挑战争取更大的政策空间。具体而言，就是修改《农业协定》，将发展中成员按照管理价格敞开收购的价格支持措施，从目前的"黄箱"归入免于削减承诺的措施类型。

而发达成员和出口发展中成员强调不受约束的粮食储备将会扭曲粮食

贸易，并以此为由提出严格的透明度要求和诸多限制条件，要求相关支持应计入"黄箱"，在满足严格的限制条件的情况下可以免于被诉，以免形成大量补贴的漏洞，扭曲市场，损害出口国利益；巴西、欧盟、澳大利亚等反对方还将 PSH 与国内支持谈判挂钩，明确表示不会接受只有 PSH 的农业谈判成果。

近年谈判中，反对方始终将 PSH 与国内支持议题挂钩，反对单独收获 PSH。印度是 PSH 主要要价方，从巴厘部长会到内罗毕和阿根廷的部长会，印度都将 PSH 作为优先议题，多次表示如果没有 PSH 成果就什么都没有。2022 年，MC12 前，印度再次威胁如果 PSH 没有成果，印度将否决渔业、WFP 及其他议题的成果。2022 年 7 月，G33 提出新的提案，在法律确定性方面做出了让步，不再要求储备支出免于计入"黄箱"，改为要求如成员相关支出超出承诺，其他成员不得起诉。然而，反对方仍然认为提案不足以防止扭曲。反对方还提出应提供更多的 PSH 相关信息，让大家了解其如何运作，从而为制订永久方案展开有效的讨论。美国等还强调保障粮食安全绝非 PSH 一种途径，且 PSH 存在严重缺陷。

MC12 前的小范围磋商中，各方立场曾有所松动，凯恩斯集团、美国、欧盟等反对方表示，一定条件下可同意将和平条款的临时方案扩展到最不发达国家的新项目。但印度态度依然强硬，坚持收获永久方案。MC12 后，美国、加拿大等与印度等成员就 PSH 议题继续激烈交锋。

第四节　特殊保障机制

特殊保障机制（SSM）是在多哈农业谈判中，针对乌拉圭回合《农业协定》规定的特殊保障措施（SSG）主要为少数发达国家利用的不公平情况，广大发展中国家联合提出的建立一种专门为发展中国家使用的、在进口数量激增和进口价格下跌时可通过征收附加关税缓解进口冲击的救济机制。在广大发展中国家的强烈呼吁下，WTO 农业委员会特会主席在 2003 年 2 月提交的农业谈判减让模式草案第一稿中首次提出了特殊保障机制的概念，又于 2003 年 3 月在模式草案第一稿修改稿中提出，现有《农业协定》第 5 条下的特殊保障措施，或在建议的 5 年改革期限结束后或者在 2 年以后，取消发达国家成员的使用权；作为为发展中国家成员而建立的安全网,将建立一个特殊保障机制(SSM)。2004年8月1日达成的框架协议明确规定SSM将为发展中成员而建立。2005年12月的《香港部长宣言》重申了发展中成员有权使用基于进口数量和价格触发的SSM,明确了特殊保障机制将作为模式草案和农业谈判结果的一个必要组成部分。

在SSM谈判初期阶段,SSM议题主要内容包括八个方面,适用产品范围、触发机制和救济措施、磋商的特殊和差别待遇、救济的特殊和差别待遇、普惠制适用、易腐烂及季节性产品适用性和透明度。其中,触发机制和救济措施是谈判的焦点和难点,攻守双方在触发门槛和救济水平上的分歧巨大,尤其是在救济关税能否突破当前约束关税上矛盾非常突出,导致SSM议题成为2008年7月部长会失败的主要原因。

此后,虽然G33努力推动SSM谈判,且内罗毕部长决定授权以专门会议讨论SSM,但发达成员和出口发展中成员强调SSM谈判必须和市场准入挂钩,在市场准入谈判没有实质推进的情况下,始终拒绝参与讨论,SSM实际上并未进行真正的磋商或谈判。MC12前非洲集团提案建议,先期收获SSM临时方案,印度和G33总体支持,但反对方强调在市场准入议题未获进展之前不同意任何SSM方案。

第五节 出口竞争议题

出口竞争谈判的目标是规范成员的出口调控和其他出口竞争措施,确保成员以公平竞争的方式获取市场开放所带来的贸易机会。其主要内容包括取消各种形式的出口补贴,完善在出口信贷、出口国营贸易企业和粮食援助方面的纪律。

谈判初期,发达成员的出口补贴水平居高不下,发达成员和发展中成员的使用极不平衡,取消出口补贴有助于建立公平、透明和有序的国际贸易环境和秩序,谈判的焦点集中在确定取消出口补贴的具体实施进度等方面。根据《7月框架协议》内容,本轮谈判将取消出口补贴,并规定最终取消出口补贴的具体时间表。

美国要求欧盟等成员尽快取消出口补贴。欧盟在2005年底香港部长会议期间同意到2013年完全取消出口补贴,但前提是其他成员平行削减所有形式的扭曲贸易出口补贴,取消出口国营贸易企业的垄断权、严格出口信贷纪律、严格粮食援助的纪律。G20 要求发达成员取消出口补贴，严格按照时间表履行取消出口补贴的承诺，并削减所有形式的出口补贴措施。

2015 年内罗毕部长会达成了取消出口补贴，以及为其他出口竞争措施制定纪律的部长决定，在出口竞争领域取得了重要成果。在之后的谈判中，成员对出口竞争关注较少，但欧盟、G10 等防守利益成员始终呼吁加强对部长决定的执行，并继续谈判对出口融资措施、国际粮食援助和国营贸易企业等制定更加严格的纪律，以制衡美国和凯恩斯集团等采取此类出口竞争措施较多的成员。然而，成员主要精力集中于国内支持等议题，对于出口竞争参与度不高。MC12 前出口竞争领域成果也聚焦于透明度，主席案文及修订版重申监督成员对巴厘和内罗毕关于出口竞争决定的执行，并更新对相关调查问卷的答复，发挥秘书处在信息提供方面的作用。印度、非洲集团等坚持反对新增义务。

第六节 棉 花

棉花议题的实质是大量扭曲贸易的国内支持扰乱了市场价格，损害了非洲产棉国棉花出口和棉农生计，谈判的目标是大幅削减扭曲贸易的国内支持，同时发达成员和有能力的发展中成员给予最不发达国家（LDC）的棉花产品"免关税、免配额"待遇。美国在棉花议题上高度敏感，始终逃避削减责任，并屡次将中国推向矛盾焦点，致使棉花问题逐步演变为非洲产棉国要求削减所有成员棉花补贴。MC11 召开前夕，非洲棉花四国（C4）提出提案，要求 MC11 全面限制棉花补贴政策，包括削减 AMS 和"蓝箱"补贴，限制"绿箱"补贴、加强透明度等。美国作为主要相关方未显示任何灵活性，消极抵制谈判，欧盟同意削减"黄箱"补贴，但拒绝约束"绿箱"和"蓝箱"。棉花议题与国内支持谈判紧密相连，在国内支持总体纪律难以达成一致的情况下，单独收获棉花几无可能，MC12 也未能在棉花问题上取得实质成果。

第七节 透 明 度

透明度是 WTO 基本原则之一，就农业而言，每个议题都涉及透明度问题，比如 PSH 包含透明度条款及信息表，市场准入的实施关税调整本身就是透明度问题，出口竞争问卷也是信息提供。发达成员和出口成员要求提高透明度，某种程度上也借此对发展中成员施加压力。印度、南非及非洲集团等发展中成员对此持保留态度，强调需考虑发展中成员的能力和资源限制，不能新增通报义务。

MC12 农业主席案文专门为透明度设定部长决定，主要包括发挥秘书处以及信息技术在信息提供方面的作用，探讨更新和简化通报格式等。MC12 后中国等成员建议在不影响现有通报义务的情况下简化合并通报，减轻成员通报负担。

第八节　出口限制

出口限制议题旨在进一步规范出口限制措施纪律，提高国际贸易稳定性。出口限制议题与疫情后国际农产品市场新动向密切相关，仅 2020 年，就先后有 18 个 WTO 成员出台限制粮食等农产品出口的措施，2022 年以来仍有部分成员采取出口限制，全球供应链和市场稳定受到影响，也使各方自 2008 年金融危机后再次在多边谈判中聚焦出口限制议题。

一、WFP 粮援采购

在此背景下，新加坡提出"对世界粮食计划署（WFP）采购食物豁免出口限制"的提案，得到 53 个成员联署。印度、坦桑尼亚等少数成员提出了反对，认为临时的、有针对性的、透明的出口限制措施对保障本国粮食安全具有重要作用，优先保证国内人口粮食安全是成员的权利。印度还在磋商中向 WFP 提问是否有证据表明出口限制对其采购粮食造成影响，向提案方提问粮食安全公共储备的粮食是否可以出口用于 WFP 人道主义粮食采购。印度在多个场合表示将 PSH 与 WFP 粮援豁免等挂钩，如果 PSH 没有成果，印度将否决 WFP 及其他议题的成果。但最终 MC12 收获了关于"对世界粮食计划署（WFP）采购食物豁免出口限制"的成果。

二、透明度

出口限制议题的另一要素是透明度。以日本为代表的 G10 和农产品进口成员，在农业谈判中一直努力推动对出口限制措施加严纪律，最大程度降低对进口成员的负面影响。近年来，日本等将重点放在出口限制措施透明度上，特别在新冠疫情暴发后成员纷纷采取出口限制措施的背景下，日本多次提交提案和技术文件，一方面用数据说明成员采取的出口限制措施，在通报等方面很少符合《农业协定》规定，且现有规定存在较大模糊性；另一方面积极推动增强出口限制措施透明度，完善细化现有规定。印度和 ACP 集团等发展中成员对提高透明度持保留态度，强调发展中成员能力和资源有限，反对新增通报义务。就出口限制措施提前通报，印度等还指出提前通报可能引起投机炒作，造成国际市场波动。

第二篇

加入 WTO 与中国
农业发展①

中国于 2001 年 12 月正式加入世界贸易组织。站在新的历史起点，回溯 20 年来的艰辛历程与辉煌成就，对探索和深化更具战略自主和韧性更强的开放型经济新体制，积极参与、推动和主导全球经济治理体系重构具有重要意义。加入 WTO，意味着中国经济融入世界经济发展潮流，既可以利用国内和国际两种资源、两个市场得到更多的发展机会，同时也将面临更加激烈的国际市场竞争。

加入 WTO 对中国农业所产生的影响体现在两个层面，一是必须履行在加入 WTO 谈判中所做出的各项承诺，按照国际规则调整国内农业政策；二是相应调整农业结构、优化区域布局、推动农业产业化经营以提高中国农产品国际竞争力、适应入世后面临的农业贸易新形势。因此，要从战略的高度，系统审视中国农业的发展，这样才能发挥中国农业的比较优势，提高农业的整体效率，使中国农业走上良性发展的道路。中国农产品贸易政策在入世后发生了显著的变化，这些变化体现在哪些方面？将会给中国的农业发展带来怎样的影响？对农民的利益影响又是如何？中国当前贸易政策的制定和调整过程中还存在哪些问题？这些都是值得关注的问题。

---

① 课题主持人：秦天放、田志宏。主要撰写人员：姚敏、单伟杰、韩洁、王琪、周宁宁、刘欣月。

第四章　中国入世历程与入世承诺

2001 年 12 月 11 日，经过 15 年的艰辛谈判，中国正式成为世界贸易组织的成员，必须履行加入世贸组织（简称"入世"）时所承诺的对贸易和非贸易壁垒的各项削减义务，诸多农业边境保护措施将被取消，农产品市场准入将逐步扩大。

第一节　入世历程概述

从 1986 年到 2001 年，中国复关/入世谈判历时 15 年，不仅过程漫长，而且困难重重，大体上经历了三个历史阶段：准备阶段、接触阶段和实质性谈判阶段。在准备阶段和接触阶段，中国立场的核心是坚持市场经济国家身份和发展中国家身份，但当时美国先是不承认中国的市场经济国家身份，后又不承认中国的发展中国家身份，导致中国的复关/入世谈判两度陷入停顿。最后，在实质性谈判中，中美双方秉持灵活务实的态度找到了化解这两大身份困境的妥协点①。

一、准备阶段：1986—1989 年

1978 年改革开放之后，中国恢复与关税及贸易总协定（General Agreement on Tariffs and Trade，GATT，简称关贸总协定）的联系。1982 年 11 月，中国获得了关贸总协定观察员国的地位，开始派观察员列席关贸总协定的缔约国大会和理事会会议。

1986 年 7 月 10 日，中国驻日内瓦代表团钱嘉东大使在关贸总协定理

---

① 郑国富，朱念. 中国食糖进口贸易发展的时空特征、问题与建议［J］. 农业展望，2023（6）：100 - 104.

事会会议上，向关贸总协定总干事阿瑟·邓克尔提交了关于恢复中华人民共和国在关贸总协定中缔约国地位的申请（简称"复关"申请）①，提出了著名的"复关三原则"，标志着中国正式开启了"复关"谈判的进程。

"复关三原则"包括：一是中国是申请"恢复"关贸总协定的缔约国地位而非申请"加入"关贸总协定。1948 年 5 月，中国实际上已经是关贸总协定的创始缔约国，只是由于历史因素，中国政府暂停了中国在关贸总协定中的活动，因而，中国政府现在是申请"恢复"而非申请"加入"关贸总协定。二是中国是一个发展中国家，期望得到与其他发展中国家相同的待遇。发展中国家地位问题对中国具有经济和政治上的双重意义。在经济上，中国确实属于发展中国家，仍然处在经济发展的初级阶段；在政治上，中国与其他发展中国家一起共同抵制超级大国的霸权主义，而推动建立国际政治经济新秩序则是中国外交的基础。三是中国准备以"关税减让"而非"承担进口义务"的方式来进行复关谈判。在历史上，针对不同经济体制的国家，关贸总协定采取了不同类型的义务承担模式，即对于市场经济国家，以关税减让来承担义务；而对于非市场经济国家，由于商品价格不是由市场调节而是由政府制定，关税减让对其进出口调节不起作用，关贸总协定采取一定比例的进口数量作为其义务。中国自改革开放以来，对经济体制进行了广泛而深刻的改革，当时确定的改革目标是建立有计划的商品经济新体制，因此，中国希望以承担关税减让而非承担进口义务的方式来恢复其关贸总协定的缔约国地位。

针对钱嘉东大使当时提出的"复关三原则"，巴基斯坦、塞内加尔、匈牙利、墨西哥等发展中国家的代表表示了欢迎，而美欧日等国的代表则表现出了谨慎的欢迎与疑虑。美国大使迈克尔·桑缪尔斯的发言则尽显美国的傲慢。一方面，他使用正式的外交辞令对中国提出"复关"申请表示欢迎；另一方面，他又提出"这只是中国朝着把与贸易伙伴的关系建立于市场准入方向上迈出的第一步，我们仅仅对此表示欢迎"。欧共体大使陈文定的态度比较积极一些，称中国提出"复关"申请是一件"令人高兴的重大事件"。而日本代表的发言不仅表现出了日本在此问题上的矛盾心态，

---

① "China's Status as A Contracting Party Communication from the People's Republic of China，" General Agreement on Tariffs and Trade（1986 - 07 - 14）［2021 - 07 - 19］. https：//www. wto. org/ gatt _ docs/ English/ SULPDF/91210228. pdf.

而且还为西方大国在这一问题上的统一立场定下了基调，即"政治上支持，法律上的问题可以解决，经济上需要认真谈判"①。

按照申请的程序规则，1987年2月，中国向关贸总协定正式提交了《中国对外贸易制度备忘录》。作为回应，关贸总协定理事会则于1987年3月成立了中国缔约方地位工作组，并于1988年2月、4月、6月和9月先后召开四次会议对中国的外贸制度进行审议②。在此基础上，美国等西方大国对中国的外贸制度改革提出了"五大要求"：一是外贸制度必须在全国统一实施，消除一些地区和城市在执行中央政府的外贸政策法规时有偏差或者擅自对外商减免税收的现象，保证外商的普惠待遇。二是提高外贸制度的透明度。中国外贸制度的一些规则过于笼统，缺乏可操作性，在具体执行过程中依靠内部文件来进行操作，但内部文件不透明、不公开，具有很大的随意性。这种情况也必须消除。三是取消与关贸总协定不符的非关税措施。中国既有与关贸总协定相符的非关税措施，如进口许可证制度、商品检验制度，也有不相符的非关税措施，如用计划指标进行数量限制、实行出口换汇成本等，应予以消除。四是要求承诺进行价格改革以达到市场调节价格的目标。中国需要进一步放开绝大多数生活资料和生产资料的价格，减少国家定价的比重，逐步实行市场调节价格。五是在实现市场调节价格的目标之前，要设立过渡性的"选择性保障条款"。所谓选择性保障条款，是指一旦缔约方认为中国的出口产品严重损害了其国内产业，可以绕开关贸总协定的非歧视原则，选择性地针对中国采取紧急保障措施，而不对其他缔约方采取相同的保障措施。

针对美国提出的"五大要求"，时任中国外经贸部副部长沈觉人一一作出了回应：首先，关于外贸制度统一实施问题，中国在全国范围内实施统一的贸易制度，如果出现不一致的情况，那应该是实施过程中的问题，中国承诺一经发现将予以纠正。其次，关于外贸制度透明度问题，中国承

---

① 王毅. 世纪谈判：在复关/入世谈判的日子里［M］. 北京：中共中央党校出版社，2007.

② 关于中国工作组的名称，中国要求是"中国恢复关贸总协定缔约国地位工作组"（Working Party on China's Resumption of Its Status as A Contracting Party to the GATT），而美国和欧共体的要求是"中国加入关贸总协定工作组"（Working Party on China's Accession to the GATT）。对此，关贸总协定秘书局发挥了斡旋调和的作用，提出了一个折中方案，即"中国的缔约方地位工作组"简称"中国工作组"，回避了到底是"恢复"还是"加入"的问题。

诺，除企业正当商业秘密和公共利益的机密资料外，凡是法律、规章以及不属于保密的程序、统计、资料，均予以公布，并建立对外公告制度。再次，关于非关税措施问题，中国承诺，对于与关贸总协定相符的非关税措施，中国将加入关贸总协定的《东京守则》；对于与关贸总协定不相符的非关税措施，中国将逐步实现计划、外汇管理的合理化，以及关税和非关税措施的协调使用。第四，关于价格改革问题，中国可以承诺价格改革市场化的发展方向，但不承诺价格市场化改革的具体时间表。最后，关于选择性保障条款，中国认为这与中国改革方向和国家利益相违背，美国要求中国接受所谓"非市场经济国家"歧视性规定的做法不合适[①]。

表 2-1 是中国复关谈判中美国提出的五大要求与中国的回应。可以看出，当时中国与美国在中国复关问题上最主要的争论是关于"选择性保障条款"[②]，而这一条款的背后实际上反映了双方对于中国是不是市场经济国家存在不同的观点。中国认为，虽然中国的经济体制还带有计划经济的痕迹，但市场经济的大方向已经确立，因而，"有计划的商品经济"应该被理解为"市场经济"而非"计划经济"。而美国认为，中国的经济体制（尤其是价格体制）虽然经历了改革，但是离真正的市场经济体制还有相当大的距离，中国的出口产品在某种程度上仍然包含着价格补贴的因素，因此必须在国际贸易中对中国实施"选择性保障条款"。

表 2-1　中国复关谈判中美国提出的五大要求与中国的回应

序号	美国五大要求	中国回应
1	外贸制度统一实施	对于外贸制度实施中的问题，一旦发现将予以纠正
2	提高外贸制度透明度	除正当商业机密外，凡外贸法律、规章等均予以公布，并建立对外公告制度

① 石广生. 中国加入世界贸易组织谈判历程［M］. 北京：人民出版社，2011.

② 1989 年 3 月 31 日，为应对美国在中国复关谈判中提出的"选择性保障条款"，中国外经贸部副部长沈觉人主持召开了专家学者座谈会，邀请了外交部法律顾问史久镛、北京大学国际法教授王铁崖、中国人民大学国际法教授郭寿康、中国政法大学国际法教授汪瑄、对外经贸大学国际法教授沈达明、中国社科院世界经济与政治研究所所长浦山、外经贸部条法司司长袁振民、国务院法制局李适时等出席会议。与会专家一致认为，对于"选择性保障条款"，中国首先是要坚决反对，因为提出该条款违背了关贸总协定的非歧视原则；其次是在反对无效的情况下，应为"选择性保障条款"规定明确的限制条件，并体现对等权利和过渡性。参见王毅：《世纪谈判：在复关/入世谈判的日子里》，第 50 页。

（续）

序号	美国五大要求	中国回应
3	取消非关税措施	考虑加入关于非关税措施的《东京守则》，并逐步清理与关贸总协定不符的非关税措施
4	承诺价格市场化改革	可以承诺价格市场化改革的发展方向，但不承诺价格市场化改革的具体时间表
5	接受选择性保障条款	违背中国国家利益，中国无法接受

在双方对中国是不是市场经济体制以及是否应该对中国实施"选择性保障条款"存在不同看法的背景下，美国开始对中国实施经济制裁，导致这一阶段中国的复关谈判遭遇重大挫折。

二、接触阶段：1992—1994 年

1992 年 1 月 18 日，邓小平同志对武昌、深圳、珠海、上海等地进行视察并发表了著名的"南方谈话"，提出了一个重要观点，即市场经济是一种手段，资本主义可以用，社会主义也可以用。6 月 9 日，江泽民同志在中央党校省部级干部进修班上做了《深刻领会和全面落实邓小平同志的重要谈话精神，把经济建设和改革开放搞得更快更好》的讲话，提出了中国经济体制改革的目标就是建立"社会主义市场经济体制"。10 月 12 日，中国共产党第十四次全国代表大会在北京举行，会议正式确立了建立社会主义市场经济体制的改革目标。

国内改革进程的加快为中国的复关谈判重新注入了强劲的动力。1992 年 10 月 21 日，时任中国外经贸部副部长佟志广率团参加关贸总协定中国工作组第 11 次会议。在会上他提出"在不久前结束的中国共产党第十四次全国代表大会上，中国庄严地向全世界宣布，中国经济体制改革的目标是建立社会主义市场经济，这将翻开中国复关谈判新的一页，标志着中国工作组经过多年的艰难努力，将最终完成对中国外贸制度的审议"[①]。1993 年 5 月，中国代表团向关贸总协定秘书局提交了《中国对外贸易制度备忘录》修订版，其修订的核心是增加了"中国经济体制改革的目标是建立社会主义市场经济体制"。但遗憾的是，西方大国的代表并未真正认

---

① 石广生．中国加入世界贸易组织谈判历程［M］．北京：人民出版社，2011.

同中国的市场经济，仍然坚持要求中国接受"选择性保障条款"，其中美国谈判代表道斯金就明确提出了一个观点，即"中国的市场经济同美国的市场经济不是一回事"①。

更为重要的是，与中国复关谈判同时进行的另外一场谈判——乌拉圭回合谈判此时已经接近尾声，缔约国决定将关贸总协定（GATT）升级为世界贸易组织（WTO）。因此，美国开始改变对中国的要价，将中国的"复关入场券"转变为"世贸入场券"，除了最初的五大要求外，还提出了要增加服务贸易、知识产权、投资、农产品、纺织品、电信、保险、证券等新兴领域的市场准入要求。在这样的背景下，以发展中国家地位来承担市场准入义务就变得对中国格外重要②。换言之，此时的中国复关谈判，在市场经济体制这一老问题没有解决的同时，又增加了发展中国家地位这一新问题。

1994 年的到来使得中国的"复关"谈判日益紧迫。为了能够成为世贸组织的创始成员，中国发起了复关谈判的"冲刺"。在国内，中国推行诸多改革措施以配合"复关"谈判。1994 年初，中国废止了双轨制汇率和外汇留成制度，取消了 283 种商品的进口许可证和配额管理规定，开始实施《一般商品进口额管理暂行办法》与《出口商品配额招标办法》，全国人大常委会还颁布了《中华人民共和国对外贸易法》。6 月，中国再度取消了 208 种进口商品的非关税措施。中国采取的一系列改革措施体现了中国期望在1994 年底结束"复关"谈判的决心③，但美国利用中国期望早日结束谈判的心理，试图逼迫中国在市场准入问题上做出更大的妥协和让步④。

同年 9 月，中美开启第 9 轮双边磋商，启动了中国"复关"议定书谈判与市场准入谈判进程。在"复关"议定书谈判中，美国不承认中国的市场经济地位，继续要求中国接受"选择性保障条款"，并试图将对中国的

---

① 王毅. 世纪谈判：在复关/入世谈判的日子里［M］. 北京：中共中央党校出版社，2007.

② 相比关贸总协定，世贸组织给予发展中国家更多的特殊和差别待遇。例如：在服务贸易和知识产权领域，规定了发展中国家的优惠待遇；在履行世贸组织协议时，发展中国家享有较长时期的过渡期；在反倾销、反补贴、保障条款方面，给予了发展中国家更多灵活处理的空间。

③ 中国希望在 1994 年底完成恢复关贸总协定的谈判，赶在 1995 年 1 月 1 日之前成为世界贸易组织的创始成员。

④ 美国谈判代表道斯金（Dorothy Dwoskin）提出，"我得到来自华盛顿的指示是，要达成'好'的协议而不是'快'的协议"。参见王毅：《世纪谈判：在复关/入世谈判的日子里》，第 148 页。

歧视性做法合法化和制度化。与此同时，美国也不愿意承认中国的发展中国家地位，试图剥夺中国作为发展中国家所享受的大部分优惠待遇①。在市场准入谈判中，中美双方的分歧主要体现在农产品补贴、幼稚工业保护、零关税安排以及国内产业开放等议题上。美方要求中国改变对粮食、棉花、食糖、化肥等大宗商品国营贸易的做法；要求中国对优势产业的非关税措施制定取消时间表；要求中国在较为敏感的汽车行业与化工行业采取进一步的关税减让措施；以及要求中国大幅度开放证券、保险、电信等服务性行业的市场。

尽管美方的要求超出了当时中国经济的可承受范围，但中国依然没有放弃谈判，而是继续寻求与美国达成共识。11月，中国继续就市场准入问题与美国进行谈判，并在关税减让问题上做出让步，将关税总水平由43.7%降至17%，其中农产品由46.1%降至21.9%，非农产品由42.8%降至16.3%，并且制定了大多数非关税措施的取消时间表②。在12月7日与11日的会议上，中方承诺部分放开国营贸易，同意增加国营贸易产品中非国营企业经营的比例。但美国仍坚持其高要价立场，始终不肯妥协，导致双方在诸多分歧上无法达成共识，中美市场准入谈判最终破裂。

1994年中国"复关"谈判冲刺的失败实际上是美国对中国要价过高的结果，其根源在于美国不愿承认中国的市场经济地位和发展中国家地位。中国的发展速度举世瞩目，美国担心一旦中国以市场经济地位和发展中国家身份进入关贸总协定，将进一步给自身经济利益带来冲击，因此对中国提出了非常苛刻的条件。其结果是，中国未能在1994年底实现"复关"进而成为WTO的创始成员，双边谈判又一次陷入僵局。

三、实质性谈判阶段：1995—2001年

1995年1月1日，世贸组织宣告成立，中国的"复关"谈判正式转变成为"入世"谈判。1995年10月25日，中国国家主席江泽民与美国总统克林顿在纽约的会晤中，首次就中国入世问题交换了意见。克林顿表示，美国愿意在中国入世的问题上采取积极态度，并已经起草了一份工作

---

① 美国谈判代表道斯金指出，中国已经是发达国家，不能再以发展中国家的身份进入关贸总协定。参见王毅：《世纪谈判：在复关/入世谈判的日子里》，第144页。
② 石广生. 中国加入世界贸易组织谈判历程 [M]. 北京：人民出版社，2011.

文件，准备与中国开展进一步讨论，以便打破谈判僵局①。11月8日，美国贸易代表巴舍夫斯基访华，向中方提供了一份《关于中国加入世贸组织的非正式文件》。美国将这份《非正式文件》称为中国加入世贸组织的"路线图"，列出了其对中国提出的28条要求②。时任外经贸部部长吴仪在会见巴舍夫斯基时指出，美国的"路线图"虽然显示了某些灵活性，但总的来说，美方要价过高，中国无法承担；既然美国表示在中国入世的问题上要采取积极态度，那么美国对中国提出的要价也应当客观和实事求是③。实际上，中美两国围绕美方提出的"路线图"所进行的争论，表明双方在中国入世的问题上仍然存在重大分歧。此后双方虽有接触，但谈判进展依然缓慢。

1998年11月6日，美国总统克林顿致函中国国家主席江泽民，提出"令我深感忧虑的是，我们两国之间的贸易逆差不断增大，美国公司在向中国出口货物、农产品和服务时依然困难重重……而解决该问题的最佳方式，就是在良好的、具有商业意义的基础上开放中国市场，就中国加入世贸组织达成协议"④。在此背景下，中美关于中国加入世贸组织的谈判进程明显加快。

1999年11月10—15日，中美开启第25轮双边谈判。双方围绕中国入世问题在北京展开了六天六夜的磋商，就"选择性保障条款""反倾销条款"、永久最惠国待遇、农产品补贴、国营贸易、关税减让、非关税措施，以及证券领域、保险领域和电信领域市场开放等谈判中的重点和难点问题展开了实质性谈判，终于达成了《中华人民共和国政府和美利坚合众国政府关于中国加入世贸组织的双边协议》，为中国加入世贸组织扫除了最主要的政治障碍⑤。2001年11月10日，在卡塔尔首都多哈举行的世贸

---

①③④　石广生．中国加入世界贸易组织谈判历程［M］．北京：人民出版社，2011．

②　28条要求包括：贸易法规的统一实施、透明度、非关税措施、选择性保障条款、货物贸易的国民待遇、贸易权、司法复议、外汇管理、关税减让、海关估价、产业政策、投资措施、技术标准、国营贸易、农产品贸易、动植物检疫、农业出口补贴、农业国内支持、服务贸易、知识产权、政府采购、民用航空器贸易、补贴、反倾销调查、国际收支平衡、幼稚产业条款、特定产品的保障措施，以及过渡性审议机制。

⑤　1999年11月15日上午，中国国务院总理朱镕基、副总理钱其琛、国务委员吴仪、外经贸部部长石广生、外经贸部首席谈判代表龙永图等与美国贸易代表巴舍夫斯基、总统经济顾问斯柏林等展开了最后的谈判，解决了中国入世谈判中最为棘手的几大难题，如"选择性保障条款"和"反倾销条款"的取消时间、保留化肥的国营贸易、保险电信行业的外资持股比例等。此次谈判被称为"世纪谈判"。

组织第四届部长级会议上，参会者审议通过了《中国入世议定书》和《中国入世工作组报告书》[①]。12月11日，中国正式加入世贸组织，成为世贸组织第143个成员。至此，长达15年的中国复关/入世谈判画上了句号，中国对世贸组织的艰难融入进程终于修成正果，这标志着我国对外开放进入了一个新的阶段。

四、入世过渡期：2002—2004年

从2001年底加入WTO到2004年，中国海关的进出口统计为加入WTO之前的争论做出了客观的评判。尽管中国的进口增长很快，但无论是农业还是汽车，都没有遭受到有些人预测的那种严重的进口冲击。中国加入WTO前有一种颇为流行的说法，即加入WTO短期内弊大于利，长期看利大于弊。尽管只有两年半的时间，却可以看出，上述说法中至少"短期内弊大于利"的部分是经不起推敲的。关键原因在于，这种似是而非的观点是建立在对中国加入WTO谈判缺乏了解的基础上的。中国开放市场并非从加入WTO时始，而是已经开放了20年。加入WTO后只是在以往开放基础上进一步的开放。而且，中国在谈判中为一些敏感的产品和部门争取了一定的保护条件和逐步开放的过渡期。在过渡期内，一方面，一些主要敏感领域的相关产业一般来讲是不易受到冲击的；另一方面，包括商业零售在内的部分领域提前开放，冲击期已过。此外，农业等敏感领域的国内市场和产业没有受到进口的严重冲击，也有一定的客观因素，如2002年美国遭遇严重旱灾，国际农产品价格上涨，缓解了对中国农产品国内市场的压力。两年半来，人们看到的更多的是，中国加入WTO促进了国内产业在扩大规模、保持势头、提高效益、增强后劲等方面的发展，积极作用逐步显现[②]。

---

① 《中国入世议定书》规定了中国加入世贸组织后所享有的权利和义务；《中国入世工作组报告书》是中国入世谈判的记录和说明，包括中国和世贸组织成员各自的意见和评论，以及中国作出的具体承诺。这两份报告是了解中国入世谈判进程最为权威的法律文件和"金钥匙"。关于全文，可参见石广生主编：《中国加入世界贸易组织法律文件导读》，北京：人民出版社，2002年版。

② 张向晨. 中国加入WTO两年半的回顾和思考［J］. 战略与管理，2004（3）：11‑23.

第二节　中国农业入世承诺

我国加入 WTO 时，在农业方面做出了较高水平的开放承诺。无论是与 WTO 创始成员和其他新加入成员相比，还是与我国农业自身资源禀赋相比，这种开放程度都是偏高的。我国农业开放已处于全球领先地位，成为全球农产品关税水平较低和贸易自由化程度最高的国家之一。从 WTO《农业协定》的三大领域来看，我国农业做出了高于大多数成员的开放承诺[①]。

一、中国农产品市场准入的入世承诺

（一）农产品关税减让承诺[②]

乌拉圭回合《农业协定》规定，各成员必须将所有的非关税壁垒转换为关税等值并进行削减。按照入世承诺，中国必须首先将原有的非关税手段关税化。关税化的计算方法是某种农产品非关税壁垒的关税等值＝该产品的国内市场平均价格－该产品的国际市场平均价格。由于减让基期（1986—1988 年）中国大部分农产品的价格低于国际市场价格，非关税壁垒的关税等值为负值，中国无法将原有的非关税手段转化为关税手段。与此同时，中国对入世后农产品关税削减做出了具体承诺：农产品的平均关税从 2001 年的 21.2％降到 2004 年的 17％，并于 2010 年过渡期结束时削减至 15.2％，累计降幅达 67％。我国加入 WTO 过渡期结束后的农产品最终关税水平，约为世界平均水平的 1/4。

如表 2-2 所示，入世后中国具体农产品关税减让承诺呈现出三个主要特点。

第一，中国有可能加大进口的农产品，其产品关税税率降低幅度较大，承诺的关税税率水平较低，大部分在 10％左右，如畜产品中的肉类和奶类，水果中的柑橘、葡萄、香蕉、苹果以及酒类等。

第二，中国具有传统出口优势的产品，其关税税率降低幅度较小，承诺的关税税率水平较高，如畜产品中的蛋类和肠衣，干果中的核桃和板

---

① 叶兴庆. 加入 WTO 以来中国农业的发展态势与战略性调整［J］. 改革，2020（5）：5-23.

② 吴强. 贸易自由化下的中国农产品贸易政策变动之影响分析［D］. 南京：南京农业大学，2008：47-50.

栗，以及西瓜、果汁、蔬菜汁、酱油等。

第三，关税配额的配额外关税水平与配额内关税比较相对较高，除3种食用油在实施期满后降低到与配额内关税同等水平外，其他产品均较高。

值得指出的是，我国承诺放弃适用WTO《农业协定》第5条关于特殊保障条款的权利，当农产品进口数量增加或价格下降到一定幅度、对国内相关产业造成实质损害或损害威胁时，只能适用触发门槛更高的《保障措施协定》进行贸易救济。

表2-2 中国主要农产品的关税减让承诺

单位：%

品类	2001 年	2002 年	2004 年
冻牛肉	39.67	31.8	12
冻猪肉	19.5	16.8	12
冰鸡块及杂碎	从量税 1.8 元/千克；估计从价税 34%	16	10
奶酪	43.2	34.8	12
黄油	44	36.7	10
蛋类	24（不含种用品）	23	20
蜂蜜	23	21	15
猪肠衣	20	20	20
羽绒	18	16	10
大豆、大麦	3	3	3
马铃薯	13（不含种用品）	13	3
萝卜类	13（不含种用品）	13	13
菜豆类	13（不含种用品）	13	13
开心果	30	25	10
核桃、板栗	29	28	25
香蕉	25	19	10
柑橘	35	28.8	12
葡萄	40（鲜葡萄）	29.2	13
苹果	30	22	10
西瓜	29	28	25
花生	15（不含种用品）	15	15

（续）

品类	2001 年	2002 年	2004 年
瓜子	30	26	20
花生油	10（配额外 75%）	10	10
酱油	30	28	28
未焙炒咖啡	15	15	8
已焙炒咖啡	31	27	15
茶	27	24	15
苹果汁、蔬菜汁	32.8	29	20
矿泉水	45	40	20
啤酒	从量税 3.5 元/升；估计从价税 33%	42	0
葡萄酒	60	44.6	14
烈酒类	56	46.7	10（2005）
烟草	34	28	10
卷烟	57	49	25
大豆油、棕榈油、菜籽油	13（配额外 121.6%） 10（配额外 30%） 20（配额外 100%）	63.3	9（2006）
食糖	26.7（配额外 90%）	71.6	50
水稻、小麦、玉米	1（配额外 114%） 1（配额外 114%） 1（配额外 114%）	74	65
棉花	3（配额外 90%）	61.6	40
羊毛	1（配额外 42%）	38	38

资料来源：柯炳生.《入世以来中国农业发展与新一轮谈判》.北京：中国农业出版社，2005。

（二）农产品关税配额入世承诺[①]

关税配额制度是在乌拉圭回合多边贸易谈判中，为解决部分敏感农产品的市场开放问题而建立的，是农产品市场准入方面的重要内容之一。之所以称其为关税配额，是因为它是关税化的产物，原则上配额不是对进口的硬性限制，而是体现为关税差别：配额内实行低关税，配额外实行普通

---

① 吴强.贸易自由化下的中国农产品贸易政策变动之影响分析 [D].南京：南京农业大学，2008：47-50.

关税或者惩罚性、禁止性的高关税。在乌拉圭回合谈判结束之前，许多国家政府除了使用关税措施对本国农产品市场进行保护外，还广泛采用非关税措施。为确保农业政策谈判和改革的顺利进行，《农业协定》允许在协议签订时，存在数量限制和配额的成员采用关税配额作为过渡工具，从而使所有的关税配额管理最终转化为单纯的关税管理。

1996年以来，中国对一些重要的大宗农产品也实行了一般商品进口关税配额管理，包括粮食、植物油、油籽及羊毛等，之后又增加了食糖和棉花。到2000年，中国实行关税配额管理的农产品共有15种，这些农产品虽然在农产品税目中只占很小一部分，但在农产品进口中却处于举足轻重的地位，占中国农产品进口价值的60%以上。结合中国在入世谈判中对关税配额做出的具体承诺（表2-3）可以看出，中国农产品关税配额承诺呈现下述3个特点。

表2-3 中国农产品关税配额承诺

种类	2002年			2004年	
	配额数量/万吨	配额内关税/%	配额外关税/%	配额数量/万吨	配额外关税/%
小麦	846.8	1	74	963.6	65
玉米	585	1	74	720	65
水稻	399	1	74	532	65
棉花	81.85	1	62	89.4	40
羊毛	26.45	1	38	28.7	38
食糖	176.4	20~15	72	194.5	50

资料来源：柯炳生.入世以来中国农业发展与新一轮谈判［M］.北京：中国农业出版社，2005.

第一，从世界范围比较看，中国的关税配额数量高于其他成员的配额数量。其中小麦、玉米和食糖高于50%以上，其他产品都在几十倍及以上；中国的关税配额农产品在世界贸易总量中的占比也较大，除食糖外均在10%以上，其中水稻、棉花、羊毛和食用油在20%左右。

第二，从内部市场的比较关系来看，中国关税配额数量空间较大。中国所承诺的关税配额数量（2004年）通常是基期（1996—1998年三年平均）实际进口数量的两倍以上。其中水稻在12倍以上，玉米在30倍以上，如果与净进口相比，上述比例更大。实际上，中国棉花的进口配额数量超过历史上任何一年的实际进口数量；食用植物油的配额数量是历史上最高进口数量的两倍以上；玉米的进口配额量超过 20 世纪 90 年代进口之和。同国内消费比较，中国的关税配额数量也非常大，除粮食外，均在 20％以上，而粮食中的小麦比例也为 8％，远远超过世贸组织对最低市场准入为 5％的要求。

第三，中国实施配额制度的农产品在配额内的关税税率非常低，除了食用油和食糖略高一点之外，其他均仅为 1％，而其他成员的配额内关税往往很高。

（三）关税配额管理制度①

公平、统一分配关税配额。自加入时起，保证在透明、可预测、统一、公平和非歧视的基础上管理关税配额，使用能够提供有效进口机会的明确规定的时限、管理程序和要求，反映消费者喜好和最终用户需求，且不抑制每一种关税配额的足额使用。实行统一的关税配额国家分配（和再分配）政策，地方各级主管机关不能制定单独的程序。

二、中国农业国内支持的入世承诺

国内支持规则旨在规范世界贸易组织成员对国内农业生产的支持和补贴行为。按照对生产和贸易的不同影响程度，世界贸易组织将国内农业支持划分为"绿箱"政策、"黄箱"政策和"蓝箱"政策。"绿箱"政策是指对生产和贸易没有影响或者影响微弱的政策，不要求削弱也不限制将来扩大和强化使用，主要包括农业科研推广、基础设施建设、直接收入支持等 12 项政策。"黄箱"政策是指对生产和贸易有直接扭曲作用的政策，也是对生产激励效果最为有效的政策，包括价格支持，与产量、面积、牲畜数量挂钩的补贴，投入物和投资补贴等，要求各方用综合支持量（AMS）计算并逐步予以削减。各成员可以在约定的约束水平或微量许可水平下使用。"蓝箱"政策是指与限产联系的补贴政策，不列入需要削减的国内支持计算且没有上限约束②。

我国以 1996—1998 年为减让基期，此期间扭曲生产或贸易的农业综

① 广东省 WTO 事务咨询服务中心. 中国入世承诺、WTO 规则与例外简明读本［M］. 广州：中山大学出版社，2002：16-17.

② 刘艺卓. 农业高水平对外开放：中国模式与路径［M］. 北京：中国商务出版社，2022：54-59.

合支持量为负值：非特定产品综合支持量为 294.02 亿元，占农业总产值的 1.44%；特定产品综合支持量中仅玉米为 9.35 亿元，其他产品均为负值；此期间我国农业税费负担约为 1 200 亿元。综合计算，我国农业综合支持量约为－900 亿元，这意味着我国农业国内支持水平约为－5%。基于这一情况，我国未能根据《农业协定》第6.3条的规定获得基期农业综合支持量（AMS）权利，这意味着我国加入 WTO 以后的"黄箱"措施仅限于微量允许。我国承诺对农产品国内支持的"黄箱"微量许可为8.5%，即特定产品补贴不得超过该产品总值的 8.5%，非特定产品补贴不得超过农产品总产值的 8.5%。根据《农业协定》第6.4条的规定，发展中国家成员特定产品微量允许和非特定产品微量允许上限分别为10%，发达国家成员特定产品微量允许和非特定产品微量允许上限分别为5%，同时发达国家成员允许的国内综合支持量在削减后仍保持较高的水平，因此我国实际上并未能充分享受到发展中国家成员的特殊和差别待遇（表2-4）。

表2-4 我国入世农业主要承诺及与其他主要 WTO 成员的比较

地区	AMS/亿美元	微量允许/%	发展箱	平均关税/%	出口补贴
欧盟	958	5.0	—	13.5	有
日本	375	5.0	—	19.0	—
美国	191	5.0	—	4.9	有
瑞士	46	5.0	—	52.6	有
澳大利亚	4	5.0	—	3.5	有
巴西	9	10.0	无上限	35.4	有
印度	0	10.0	无上限	113.5	—
中国	0	8.5	—	15.3	—

注：根据世界贸易组织网站资料整理。

此外，世界贸易组织还规定，发展中成员用于贫困地区和脆弱地区的农业投入物补贴、投资补贴及结构调整补贴不受上限约束，这类政策被称为"发展箱"。我国放弃适用《农业协定》第6.2条为发展中国家成员量身定制的关于"发展箱"的权利，对农业可普遍获得的投资补贴、低收入或资源贫乏生产者可普遍获得的农业投入品补贴必须计入现行综合支持总量，而不能像其他发展中国家成员一样免于削减。

三、中国农产品出口补贴的入世承诺

加入 WTO 之前的一个时期内，由于国内玉米和棉花出现过剩，我国曾给予过出口补贴。加入 WTO 时我国承诺不再对农产品出口提供补贴。与此形成鲜明对照的是，美国、欧盟等发达国家成员自 WTO 成立以来一直为农产品出口提供各种形式的补贴。尽管 2015 年 WTO 第十届部长级会议形成具有约束力的决议，同意停止和逐步取消农业出口补贴，要求发达国家成员立即取消出口补贴、发展中国家成员 2018 年取消出口补贴，特定的"加工品、奶制品和猪肉"等产品可延至 2020 年，25 个国家做出了削减出口补贴的承诺，但从实际执行情况来看，出口补贴的削减并未达到预定目标[①]。

第三节　中国入世承诺履行情况

我国自 2001 年加入世界贸易组织以来，严格遵守世贸组织有关规定，认真履行相关承诺，对关税政策、出口补贴、国内支持、保障条款等各方面进行了调整，成为世界上农产品市场最开放的国家之一。

一、降低农产品进口关税

入世后，中国积极履行承诺的关税减让义务，2002 年大面积下调了进口税目的税率，降税品种占比达 73%，关税总水平由入世前的 14% 降为 12.7%，其中农产品税率由 21.1% 降到 18.5%。2003 年，降低了进口税则中最惠国税率，降税品种占比达 41%，调整后关税的平均水平由 12.7% 降到 11.5%，农产品平均税率降到 17.4%。2004 年，又调整了最惠国税率，调整后的关税总水平降到 10.6%。其中，农产品平均税率降到 15.8%。2005 年中国进一步降低进口关税，关税总水平降低至 9.9%，其中，农产品平均税率为 15.3%。在入世"后过渡期"，即 2004 年开始，中国列入关税减让承诺表中的 977 种农产品的平均关税水平已经非常低，如果按照实际进口情况进行加权平均，实际进口关税税率不到 8%，远远

---

① 叶兴庆. 加入 WTO 以来中国农业的发展态势与战略性调整 [J]. 改革，2020 (5)：5 - 23.

低于世界平均62%的水平。根据世界贸易组织《世界关税概览2021》数据，我国农产品平均最惠国实施税率仅13.8%，最高税率仅65%，成为世界上农产品贸易自由化程度较高的国家之一。

二、实行关税配额管理

根据入世承诺，我国对小麦、大米、玉米、棉花、食糖、羊毛和毛条、天然橡胶等农产品实行关税配额管理，但承诺的配额量大、配额内关税低，基本在1%～5%，配额外最高关税只有65%。粮食（小麦、玉米、大米）关税配额量2004年达到2 215.6万吨，占到全球粮食贸易量的10%左右。2006年1月1日，我国取消了对豆油、棕榈油和菜籽油等植物油的关税配额管理，实行自动进口许可管理，关税统一降至9%。

三、减少非关税等贸易限制

按照承诺，我国于2005年全部取消了农产品进口许可证、数量限制等非关税措施。比照国际通行做法，我国建立了符合世贸组织规则的标准体系、动植物检验检疫制度和其他技术性贸易措施体系。

四、调整农业补贴政策

严格执行农业国内支持承诺，取消农产品出口补贴，将棉花、玉米、大豆和油菜籽的临时收储政策转为"蓝箱"或市场化补贴，将稻谷和小麦"黄箱"支持控制在合理水平，积极探索补贴收入、环境、地力等"绿箱"支持方式，减少市场扭曲。

五、主动完善农业法律法规

开展农业法律法规"废改立"，清理、完善和修改了不符合世贸规则的法律文件、规章和规范性文件；放开农业领域外商投资，实行准入前国民待遇加负面清单，建立与国际接轨的营商制度。

第五章 入世给中国农业农村发展带来机遇

由于中国农业生产、加工与流通具有明显的经营规模小、成本高、市场化程度低、政策性支持少的特点，加入 WTO 时做出的较大幅度开放农产品市场的承诺使农业成为面临挑战最为严峻的产业之一。与此同时，中国也迎来了诸多发展机遇。入世后，中国能够享受 WTO 赋予的待遇和权利，积极参加世界多边贸易规则的谈判和制订，为优势农产品的出口创造有利的国际环境，这对促进农业生产、优化农业产业结构、提高农产品国际竞争力等都具有重要意义。

第一节 中国农业生产与农产品贸易发展

2001—2022 年，中国农业生产整体呈平稳增长态势，农业增加值平均年增长率达到 8.8%，其间最高增速达到 28.5%。农业生产的稳定增长得益于农业基础设施建设和国家农业调控政策的支撑作用，也得益于中国农产品贸易快速扩张的带动作用。尤其是在中国加入 WTO 的前十年，农业增加值增长迅速，中国农业发展进入一个黄金时期。

加入 WTO 以来，中国农产品进出口规模增长显著，进口增速较出口更为明显。其中，农产品出口额由 2001 年 160.5 亿美元增长为 2022 年 982.6 亿美元，年均增长 9.0%，进口额由 2001 年 118.5 亿美元增长为 2022 年 2 360.6 亿美元，年均增长 15.3%（表 2-5）。中国逐渐成为"大进大出"的农产品贸易大国。

2002—2022 年，我国农业增加值和农产品贸易额变化方向基本一致，整体呈现增长态势。一方面，入世以来，中国农产品出口的增长能够带动国内农业生产，使其同步增加；另一方面，中国工业化和城镇化快速发展、居民收入水平快速提高创造了新增需求。这既容纳了不断增加的农产品进口，又为国内农产品生产增长提供了巨大市场空间。

表2-5　2001—2022年中国农业产出与农产品贸易规模变化情况

年份	农业		农产品			
	增加值/亿美元	年增长率/%	出口额/亿美元	年增长率/%	进口额/亿美元	年增长率/%
2001	1 906.5	5.6	160.5	2.4	118.5	5.2
2002	1 997.8	4.8	181.3	13.0	124.7	5.3
2003	2 099.9	5.1	214.1	18.1	189.7	52.0
2004	2 586.8	23.2	233.6	9.1	280.9	48.1
2005	2 735.6	5.8	275.5	17.9	287.9	2.5
2006	3 014.6	10.2	313.8	13.9	321.7	11.7
2007	3 744.1	24.2	369.9	17.9	412.0	28.1
2008	4 810.7	28.5	404.7	9.4	587.7	42.7
2009	5 073.6	5.5	395.4	−2.3	527.0	−10.3
2010	5 851.9	15.3	493.7	24.9	725.5	37.7
2011	7 138.1	22.0	607.2	23.0	948.7	30.8
2012	8 013.1	12.3	632.5	4.2	1 124.8	18.6
2013	8 827.4	10.2	678.3	7.2	1 188.7	5.7
2014	9 355.1	6.0	719.6	6.1	1 225.4	3.1
2015	9 611.0	2.7	706.8	−1.8	1 168.8	−4.6
2016	9 398.9	−2.2	729.9	3.3	1 115.7	−4.5
2017	9 566.9	1.8	755.3	3.5	1 258.6	12.8
2018	10 211.5	6.7	804.5	6.5	1 372.6	9.1
2019	10 650.4	4.3	791.0	−1.7	1 509.7	10.0
2020	11 795.3	10.7	765.0	−3.3	1 719.4	13.9
2021	13 489.7	14.4	843.6	10.9	2 198.2	28.7
2022	13 742.1	1.9	982.6	16.5	2 360.6	7.4

　　资料来源：农业增加值数据来自国家统计局的农林牧渔增加值，作者已进行汇率换算；2000—2021年贸易数据来自《中国农产品贸易发展报告2022》，2022年贸易数据来自中华人民共和国农业农村部网站。

　　相较于农业增加值的变化，农产品贸易规模的变化更加活跃。具体来看，农业增加值年增长率变化在−2.2%～28.5%，农产品贸易额年增长率在−3.6%～32.2%，且农产品贸易额年增长率大于农业增加值年增长率的年份有 14 年（图 2-1）。值得注意的是，在较多的年份，农业经济增长加快时，农产品贸易额年增长率大于农业增加值年增长率；农业经济增长放缓时，农产品贸易额年增长率小于农业增加值年增长率，这一定程度上说明了扩大开放后农产品贸易对农业经济增长具有带动作用。

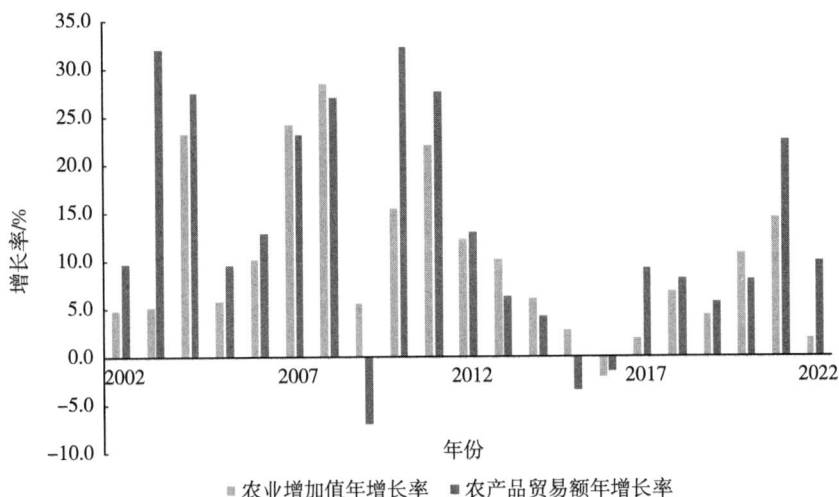

图 2-1　2002—2022 年中国农业经济与农产品贸易增长

资料来源：农业增加值数据来自国家统计局的农林牧渔增加值；2000—2021 年贸易数据来自《中国农产品贸易发展报告 2022》；2022 年贸易数据来自中华人民共和国农业农村部网站。年均增长率为作者计算。

第二节　农民收入水平变动

入世以来，农民收入来源发生深刻变化。2001—2022 年全国农民人均工资性收入年均增长 12.37%。这意味着加入 WTO 以来工业化和城镇化对农民收入的拉动作用，以及社会保障和农业补贴政策对农民收入的支撑作用远远超过了农产品进口增加对农业经营收入的不利影响[①]。

农民收入持续较快增长，抵御了进口对国内市场和产业的冲击。入世前后不少研究认为，我国农民收入和生计将受到较大冲击。而这么多年的

---

① 叶兴庆. 加入 WTO 以来中国农业的发展态势与战略性调整 [J]. 改革，2020 (5)：5-23.

事实是农民就业增收渠道不断拓宽，家庭经营性收入、工资性收入等显著增长。到2020年，我国农民人均收入达到17 000多元，比2001年名义增长6倍多，城乡收入比从入世之初的3.3∶1降至2.6∶1，实现了现行标准下9 899万农村贫困人口全部脱贫，创造了人类减贫史上的奇迹。

但值得指出的是，这一阶段农业就业份额快速下降。全国第一产业就业人数从2001年的36 399万人减少到2021年的17 072万人；第一产业就业份额从2001年的50%下降到2021年的23%，下降27个百分点（表2-6）。这种下降是在农业劳动生产率和农业产出上升的基础上实现的，是工业化和城镇化带来的积极变化，与农业生产萎缩情景下的农业就业减少有本质的不同。

表2-6 中国农村就业及收入情况

年份	农村居民人均工资性收入/元	全国第一产业就业人数/万人	第一产业就业比重/%
2001	772	36 399	50
2002	840	36 640	50
2003	918	36 024	49
2004	998	34 830	47
2005	1 175	33 442	45
2006	1 375	31 941	43
2007	1 596	30 731	41
2008	1 854	29 923	40
2009	2 061	28 890	38
2010	2 431	27 931	37
2011	2 963	26 472	35
2012	3 447	25 535	34
2013	3 653	23 838	31
2014	4 152	22 372	30
2015	4 600	21 418	28
2016	5 022	20 908	28
2017	5 498	20 295	27
2018	5 996	19 515	26
2019	6 584	18 652	25

（续）

年份	农村居民人均工资性收入/元	全国第一产业就业人数/万人	第一产业就业比重/%
2020	6 974	17 715	24
2021	7 958	17 072	23

资料来源：2002—2022 年《中国统计年鉴》。

第三节　农村改革与农业现代化发展

入世就好比是参加国际比赛，要遵循国际规则，所以说开放促进了改革。入世使我国农业基础薄弱的问题以及体制机制方面存在的深层次问题更加突出。这促使我国政府下定决心，更加重视农业发展、加强农业支持、加快农业改革。过去十年，中国农业政策调整和体制改革的力度之大、影响之深，史无前例，初步建立和不断完善了符合世贸组织规则的强农惠农富农政策体系[①]。

2000 年中央做出了进行农村税费改革的重大决策，率先在安徽全省和其他省（区、市）的部分县市开始试点，然后在全国全面推开。2006 年全国彻底取消农业税、农业特产税、牧业税、屠宰税，结束了延续 2 600 多年种田缴纳皇粮国税的历史，每年减轻农民负担 1 300 多亿元。减税和补贴两项合计，农民得实惠 2 700 多亿元。

为应对入世对大豆产业的冲击，我国从 2002 年开始首先对大豆实行良种补贴，当时资金只有 1 亿元；之后，逐步把良种补贴范围扩大到小麦、玉米、水稻、棉花、油菜、花生等作物以及生猪、奶牛等畜禽良种，形成了良种补贴体系，2011 年良种补贴预算资金达到 220 亿元。

2004 年改革粮食补贴政策，由补贴流通环节改为种粮直补，同年实行了农机购置补贴，2006 年开始实行农资综合补贴。农业"四补贴"从无到有，补贴范围和规模逐年加大，补贴方式不断完善，2011 年规模达到 1 406 亿元。

此外，为了有效抵御开放后的市场风险，我国先后出台了稻谷、小麦

---

① 韩长赋．入世十年与中国农业发展［N］．农民日报，2011 - 12 - 24.

的最低收购价制度，玉米、大豆、油菜籽等重要农产品的临时收储政策，以及其他专项补贴政策。下一步我国还将出台重点针对农业科技方面的支持政策。

在加入 WTO 以来快速工业化和城镇化的带动下，我国农业现代化也进入快速推进阶段。农业生产规模化水平明显提高，全国农村承包地流转面积从 2004 年的 446.2 万公顷提高到 2018 年的 3 533.3 万公顷。2016 年末，全国耕地规模化耕种面积占全部实际耕地耕种面积的 28.6%，规模化养殖生猪存栏占生猪存栏总数的 62.9%，家禽规模化存栏占比达到 73.9%。农业生产机械化程度快速提高，全国农作物耕种收综合机械化水平从 2001 年的 32% 提高到 2019 年的 70%，农业已进入全程、全面机械化新阶段。农业生产绿色化迎来转折性变化，全国化肥使用量从 2015 年6 022.6 万吨的峰值下降到 2018 年的 5 653.4 万吨；农药使用量从 2014 年180.69 万吨的峰值下降到 2018 年的 150 万吨。2018 年全国畜禽粪污综合利用率达到 70%、秸秆综合利用率达到 84%、农用地膜回收率达到 60%。全国农业科技进步贡献率从 2005 年的 48% 提高到 2019 年的 59.2%[①]。

第四节　中国农产品贸易产品结构变化

入世后，农产品贸易逐渐进入逆差期，逆差额呈现逐年扩大趋势。如表 2-7 所示，2002 年，中国农产品净出口额为 54.8 亿美元，表现为贸易顺差，2004 年，中国农产品净进口额为 49.8 亿美元，转变为贸易逆差，至 2021 年，中国农产品贸易逆差突破千亿美元大关。从 2004—2022 年，农业贸易逆差额年均增速达到 21.5%。该阶段，与非农产品贸易相比，农业贸易出口创汇能力已经显得微不足道，但农业贸易在"提高人民生活水平和促进经济持续发展"方面依旧发挥着重要作用。

土地密集型农产品净进口与劳动密集型农产品净出口趋势较为明显。谷物、棉花、食用油籽、食用植物油等净进口量呈现增长态势，其中，谷物以 2002 年净出口转为净进口，于 2022 年达到净进口 184.6 亿美元，棉花、食用油籽和食用植物油在 2002—2021 年净进口额的平均年增长率分

---

① 叶兴庆. 加入 WTO 以来中国农业的发展态势与战略性调整 [J]. 改革，2020 (5)：5-23.

别达到30.4％、19.5％和12.2％。以水产品、蔬菜为代表的劳动密集型产品一直是中国具有比较优势的产品，但随着人口红利的减少，劳动密集型产品的生产优势面临减弱，2022年水产品由顺差转为逆差。畜产品虽属于劳动密集型产品，但由于中国居民收入的增加和生活水平的改善，对畜产品的需求迅速增加，需求缺口扩大使净进口额不断上涨，在2002—2022年，净进口额平均年增长率高达30.04％。

表2-7　加入WTO以来中国分类农产品的净出口情况

单位：亿美元

产品种类	2002年	2004年	2008年	2012年	2016年	2018年	2020年	2021年	2022年
谷物	12.3	−13.9	0.5	−42.4	−52.1	−48.4	−84.4	−188.7	−184.6
棉花	−0.3	−32.3	−35.4	−119.7	−17.6	−31.0	−35.8	−41.7	−55.9
食用油籽	−19.1	−62.1	−210.5	−359.9	−356.2	−400.4	−416.7	−565.3	−641.1
食用植物油	−12.7	−35.9	−85.8	−106.3	−48.9	−55.5	−85.2	−113.7	−92.2
食糖	−1.6	−2.5	−2.9	−22.0	−10.9	−9.3	−17.3	−22.1	−24.5
蔬菜	25.5	37.0	62.5	95.5	141.9	144.1	138.9	145.8	162.6
水果	5.4	9.6	28.7	24.3	13.3	−12.6	−26.9	−70.0	−87.7
畜产品	−3.2	−8.4	−33.1	−84.7	−177.6	−216.6	−421.4	−463.1	−451.5
水产品	24.1	37.1	51.8	110.0	113.7	75.5	34.8	41.4	−6.9
饮品类	6.6	7.3	0.0	−9.1	−13.3	−28.9	−19.5	−34.8	−23.0
其他	17.7	14.2	39.5	21.8	21.9	15.0	−20.9	−42.4	26.8
合计	54.8	−49.8	−184.6	−492.5	−385.8	−568.1	−954.4	−1 354.6	−1 378.0

资料来源：2002—2008年数据来自《新中国农业发展70年（政策成就卷）》；2010—2021年原始进出口贸易数据来自2011—2022年《中国农产品贸易发展报告》；2022年原始数据来自中国海关，由作者整理。

伴随着农产品进出口规模的持续扩大，中国农产品贸易的品种结构也在持续不断优化。入世以后，一方面，中国充分发挥资源禀赋优势，积极扩大劳动密集型优势农产品的出口。2001—2022年，蔬菜、水果、水产品主要劳动力密集型农产品出口占中国农产品总出口额的比重由45.6％提高至53.5％；另一方面，基于国内水土资源相对短缺的基本国情，中国逐步探索统筹利用国际国内"两个市场、两种资源"的战略机制，适度增加资源密集型尤其是土地密集型的农产品、原料型农产品及国内需求增长较快的优质农产品的进口。2001—2022年，谷物等主要土地密集型产品进口占中国农产品进口总额的比重也在持续上升（表2-8）。

表2-8 加入WTO以来中国农产品进出口结构

单位：%

产品种类	出口				进口			
	2001年	2011年	2021年	2022年	2001年	2011年	2021年	2022年
谷物	6.88	1.33	1.40	1.22	5.29	2.15	9.12	8.33
棉花	0.51	0.13	0.02	0.11	0.97	10.20	1.91	2.24
食用油籽	4.51	2.37	1.84	1.76	26.76	33.18	26.42	27.89
食用植物油	0.29	0.35	0.24	0.34	4.04	9.50	5.26	4.04
食糖	0.35	0.08	0.08	0.12	2.61	2.04	1.04	1.09
蔬菜	14.85	19.34	18.69	17.52	1.02	0.35	0.54	0.41
水果	4.67	9.08	8.90	7.04	2.84	3.28	6.60	6.65
畜产品	16.40	9.86	7.15	6.52	22.91	14.11	23.81	21.84
水产品	26.04	29.29	25.92	23.36	15.60	8.45	8.07	9.87
饮品类	5.53	4.51	6.18	5.43	1.98	3.58	3.95	3.24
其他	19.97	23.66	29.58	36.58	15.98	13.16	13.28	24.27

资料来源：2001年数据来自《新中国农业发展70年（政策成就卷）》；2011年和2021年原始数据来自《中国农产品贸易发展报告》；2022年原始数据来自中国海关，由作者整理。

第五节 中国农产品贸易的国际比较

入世后，中国农产品关税大幅度降低，同时也享受到世界贸易组织其他成员给予的优惠关税和市场准入机会，中国农业在国际市场中的地位不断提高，逐步成为全球农产品贸易大国。2001—2021年，中国农产品贸易额增加了2 776.1亿美元，贸易额占世界总贸易额比重从2.9%增至8.0%。20年间，中国农产品贸易额平均每年增长12.7%，年均增速在世界主要国家和地区中位居第一，远超世界平均增速7.1%，对世界农产品贸易总额增长的贡献率仅次于美国和欧盟，达到9.7%（表2-9）。

在中国农产品贸易额的快速增长中，进口额增长最为显著。2001—2021年，中国农产品进口额增加了2 091.5亿美元，占中国农产品贸易总额增加值的75.3%，进口额在世界总进口额中的比重也从2.4%迅速增加至 11.5%。中国农产品进口额年均增长率达到 15.7%，远超世界其他主要国家，对世界农产品进口额增长的贡献率高达 14.7%，居世界首位（表 2-10）。

表 2-9 WTO 主要成员方农产品贸易增长贡献率比较

成员方	2001 年		2021 年		2001—2021 年	
	贸易总额/亿美元	占比/%	贸易总额/亿美元	占比/%	平均增速/%	平均贡献率/%
世界	9 732.3	100.0	38 391.2	100.0	7.1	100.0
欧盟	1 158.2	11.9	4 247.3	11.1	6.7	10.8
美国	533.5	5.5	3 861.2	10.1	10.4	11.6
中国	279.3	2.9	3 055.4	8.0	12.7	9.7
巴西	204.1	2.1	1 180.5	3.1	9.2	3.4
加拿大	336.7	3.5	1 111.2	2.9	6.2	2.7
日本	522.4	5.4	878.7	2.3	2.6	1.2
印度	98.6	1.0	819.2	2.1	11.2	2.5

资料来源：WITS 数据库。由作者整理测算。

表 2-10 WTO 主要成员方农产品进口增长及对世界贡献率比较

成员方	2001 年		2021 年		2001—2021 年	
	进口额/亿美元	占比/%	进口额/亿美元	占比/%	平均增速/%	平均贡献率/%
世界	5 019.2	100.0	19 284.2	100.0	7.0	100.0
欧盟	654.1	13.0	1 836.1	9.5	5.3	8.3
美国	529.0	10.5	2 063.7	10.7	7.0	10.8
中国	119.5	2.4	2 211.1	11.5	15.7	14.7
巴西	38.3	0.8	138.7	0.7	6.5	0.7
加拿大	137.0	2.7	455.3	2.4	6.2	2.2
日本	488.9	9.7	780.6	4.0	2.4	2.0
印度	34.6	0.7	314.9	1.6	11.7	2.0

资料来源：WITS 数据库。由作者整理测算。

第六章　全面总结入世经验

我国经过艰辛的"复关""入世"谈判，终于在 2001 年底正式加入世贸组织，成为世贸组织大家庭中的一员。农业是国民经济的基础，但同时又是一个弱质产业。加入 WTO 后，国内和国际市场融为一体，我国农产品较入世前更易进入国际市场，对农产品出口有利，能有效促进经济发展；但同时，国外农产品也较易进入国内市场，对我国农产品市场带来冲击。面对激烈的竞争和纷杂的国际环境，思考、总结入世经验、问题，明确我国立场显得十分重要。

第一节　入世谈判经验总结

农业入世谈判如履薄冰、历程艰辛，内外部压力都很大。国际上，37个要求与我国进行入世谈判的成员，大多数是农业竞争力较强的出口大国，个别成员在谈判中调门高、要价高，农业谈判一度成为中国入世的"死结"。国内声音也很多，许多人把合理"让步"当作牺牲。实践证明，入世对我国农业发展利大于弊，总体上是成功的，谈判过程和经验值得总结。

一、坚持以我为主

谈判过程中，我国坚持以"复关"三原则和针对美西方高要价而提出的工作方针为基本遵循，分领域、分品种、系统分析入世挑战和机遇。为加强农业贸易工作，农业农村部在机关司局增设相应处室，同时成立了农业贸易促进中心，与商务部等部门紧密配合，把控谈判进程、设置谈判议题、制订谈判方案，确保谈判能够立足国内经济社会发展大局，以我为主。

二、坚守底线思维

入世谈判中，我国该保的保住了，比如三大主粮，因为要确保基本自给和绝对安全，所以设置了关税配额措施；该放的放了，比如食用植物油，我国将长期处于短缺状态，较低单一关税制有利于下游产业发展；该有的有了，比如以发展中成员身份加入，享有特殊与差别待遇等权利。

三、坚决服务大局

入世是改革开放进程中的一件大事，是中央推进经济社会发展的大布局、大手笔。回头看，完全符合我国发展的阶段特征和大势需要，成就了发展的重大战略机遇期。尽管当时国内农业相对薄弱和艰难，但为了协议的最终达成，必要和适当让步并不是牺牲，而是实现开放发展的必经之路。

第二节　入世冲击应对思考

现在世贸组织有 160 多个成员，乌拉圭回合以后加入的就有 36 个，入世对每个国家来说都是机遇与挑战并存，尤其是农业。有些国家没能很好地应对入世冲击，产业发展和农民收入受到较大影响。我国之所以能够抓住机遇、有效应对风险挑战，最关键的就是党中央的坚强领导和对"三农"工作的高度重视，坚持办好自己的事，以内部的确定性应对外部的不确定性。

一、持续提高粮食综合生产能力和重要农产品保障供应能力

洪范八政，食为政首。我国始终把粮食安全摆在重要位置，坚持藏粮于地、藏粮于技，落实最严格的耕地保护制度，严守 18 亿亩[①]耕地红线，大规模开展高标准农田建设，划定粮食生产功能区、重要农产品生产保护区和特色农产品优势区，粮食和重要农产品生产能力不断提升，确保中国人的饭碗装中国粮。

入世以来，我国农业逐步改变了千百年来画地为牢、自给自足的发展

---

① 亩为非法定计量单位，1 亩＝1/15 公顷。

模式，通过贸易在全球范围内配置资源，提高资源配置效率。大豆、棉花等农产品进口，在增加供给、减缓资源压力的同时，使我国能够更好地利用有限的资源来重点发展粮食生产，确保14亿人的饭碗牢牢端在自己手里。

从长远看，随着人口增加、城镇化率和城乡居民消费水平提高，我国对农产品的需求不仅数量刚性增长，而且结构不断升级。目前，全国每年净增加700多万人，农村进城人口每年大约1 000多万，人口的增加和结构的变化，使得粮食消费增加。一直以来，人们的认识有个误区，认为城里人比农村人吃的粮食少，对农业资源的需求就少，其实不然。城镇居民直接消费的口粮，也就是吃饭，确实比农村居民少；但是，城镇居民消费的肉、蛋、奶以及蔬菜、水果等大大高于农村居民，而这些都需要用粮食来转化。实际上，1个城市居民消耗的农业资源远远高于1个农村居民。但我国农业资源较为匮乏，人均耕地仅相当于世界平均水平的40%，人均水资源仅为世界平均水平的1/4，保障我国农产品供给的压力越来越大。因此，我国必须在立足国内实现粮食基本自给的前提下，充分利用两个市场、两种资源，既满足国内日益增长的需求，又维护国内产业安全①。

二、着力提高农业国际竞争力

入世以后，我国必须直面农业基础薄弱、农业生产规模小、农业支持总量不足、农产品市场体系不健全、国际竞争力不强的现实问题。要有效应对，关键是提升竞争力，市场竞争的基础是比较优势。要有效参与和应对国际竞争，必须在开放中坚持以我为主，有攻有守、有进有退、有放有收，以我之长、攻彼之短。

一是放大比较优势，调整优化区域生产力布局，构建与资源环境承载力相匹配的农业生产新格局。2001年，农业部在充分研究和分析比较优势的基础上，提出了非均衡发展策略，重点是实施优势农产品区域布局，提高优势产业集中度，把优势产业、优势产区做大做强，充分发挥我国的比较优势。

二是提升质量效益，推进农业供给侧结构性改革，调整优化产业和产品结构，持续增加绿色优质农产品供给。2002年起，农业部先后编制并

---

① 叶兴庆. 加入WTO以来中国农业的发展态势与战略性调整［J］. 改革，2020（5）：5-23.

组织实施了两轮优势农产品区域布局规划，即《优势农产品区域布局规划
（2003—2007 年)》和《全国优势农产品区域布局规划 （2008—2015 年)》。
这两个规划的实施，使我国产业集中度大幅提高，优势区域产业化水平明
显提升。目前，水稻、小麦、玉米、大豆优势区域集中度分别稳定在
85％、90％、60％和 50％以上；99％的棉花、80％以上的油菜、60％以
上的糖料、90％的苹果、56％的生猪、80％的出口水产品来自主产区和优
势产区。这为农业成功应对入世、除弊兴利发挥了重要作用。

三是提高农民组织化程度，培育家庭农场、农民合作社、农业企业等
新型经营主体，促进小农户和现代农业发展有机衔接。截至 2022 年 7 月，
全国依法登记的农民合作社超过 220 万家，组建农民合作社联合社 1.4 万
家，辐射带动近一半农户，年经营收入总额超过 5 880 亿元；纳入全国家
庭农场名录系统的家庭农场达到 390 万家，年经营收入总额近 8 900 亿
元。同时，《中华人民共和国国民经济和社会发展第十四个五年规划和
2035 年远景目标纲要》均提出，发展多种形式的适度规模经营，加快培
育家庭农场、农民合作社等新型农业经营主体。

三、全面推进农业现代化

加快推进传统农业的改造升级，不断提高农业设施化、科技化和绿色
化水平。加强农业科技创新，强化农业物质装备支撑，推进农作物生产全
程全面机械化，加快发展数字农业、智慧农业和高效设施农业，做大做强
现代种业。推进农业绿色发展，减少化肥农药施用，推进农业生产废弃物
综合治理和资源化利用。2020 年，全国农业科技进步贡献率突破 60％，
农作物耕种收机械化率超过 70％，主要农作物良种实现全覆盖。

四、健全强农惠农富农政策体系

入世之初，我国政府首先从大豆开始制定良种补贴政策，全面推开农
村税费改革，2006 年彻底取消农业税，结束了延续 2 600 多年"皇粮国
税"的历史，并逐步建立了以收入补贴、价格支持、生产性补贴、农业保
险和生态资源保障等为主要内容的支持政策体系。入世二十多年，中国农
业政策调整和体制改革的力度之大、影响之深，史无前例。

入世二十多年的农业发展实践表明，合理保护对开放条件下的农业健

康发展十分重要。入世谈判中，我国争取到了对粮食、棉花、食糖等大宗农产品实行关税配额管理并保持一定比例国营贸易的权利。这对入世后我国粮食生产持续稳定发展，以及在世界金融危机和粮食危机中保持市场稳定发挥了重要作用。入世后我国大豆产业的发展情况，从另一个侧面证明了对农业合理保护的重要性。我国是大豆的故乡，有世界上最丰富的种质资源，曾是世界上第二大生产国和主要出口国。但由于在入世时我国对大豆没有实行配额限制，仅实行3%的单一关税，入世后我国大豆进口量呈几何级数增长，2010年进口达5 479万吨。外资也于2004年后大量进入，掌控了我国大部分大豆压榨能力。这使得我国大豆产业受到明显冲击，2010年我国大豆产量只有1 510万吨，自给率下降到22%。我国对大豆产业的控制力和话语权被削弱。2008年金融危机发生后，我国对东北大豆实施临时收储，但关税水平不能提高，进口难以有效调控，政策效果也很有限。大豆产业的教训说明，需加强对农业的支持保护，避免类似大豆的影响扩展到其他大宗产品，是开放中统筹好两个市场、两种资源的重要方面[①]。

第三节　中国在农业开放过程中的立场

当前农业对外开放面临新挑战，我国要敢于扩大开放，到世界农产品市场的汪洋大海中去畅游。习近平总书记指出"融入世界经济是历史大方向，中国经济要发展，就要敢于到世界市场的汪洋大海中去游泳""我们呛过水，遇到过旋涡，遇到过风浪，但我们在游泳中学会了游泳"。"十四五"规划提出实施更大范围、更宽领域、更深层次的对外开放。当前，农业对外合作面临的风险挑战比以往更加严峻，国际政治、经济、贸易、投资环境复杂多变，农产品市场不稳定不确定因素明显增加。作为全球农业大国和农产品贸易大国，我国要以开放助力农业农村现代化，继续在世界农产品市场的大海中经风雨、见世面，破浪前行，重点在以下四个方面积极作为。

---

① 韩长赋．入世十年与中国农业发展［N］．农民日报，2011－12－24.

一、推动世贸农业改革谈判

以世贸组织为核心的多边贸易体制是国际贸易的基石，但过去几年世贸组织经历了艰难时刻，功能受阻、权威受损。在农业领域，以发展为主题的多哈回合谈判停滞不前，规则不公平问题有增无减。部长级会议是各方重聚信任、重塑信心的重要契机，我国要利用各种场合支持世贸改革谈判，广泛宣传中国主张和中国方案，推动构建更加公平的农业贸易新秩序。

二、推动双边、区域和多边开放合作

用好区域全面经济伙伴关系协定（RCEP）等自贸区优惠安排，进一步优化自贸区建设布局，建立稳定可靠的农产品贸易网络；做好与美欧日、东盟、非洲、拉美等重点国家和地区的农业合作，稳定 G20、金砖、上合等合作机制，加强与共建"一带一路"国家的科技合作和政策交流，优化进口来源布局和渠道，促进特色优势产品出口；抓住国际粮农治理体系大变革的机遇，主动引领粮食减损、土壤健康、南南合作等议题议程，进一步提升影响力。

三、加快农业对外开放探索创新

加强国内政策集成创新，依托潍坊、宁夏等地区的国家农业开放发展综合试验区等平台，紧密结合地方特色产业实际和发展需求，借鉴自由贸易试验区政策以及国际好的经验做法，开展先行先试，大胆试、大胆闯、自主改，做大投资贸易，做强投资产业。加快农业走出去实践创新，发挥好农业国贸基地、境外试验区等引领作用，推动优质农产品和优势农业产能走出去，大力发展农业服务贸易，培育农业国际竞争新优势，带动国内国外良性循环，提升世界农业现代化水平[①]。

四、健康的国际压力是促使一国发展的动力

以中国入世为例，入世有利于借鉴外国的有益经验，利用世贸组织的

---

① 任湘怡. 中国入世与国内改革［D］. 上海：复旦大学，2008：141.

通用规则，深化经济、行政和社会的全方面改革。中国的部分学者将世界贸易组织的国民待遇原则、透明度原则和市场准入原则视为达到国家经济竞争力目标的手段，入世使得中国的官员和知识阶层接受了某些跨国规则。这些规则在国内的运用，不仅成为与外部体系接触的桥梁，也具有改革中国政治经济结构的意义。从中国的入世经验可以看到，一国在融入国际体系的过程中，不必惧怕国际压力的存在，相反，应该利用国际力量与国内政治的互动，将国际压力转化成国内改革的动力，从而促使国家发展。

第四节　当前农业开放面临的主要问题

观察加入 WTO 以来我国的农业发展，在看到平稳的一面的同时，也看到已经和正在发生的深刻转型。因此，既不能夸大加入 WTO 对我国农业的冲击，也不能对深层次矛盾和问题视而不见。必须清醒地认识到，加入 WTO 给我国农业带来的挑战会随着工业化和城镇化水平的提高而进一步释放和显性化[①]。

一、国际竞争力下滑，优势产品出口增长乏力

与大宗农产品进口势头增长强劲不同，近年来中国传统优势农产品出口增速持续放缓、增长乏力。无论是按照出口量还是出口额来计算，从2012 年开始，中国传统的优势出口产品蔬菜、水果、水产品的出口增速都出现了明显的下滑。

中国传统优势农产品出口增长乏力的原因，一方面与国内生产成本的快速上涨导致成本和价格竞争力严重削弱有关；另一方面也与海外市场经济不景气导致对农产品消费需求增长缓慢有关。同时来自越南、泰国等发展中国家的竞争也影响了海外市场对中国出口农产品的需求。此外，尽管中国农产品市场高度开放，但同期国外农产品市场保护程度依然很高，国际上大量农产品仍保持高关税、高补贴，卫生与植物卫生措施（SPS）和技术性贸易措施（TBT）呈现数量不断增加、标准不断提高、

---

① 叶兴庆. 加入WTO以来中国农业的发展态势与战略性调整［J］. 改革，2020（5）：5-23.

程序越来越复杂的趋势。一些国家还将贸易壁垒延伸到低碳、汇率、知识产权等领域。这些都已经并将继续成为阻碍中国优势农产品出口的重要因素。

二、国内外价差倒挂严重，非必需进口难以控制

自 2007—2008 年全球金融危机和粮食危机以后，受世界经济复苏缓慢、原油价格下行、生物能源发展减速、世界粮食供需关系逐渐宽松等一系列因素的影响，国际粮食市场波动趋缓，粮食价格进入下行周期。然而，与之相反，伴随着劳动力成本高企，土地成本、生态成本和质量安全成本的日益显性化且持续提高，中国农业生产成本步入快速上升通道。为了维护农民从事农业生产的积极性和必要的生产利润，基于成本之上的国内主要农产品的政策性收购价格不断提高，推动中国国内粮食市场均衡价格随之持续上扬。国内外农产品价格走势逆向而行，引发两者价格出现严重倒挂，"价差驱动型"进口动力显著增强。

同时，由于中国入世承诺的农产品进口调控手段十分有限，关税等边境保护措施的"防火墙"作用难以发挥。目前中国农产品平均关税仅为 15%，是世界平均的 1/4，甚至远远低于瑞士、挪威、冰岛、日本、加拿大、欧盟等发达国家和地区。与此同时，相比 WTO 其他成员，中国既没有足够的关税政策空间和复杂的关税形式，也无法使用进口许可、数量限制等措施，农产品进口调控政策手段非常有限。在可用的边境调控措施受限情况下，随着国内外价差扩大，超过正常产需缺口之外的、价差驱动型的大宗农产品"非必需进口"大量增加。如果综合考虑品种调剂需要以及产品的硬缺口和产品间的替代性，估计当前中国的粮食进口中的相当部分属于"非必需进口"。如此大规模的过度进口国外低价粮食，不仅会对国内的农业生产造成严重挤压，而且也会给去库存带来巨大压力。

三、进口来源高度集中，进口稳定性和可靠性有待提升

当前，中国农产品进口高度集中化的问题十分突出，主要表现在：首先，进口来源地高度集中于少数国家。按照 2013—2015 年的平均数据计算，中国自南美洲、北美洲和大洋洲进口农产品金额的比重合计已经超过农产品总进口的 60%，且农产品进口来源前五的国家（美国、巴西、澳

大利亚、加拿大、阿根廷）对华出口额合计已占到中国进口总额的一半以上。其次，品种高度集中于少数产品，尤其是土地密集型农产品。再次，土地密集型农产品进口高度集中于少数几个国家。与农产品总体贸易额相比，主要土地密集型农产品进口来源地更加集中，前五大进口来源地合计占比普遍在90%以上。最后，农产品进口运输通道高度集中于海运，进口口岸高度集中于东南沿海地区，进口贸易渠道高度集中于少数几家大型跨国公司。

考虑到中国人均水土资源相对匮乏，上述"高度集中"且以土地密集型农产品为主的进口模式，有利于较好地减轻国内的资源环境压力。相关测算显示，2017年中国农产品进口总额为1 259亿美元，如果折算成耕地资源则约为12亿亩，相当于为国内节省了近50%的播种面积。与此同时，这种"高度集中"的进口结构主要是由市场价格等因素决定的，具有一定的经济合理性，因而总体来说这一趋势是利大于弊，符合中国的长远战略利益。然而，鉴于中国需求相对于国际市场的体量"高度集中"的进口，容易增加大量进口被特定来源国所控制的风险，极易使我方进口受制于人、处于不利地位，从维护农产品供给安全、国家经济安全的战略高度，促进中国农产品进口品种、区域和渠道来源的多元化亦是当务之急。

四、大量进口冲击显现，威胁农业就业与农民收入

入世以来，中国农产品大量进口较好地弥补了国内农产品供需缺口，缓解了国内农业资源与环境压力，为确保主要农产品有效供给发挥了重要作用。同时，大量进口棉花、木材、橡胶等原料型农产品并最终以工业制成品的形式返销国外，也有利于国内劳动密集型加工业的发展和总体经济福利的提高。因此，如果不简单考察农业部门贸易的顺差或逆差，而着眼于整个国民经济发展的角度，则大量进口原料型和资源密集型农产品一定程度上有利于中国整体经济发展，也有利于中国在更大范围内比较优势的实现。

然而，这种在更高层面上的比较优势的实现同时也意味着农业及相关部门将承受较大的内部压力。一方面，农产品进口规模的不断扩大，使得国内农业生产和产业安全面临着巨大挑战。部分农产品大量进口不仅加剧了国内供给对国际市场的依赖程度，使得进口不得不被动承受较高的市场

风险，而且在一定程度上打压了国内市场的趋势价格，造成了国内农产品生产规模持续萎缩。此外，大量的进口和外资在特定产业（如种子、油脂加工等）的大举涌入，也导致部分农产品的产业控制权和定价话语权被削弱，为中国未来的种质安全及农产品长期供应带来了潜在风险。另一方面，大量进口对国内价格的打压和抑制作用，使得农业发展动力换挡、农业就业与农民增收难度加大。有研究表明，虽然中国具有比较优势的劳动密集型农产品出口增加，有扩大国内生产规模、增加农业就业的"创造效应"，但是随着入世后中国农产品净进口量的不断增长，中国劳动密集型和土地密集型农产品相对要素密集度的不断改变，农产品贸易开放导致的农业就业"替代效应"已经远远超出"创造效应"，且这一趋势还将持续并扩大。考虑到农业领域生产要素流动性相对较低，短期内的调整成本和压力对农民的农业就业和收入的影响不容忽视。

五、国内支持保护空间受限，国际争端压力显著增加

在面临国际竞争压力的情况下，对国内农业进行支持保护是发达国家的常见做法，其中价格支持政策是美欧国家长期普遍使用的政策。加入WTO以后，尤其是从 2004 年起，随着中国综合国力增强和国家对"三农"问题的高度重视，在"以工补农、以城带乡"和"多予、少取、放活"两个基本方针的指导下，国家出台了一系列对农业、农村和农民的支持保护政策，农业支持保护政策由流通环节向生产环节转移，由补贴消费者向补贴生产者转型，并初步形成了以价格支持为基础，以直接补贴和一般服务支持等功能为互补，综合补贴和专项补贴相结合的农业补贴政策框架。

然而，一方面，在内外价差持续扩大的情况下，进口天花板效应使得政策性托市收购价格措施失去了"低吸高出、吞吐储备、稳定市场、发挥托底作用"的运作环境，导致最低收购价不再是"最低价"，临时收储也变成"不临时"，形成了所谓的"政策市"，引发了"边收储、边进口""洋货入市、国货入库"等一系列反常现象，给上下游产业链和整个流通环节带来了巨大压力，也给政府带来了沉重的财政负担，粮食等重要农产品的价格支持政策难以为继、亟待改革；另一方面，随着 2004 年以来国内农业生产支持保护力度加大，粮食等特定农产品"黄箱"补贴规模持续

扩大、剩余空间不断收窄，逼近 8.5% 的 WTO 约束上限，中国的农业补贴制度和关税配额管理制度逐渐受到一些国家的质疑。2016 年以来，美国已经先后就中国对三大主粮实施的"黄箱"补贴及关税配额管理措施向 WTO 提出诉讼。尽管中国可以根据相关承诺和规则据理力争，但随着类似事件频繁发生，中国已经很难继续通过加大被解读成"黄箱"的措施力度和收紧市场准入来促进国内农业增产，保障农民收入。

六、贸易保护主义抬头，国际贸易形势日益复杂

2008 年全球金融危机以后，受世界经济增长动能不足、复苏缓慢，全球治理体系受创、民粹主义泛滥，发达国家内部贫富差距和阶层分化加剧等多重因素的影响，世界范围内逆全球化趋势抬头，以"战略贸易""公平贸易"为旗号的贸易保护主义粉墨登场，全球贸易摩擦和贸易争端频发，且主要是针对中国等新兴市场国家。根据 WTO 统计，2016 年 WTO 成员发起的贸易救济调查月均数量达到 2009 年以来的最高点。其中，中国已经连续 21 年成为遭遇反倾销调查最多的国家，连续 10 年成为遭遇反补贴调查最多的国家，且近期全球有 1/3 的调查都是针对中国的。

与此同时，农业成为贸易保护主义蔓延的重要领域之一，且随着中国农产品对外依存度持续上升，各类与之相关的贸易摩擦也在接连不断地出现。此外，伴随着全球范围内粮食能源化、金融化愈演愈烈，非传统因素对粮食等主要农产品生产与贸易的影响日趋广泛，影响农产品价格稳定和价格波动的不确定性因素也越来越多、风险越来越大。这不仅给中国利用国际农产品市场带来挑战，而且还会通过价格传导影响国内农业生产的稳定。总之，综合考虑上述各种内外部环境因素的变化，未来中国农产品贸易所面临的国际贸易环境将会更加复杂，挑战也会更加艰巨，平衡国内生产和进口的难度和压力日益增大①。

---

① 朱晶，李天祥，林大燕. 开放进程中的中国农产品贸易：发展历程、问题挑战与政策选择 [J]. 农业经济问题，2018（12）：19 - 32.

第三篇

中国农业对外开放与国内支持保护政策^①

中国是一个农业大国，农民数量多、经营规模小、农业生产收入低，一些大宗农产品生产成本高、缺乏竞争优势。从加入 WTO 以来，中国政府一直非常重视遵从多边贸易规则，如何在 WTO 规则框架下，利用好国内支持保护政策以保持我国农业的相对竞争力，是多方关注的一个重要问题。2019 年中央 1 号文件明确提出要加快构建新型农业补贴政策体系。按照适应世贸组织规则、保护农民利益、支持农业发展的原则，抓紧研究制定完善农业支持保护政策的意见。调整改进"黄箱"政策，扩大"绿箱"政策实施范围，为进一步优化我国农业补贴政策制度指明了方向。新时期对补贴制度的改革以及对支持保护政策的调整，要遵守并充分利用 WTO 规则，依靠合理的"绿箱"或"蓝箱"补贴政策，提高我国农产品的相对竞争力，保护国内农业健康稳定的发展。

---

① 课题主持人：田志宏、柳苏芸。主要撰写人员：韩洁、王琪、王逸飞、王秀丽、姚敏、刘潭影。

第七章　开放条件下我国农业支持保护政策演进

加入 WTO 以来，中国政府根据国内外农业和市场形势变化，对农业支持政策目标及政策工具不断进行调整，支持政策手段不断丰富，农业支持政策呈现出较为鲜明的阶段性特征。依据政策背景与政府对农业的干预程度和方式，中国自加入 WTO 以来的农业政策发展过程可划分为 3 个阶段，即探索阶段、提高阶段和改革阶段。

第一节　探索阶段：2004—2007 年

以农业税废止为标志，中国农业支持政策进入探索阶段，自 2004 年起相继实施了以"四项补贴"为主要内容的农业直接补贴政策、以最低收购价政策为主要内容的价格支持政策以及综合服务支持政策，中国农业支持政策体系初见雏形。

一、废止农业税

农业税费制度的改革和废除，是中国加入 WTO 后发生的最为显著的国内支持政策调整，目的在于减轻农民的税费负担，提高农民种粮积极性，保障国家粮食安全，提升农产品国际竞争力。以 2000 年《中共中央　国务院关于进行农村税费改革试点工作的通知》的颁布为开端，农业税改革拉开序幕。2004 年中央 1 号文件提出逐步降低农业税税率，2005 年 12 月第十届全国人民代表大会常务委员会第十九次会议中宣告废止农业税，在中国存在长达数千年的"皇粮国税"政策正式退出历史舞台。

二、实施直接补贴政策

为解决我国采用按保护价敞开收购、财政补贴国有粮食企业方式带来的补贴环节多、成本高、种粮农民直接受益少、政策效率低等一系列问题，以及为履行加入 WTO 承诺，我国财政部门从 2002 年底开始探索对农民进行直接收入补贴的政策，陆续推行了粮食直接补贴、农业机械购置补贴、良种补贴和农资综合补贴（简称"四项补贴"）。

粮食直接补贴。为适当弥补农资价格上涨增加的种粮成本支出，保障种粮农民合理收益，中央财政对实际种粮农民发放一次性农资补贴，稳定农民收入，调动农民种粮积极性。2002 年，粮食直接补贴政策以安徽、吉林两省为试点拉开帷幕，随后迅速在全国多省域推行。2004 年中央 1 号文件正式确定粮食直接补贴在全国范围内实施，补贴品种主要是玉米、小麦和稻谷，政策目标是提高农民种粮积极性，促进粮食生产。各省（区、市）粮食生产的实际情况不同，所选择的补贴范围和补贴品种也不尽相同。按照规定，该项补贴政策的资金来源于粮食风险基金的一部分，补贴方式主要有按照计税面积、计税常年产量和粮食实际种植面积补贴三种，由各省（区、市）根据本省（区、市）的实际情况自行决定。粮食直接补贴政策的具体内容见表 3－1。

表 3－1　粮食直接补贴政策内容

项目	政策内容
补贴对象	实际承担农资价格上涨成本的实际种粮者，包括利用自有承包地种粮的农民，流转土地种粮的大户、家庭农场、农民合作社、农业企业等新型农业经营主体，以及开展粮食耕种收全程社会化服务的个人和组织，确保补贴资金落实到实际种粮的生产者
补贴品种	主要是玉米、小麦和稻谷等
补贴标准	由各地区结合有关情况综合确定，原则上县域内补贴标准应统一。发放方式由各地区在上年相关工作的基础上，结合实际进行完善

资料来源：财政部、农业农村部发布 2022 年重点强农惠农政策。https：//www.gov.cn/xin-wen/2022－06/10/content＿5695131.htm.

农业机械购置补贴。2004 年中央 1 号文件正式提出将农业机械购置补贴（简称农机购置补贴）纳入"三补贴，两减免"[①] 这项重大的支农惠农政策之中，指出"提高农业机械化水平，对农民个人、农场职工、农机

[①] "三补贴"指的是对种粮农民的直接补贴、良种补贴和大型农机具购置补贴；"两减免"指的是减免农民的农业税、取消烟草以外的农业特产税。

专业户和直接从事农业生产的农机服务组织购置和更新大型农机具给予一定补贴"。农机购置补贴政策的主要目标是推动农户对新型农业机械的使用，增大我国农业生产各重要环节的技术含量，加快推进我国农业机械化发展。中央财政设立农业机械购置补贴专项资金，主要倾向于具有农产品生产优势的集中产区，实行公开投标制确定适合当地生产条件的补贴机具及供应厂商。农民在购机时只需缴纳扣除补贴额后的差价款即可。农机购置补贴政策的具体内容见表3-2。

表3-2 农机购置补贴政策内容

项目	政策内容
补贴对象	农业机械化设备和器具大户（种粮大户）；直接为粮食生产服务的农业机械化设备和器具组织；购置配套农业机械化设备和器具（主机与其匹配的作业机具）的农民或服务组织
补贴机具	向重点作物关键环节的机具倾斜，主要是拖拉机、深松机、免耕精量播种机、水稻插秧机、收获机、秸秆综合利用六种大中型农业机械
其他要求	一年享受原则上不超过3台（件），即1台主机与其配套的2件作业机具，两年不得转让、转卖

资料来源：财政部、农业部印发《农业机械购置补贴专项资金使用管理暂行办法》。

良种补贴。我国良种补贴主要分为农作物良种补贴和畜牧业良种补贴两大类。农作物良种补贴是国家通过建立良种推广示范区，对农民选用农作物良种并配套使用良法技术进行的资金补贴，以支持农民积极使用优良作物种子，提高良种覆盖率，增加农产品产量，改善产品品质，推进农业区域化布局、规模化种植、标准化管理、产业化经营。实施的作物品种有水稻、小麦、玉米、大豆四大粮食作物及棉花、油菜两种经济作物。补贴方式有现金直接补贴和售价折扣补贴两种，其中，对水稻、玉米、油菜采取现金直接补贴，采取良种推介、自愿购种、直接发放；对小麦、大豆、棉花采取差价购买或现金补贴。农作物良种补贴政策内容见表3-3。

表3-3 农作物良种补贴政策内容

农作物	补贴政策
水稻	2004年设立，2004—2007年按照以计税水田为基数的实际种植面积补贴，补贴区域为湖南、湖北、江西、安徽、辽宁、吉林、黑龙江、四川、广西、重庆10省（区）；2008年对全国4.4亿亩水稻全部实施补贴

（续）

农作物	补贴政策
小麦	2003 年设立，每年安排 1 亿元，补贴面积 1 000 万亩，补贴区域为河北、河南、山东、江苏、安徽 5 省；2005 年，补贴规模增加到每年 10 亿元，补贴区域扩大到 11 省（区）；2008 年补贴规模增加到 20 亿元，补贴面积占全国播种面积的 58%，补贴区域增加内蒙古、宁夏 2 省（区），扩大到 13 个省（区）
玉米	2004 年设立，补贴品种为青贮、高淀粉、高油等专用玉米品种；2008 年补贴面积 2 亿亩，占全国玉米播种面积的 46.5%，补贴区域扩大到玉米种植面积 1 000 万亩的省份，包括河北、山西、内蒙古、辽宁、吉林等 13 个省（区）
大豆	2002 年设立，补贴区域为东北三省和内蒙古，补贴品种主要为高油大豆；2008 年初，国务院决定将补贴规模扩大到 4 亿元，补贴面积增加到 4 000 万亩，占全国大豆播种面积的 31%
棉花	2007 年设立，补贴区域为黄淮海、长江流域、新疆等三大棉花主产区，补贴规模 5 亿元，补贴面积 3 333 万亩，补贴标准 15 元/亩
油菜	2007 年设立，补贴区域为长江流域"双低"油菜优势区，包括江苏、浙江、安徽、江西、湖北、湖南、重庆、四川、贵州、云南省（市）以及河南的信阳地区（10＋1），补贴面积 1 亿亩，补贴标准 10 元/亩

资料来源：2023 年农作物良种补贴政策。https：//www. ahlx. gov. cn/OpennessContent/show/2675474. html。

畜牧良种补贴于 2005 年开始试点推行，2005 年奶牛冷冻精液良种补贴资金为 1 500 万元，2008 年达到 2.4 亿元；2007 年开始实行生猪良种补贴和能繁母猪补贴政策，并给予 1.8 亿元的专项补贴资金；2011 年畜牧良种补贴资金 11.9 亿元，主要用于实施草原生态保护奖补机制的内蒙古、四川、云南、西藏、甘肃、青海、宁夏、新疆 8 个牧区省（区）的牛羊补贴。

农资综合补贴。为应对不断上涨的农业生产资料价格，2006 年中央财政对种粮农户购买农业生产资料（包括化肥、柴油、种子、农机）的支出给予直接补贴，以降低农户生产成本。补贴资金源于中央财政预算安排，补贴方式有 3 种供选择，即按计税面积、计税常产和粮食种植面积补贴，采用"一折通"直接支付的方式一次性发放给农户。

三、实施价格支持政策

这个阶段的价格支持政策主要是粮食最低收购价政策。2004 年，我国全面放开粮食购销经营和市场价格后，为保障国家粮食安全和农民利益，国务院在 2004 年颁布的《关于进一步深化粮食流通体制改革的意见》中首次提出"必要时可对短缺的重点粮食品种在主产区实行最低收购价格"，并于 2005 年率先在南方稻谷主产区启动稻谷最低收购价预案。2006年，国家开始对小麦实施最低收购价政策，为指导农民生产行为，最低收购价格在粮食播种季节前公布。

四、实施综合服务支持政策

这个阶段的综合服务支持政策主要包括三大类。一是农业保险保费补贴政策。2007 年中央财政开始推行农业保险保费补贴试点，2008 年财政部分别颁发并实施《中央财政种植业保险保费补贴管理办法》和《中央财政养殖业保险保费补贴管理办法》，确立了农业保险补贴政策各项标准和原则。政策实施的目标是实现农业保险的制度和体系化，增强农业生产风险的承受能力。二是产粮产油大县奖励政策。为充分调动产粮大县农户种植粮食的积极性，保障粮食的稳定供给，2005 年中央 1 号文件明确指出，从 2005 年起开始通过政府转移支付的形式对产粮大县实施奖励政策。为促进我国油料产业的发展。自 2008 年起，在产粮大县奖励政策的基础上，国家增加了产油大县奖励，按照"突出重点品种、奖励重点县（市）"的原则确定奖励条件。三是退耕还林政策。国家从 1999 年开始实施"退耕还林"政策试点，对保障退耕农户的合法收益和优化农业产业结构起了积极作用。2007 年，国务院颁发并推行《关于完善退耕还林政策的通知》，指出要继续完善退耕还林政策，给予退耕还林者适当的补助。

第二节　提高阶段：2008—2013 年

受国际金融危机影响，为解决部分农产品价格下跌和"卖难"问题，我国自 2008 年起加强了对国内农产品生产和市场的干预，以最低收购价和临时收储政策为代表的价格支持政策成为核心举措，中国农业支持政策进入了加强政府干预阶段。与此同时，国家增加了直接补贴政策的支持力度，拓展了补贴范围，综合服务支持政策的强度和广度也有很大提高。

一、增加直接补贴政策支持力度

2008 年以来，中央财政对促进农业生产的"四项补贴"投入不断增加，如表 3-4 所示，自 2008 年起，除了粮食直接补贴每年基本稳定在 151 亿元外，农机购置补贴、农资综合补贴和农作物良种补贴资金都呈现逐年增长趋势。在这一阶段，"四项补贴"政策已成为政府促进农业稳定发展、实现农民持续增收的基本手段。

表 3-4　2004—2013 年四项直接补贴资金投入情况

单位：亿元

年份	粮食直接补贴	农机购置补贴	农资综合补贴	农作物良种补贴
2004	116	0.7	—	28.5
2005	132	3	—	38.7
2006	142	6	120	41.5
2007	151	20	276	66.6
2008	151	40	716	124
2009	151	130	795	198.5
2010	151	155	716	204
2011	151	175	860	220
2012	151	215	1 078	224
2013	151	218	1 071	226

资料来源：2005—2014 年《中国农村统计年鉴》。

粮食直接补贴。2004 年粮食直接补贴的资金投入为 116 亿元，到 2007 年，粮食直接补贴资金增长到 151 亿元，比 2004 年增长了 30.2%。2008—2013 年，中央财政对农户粮食直接补贴的资金投入保持稳定，每年的投入资金稳定在 151 亿元。

农机购置补贴。农机购置补贴资金 2008 年仅为 40 亿元，2013 年已经达到 218 亿元，增长了 445%，实施范围由 66 个县拓宽到全国所有的农牧业县。农机购置补贴政策的实施，在一定程度上促进了我国农业机械化水平的提升（表 3-5）。2020 年，全国农机总动力为 10.3 亿千瓦，农机保有量为 2.04 亿台（套），分别较 2003 年增长 72% 和 63%。全国农作物耕种收综合机械化率为 71%，较 2003 年提高 39 个百分点，其中，小麦、水稻、玉米等主要农作物耕种收综合机械化率均已超过80%。虽然我国农业机械化水平的增长还可能源于经济发展和农民收入水平的提高等因素，但随着补贴力度的加大，仍可在一定程度上说明我国农机购置补贴对提升农业机械化水平的积极作用。

表3-5　2004—2013年全国农业机械化作业水平

单位：%

年份	主要农作物机播水平	主要农作物机收水平	主要农作物机耕水平	主要农作物种、收、耕综合机械化水平
2004	28.8	20.4	48.9	34.3
2005	30.3	22.6	50.2	35.9
2006	32.0	25.1	55.4	39.3
2007	34.4	28.6	58.9	42.5
2008	37.7	31.2	62.9	45.9
2009	41.0	34.7	66.0	49.1
2010	43.0	38.4	69.6	52.3
2011	44.9	41.4	72.3	54.8
2012	47.4	44.4	74.1	57.2
2013	48.8	48.2	76.0	59.5
2014	50.8	51.3	77.5	61.6
2015	52.1	53.4	80.4	63.8
2016	52.8	56.0	81.4	65.2
2017	55.0	58.5	83.0	67.2
2018	56.9	61.4	84.0	69.1
2019	57.3	62.5	85.2	70.0
2020	59.0	64.6	85.5	71.3
2021	60.2	64.7	86.4	72.0

资料来源：2005—2021年《全国农业机械化统计年报》，《中国农业机械工业年鉴2021》。

良种补贴。2008年以来，国家对农作物良种补贴的补贴力度不断增大，补贴品种不断增多，2009年和2010年分别将青稞和花生纳入补贴范围。2008年农作物良种补贴金额为124亿元，2013年增至226亿元，增长了82.3%；在畜禽良种补贴政策方面，2009年国家对奶牛良种补贴的补贴资金增加到2.6亿元，生猪良种补贴增加到6.3亿元，2009年国家开始实行肉牛和绵羊良种补贴，2010 年推进全国畜禽品种改良。

农资综合补贴。2009 年国家建立和完善农资综合直补的动态调整机制，坚持"价补统筹、动态调整、只增不减"的基本原则，保持存量不变，新增补贴向主产区倾斜，补贴资金每年根据化肥、柴油价格变动进行动态调整。2008—2013 年农资综合补贴资金由 716 亿元增加到 1 071 亿元，增长了 49.6%，较 2006 年刚开始实施时增长了 792.5%。

二、加强价格支持政策

2008 年以来，我国的粮食生产成本出现较大幅度的上升。为保障粮食市场的供需平衡和农户的收益，政府决定从 2008 年开始逐年提高粮食最低收购价格水平，粮食的最低收购价不断上涨。如表 3-6 所示，2008—2023 年，小麦、早籼稻、中晚籼稻和粳稻的最低收购价格增长幅度均超过 50%。从粮食最低收购价的执行范围来看，2008 年以来，稻谷的执行地区一直在增多，小麦的执行地区基本保持不变。

表 3-6　2008—2023 年小麦和稻谷最低收购价

单位：元/千克

年份	小麦	早籼稻	中籼稻	晚籼稻	粳稻
2008	1.5	1.5	1.6	1.6	1.6
2009	1.7	1.8	1.8	1.8	1.9
2010	1.8	1.9	1.9	1.9	2.1
2011	1.9	2.0	2.1	2.1	2.6
2012	2.0	2.4	2.5	2.5	2.8
2013	2.2	2.6	2.7	2.7	3.0
2014	2.4	2.7	2.8	2.8	3.1
2015	2.4	2.7	2.8	2.8	3.1
2016	2.4	2.7	2.8	2.8	3.1
2017	2.4	2.6	2.7	2.7	3.0
2018	2.3	2.4	2.5	2.5	2.6
2019	2.2	2.4	2.5	2.5	2.6
2020	2.2	2.4	2.5	2.5	2.6
2021	2.3	2.4	2.6	2.6	2.6

（续）

年份	小麦	早籼稻	中籼稻	晚籼稻	粳稻
2022	2.3	2.5	2.6	2.6	2.6
2023	2.3	2.5	2.6	2.6	2.6

资料来源：国家发展和改革委员会。

2008 年，国家开始对大豆、玉米和油菜籽等实施临时收储政策，此后不断增加临时收储政策品种，2011 年起国家开始对棉花实施临时收储政策，2012 年起开始对食糖实施临时收储政策。2008—2014 年我国连续四次提高带有"托市"性质的玉米临时收储价格，累计涨幅达到 49%，推动了玉米收储价格远高于市场均衡价格。

随着市场发展，粮食供给更加充裕，按照分品种施策、渐进式推进的原则，积极稳妥推进粮食收储制度和价格形成机制改革。2014 年起我国先后取消了大豆、油菜籽、玉米等粮油品种国家临时收储政策，全面实行市场化收购。2016 年起逐步完善了稻谷和小麦最低收购价格政策，进一步降低了政策性收购比例，实现了以市场化收购为主。

三、补充综合服务支持政策

这个阶段的综合服务支持政策主要包括四类：一是农业保险保费补贴政策。为进一步保障农业生产的农业风险抵抗力，中央财政不断加大对农业保险保费的资金投入力度，2012 年，财政部下发《关于进一步加大支持力度做好农业保险保费补贴工作的通知》，农业保险保费补贴的补贴额度、补贴品种、补贴范围都在不断增加。2008 年的保费补贴资金预算为 60.5 亿元，2010 年已经增长到 103.2 亿元。截至 2012 年，农业保险保费补贴范围的品种涵盖了水稻、小麦、玉米、棉花、油料作物、糖料作物、青稞、马铃薯、天然橡胶、森林、能繁奶牛、母猪、牦牛、肥育猪、藏系羊 15 个品种。二是产粮大县奖励政策。从 2005 年开始实施产粮大县奖励政策以来，国家不断加大支持力度，2010 年奖励资金达到 210 亿元，2012 年奖励资金达到 277.65 亿元。三是退耕还林政策。2012 年，国务院办公厅下发《关于完善退耕还林政策的通知》，进一步完善了退耕还林者的补贴形式，用现金补贴的方式替代原有的粮食补助。退耕还林政策的政策实施更加灵活，也更加直接。四是渔业油价补助政策。2009 年 12 月 31

日，国家先后制定并实施了《关于成品油价格和税费改革后进一步完善种粮农民部分困难群体和公益性行业补贴机制的通知》和《渔业成品油价格补助专项资金管理暂行办法》。后一项政策主要用于降低渔业养殖的生产成本，保障渔业养殖者的收益。

第三节　改革阶段：2014年至今

中国农业支持政策历经探索和加强政府干预两个阶段后，粮食产量实现了"十连增"，农民收入持续增加，但也产生了明显的市场扭曲效应，粮价出现"只涨不跌"的现象，生产量、进口量、库存量"三量齐增"。另外，不限量收储还导致政府财政负担不断加重。更重要的是，随着"黄箱"支持量的迅速增长，中国农业支持空间受到WTO规则的实质性约束，贸易争端和摩擦日渐增多。在此背景下，中国农业支持政策进入市场化改革阶段，政府逐渐减少对农产品生产、价格的直接干预和市场扭曲，实施挂钩收入补贴政策成为核心举措。

2014年至今，我国开始注重加强对市场扭曲程度相对较小的挂钩和脱钩直接补贴政策的使用。例如，将农作物良种补贴和农资综合补贴调整为与当期生产脱钩的农业支持保护补贴，将与市场价格挂钩的大豆目标价格补贴、玉米临时收储补贴政策调整为仅与种植面积挂钩的生产者补贴，不断降低粮食最低收购价，削弱市场价格支持力度。2017年，中央1号文件把农民收入作为农业补贴政策的重点之一，这是中央1号文件中首次明确把农民收入作为农业补贴完善的方向。这些措施大大减少了国家对农产品市场的直接干预，有力促进了我国农业支持政策由"黄箱"向"绿箱"的转型。

一、改革直接补贴政策

2015年国家在部分省（安徽、山东、湖南、四川和浙江）进行了农业"三补合一"改革试点，即将种粮农民直接补贴（也称种粮直补）、农作物良种补贴和农资综合补贴合并为农业支持保护补贴。2014年以来国家对农机购置补贴的支持力度也有所减弱。

农业支持保护补贴。2015年5月，财政部和农业部印发《关于调整完善农业三项补贴政策的指导意见》，提出将农作物良种补贴、粮食直补和农资综合补贴统一合并为"农业支持保护补贴"，将80％的农资综合补贴存量资金，加上粮食直补和农作物良种补贴资金，用于耕地地力保护（称为耕地地力保护补贴）；将20％的农资综合补贴存量资金，加上种粮大户补贴试点资金和"三项补贴"增量资金，用于支持粮食适度规模经营（称为适度规模经营补贴）。2016年在全国范围全面推开"三项补贴"改革。农业支持保护补贴政策具体的政策目标、补贴对象、补贴依据和补贴方式见表3-7。

表3-7 农业支持保护补贴政策内容

项目	耕地地力保护补贴	适度规模经营补贴
政策目标	耕地地力保护	提升粮食产能
补贴对象	原则上为拥有耕地承包权的农民	主要粮食作物的适度规模生产经营者
补贴依据	确权面积/二轮承包面积/原计税面积/粮食种植面积	粮食种植面积/技术服务与推广面积
补贴方式	现金直接补贴	现金直接补贴、贷款贴息、重大技术推广与服务补助、建立信贷担保体系

资料来源：根据财政部和农业部文件《关于调整完善农业三项补贴政策的指导意见》和《关于全面推开农业"三项补贴"改革工作的通知》整理所得。

农机购置补贴。为降低农机购置补贴对农机市场造成的扭曲作用，2014年国家开始探索改革农机购置补贴政策。2015年国家对农业机械购置补贴的补贴对象、补贴品种等进行调整，将补贴对象从"农牧渔民、农场（林场）职工、农民合作社和从事农机作业的农业生产经营组织"修改为"直接从事农业生产的个人和农业生产经营组织"。2021年，新一轮农机购置补贴政策出台，在范围、标准等方面进行适当调整，引导农民购置使用先进适用的农业机械，推动农业机械化向全程全面高质高效转型升级，加快提升农业机械化产业链现代化水平。

在补贴范围上，突出稳产保供。新一轮农机购置补贴范围调整扩展为十五大类44个小类172个品目，基本涵盖了粮食等主要农作物以及重要畜禽产品全程机械化生产所需的主要机具装备。其中，重点增加了丘陵山区农业生产和畜牧水产养殖、农产品初加工急需以及支持农业绿色发展和数字化建设的机具品目。

在补贴标准上，突出"有升有降"。总体上，继续实行定额补贴，依据同档产品上年市场销售均价，按不超过 30％的比例测算确定各档次补贴额，且通用类机具补贴额不超过农业农村部发布的最高补贴额。提高重点区域水稻插（抛）秧机、重型免耕播种机、玉米籽粒收获机等粮食生产薄弱环节所需机具，丘陵山区特色农业发展急需机具以及高端、复式、智能农机产品的补贴额测算比例。2004—2023 年中央财政农机具购置补贴资金见图 3-1。

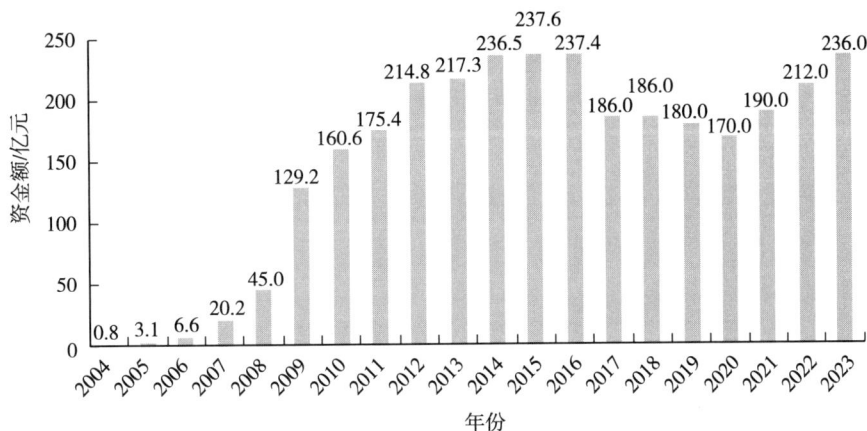

图 3-1　2004—2023 年中央财政农机具购置补贴资金

资料来源：中华人民共和国财政部网站 http：//www.mof.gov.cn/index.htm。

二、调整价格支持政策

在粮食最低收购价政策方面，国家相继下调稻谷和小麦最低收购价格。2015 年小麦、稻谷最低收购价与 2014 年的持平，2016 年早籼稻的最低收购价由每 2.7 元/千克降至 2.66 元/千克，中晚稻和粳稻收购价格与2015 年的保持一致。2017 年，国家开始全面下调稻谷最低收购价，早籼稻、中晚籼稻和粳稻最低收购价格分别比 2016 年水平下降 2.3％、1.5％和 3.2％，2023 年国家继续下调稻谷最低收购价，早籼稻、中晚籼稻和粳稻的最低收购价格分别为 2.52 元/千克、2.58 元/千克和 2.62 元/千克；2014—2017 年小麦最低收购价格保持不变，2018 年国家首次下调小麦最低收购价格，最低收购价为 2.3 元/千克，2019—2020 年为 2.24 元/千克，2021 年开始回调，2023 年为 2.34 元/千克。

在临时收储政策方面，2014 年，国家取消了大豆和棉花临时收储政策，2015 年首次下调玉米临时收储价格，同年不再对食糖和油菜籽实行政府统一收储，并将糖料和油菜籽等临时收储下放至地方自行决定和实施，2016 年彻底取消了玉米临时收储政策。

三、启动目标价格补贴政策

目标价格政策是在市场形成农产品价格的基础上，通过差价补贴保护生产者利益的一项农业支持政策。国家实行目标价格政策后，取消临时收储政策，生产者按市场价格出售农产品。当市场价格低于目标价格时，国家根据目标价格与市场价格的差价和种植面积、产量或销售量等因素，对试点地区生产者给予补贴；当市场价格高于目标价格时，国家不发放补贴。具体补贴发放办法由试点地区制定并向社会公布。

2014 年在内蒙古和东北三省启动了大豆和新疆棉花目标价格补贴试点政策，棉花目标价格为 19 800 元/吨；2015 年、2016 年分别为每吨 19 100 元和 18 600 元，2017 年试点期满后继续在新疆实施并完善棉花目标价格补贴政策，棉花目标价格每三年一定，2017—2019 年、2020—2022 年价格水平为每吨 18 600 元，补贴方式调整为全国基期平均产量的 85%；2023—2025 年棉花目标价格水平继续为每吨 18 600 元，同时完善实施措施，着力提升棉花质量，推进全疆棉花统一市场建设，完善配套制度安排。

2014 年大豆目标价格为每吨 4 800 元；2014—2016 年，大豆的目标价格稳定在每吨 4 800 元；2017 年 3 月，东北和内蒙古大豆目标价格政策由于成效不显著，予以取消，转而实行市场化收购加补贴机制，此举意味着大豆目标价格补贴正式退出，中央财政对大豆生产者给予补贴，鼓励增加大豆种植，合理调减非优势产区玉米生产。

四、启动玉米和大豆生产者补贴政策

为充分发挥市场机制作用，同时兼顾农民利益和国家粮食安全战略，2016 年，国家在东北三省和内蒙古启动玉米生产者补贴政策，实行玉米市场定价、价补分离改革。同时中央财政给予一定补贴，并鼓励地方将补贴资金向优势产区集中；国家对各省（区）亩均补贴水平保持一致，补贴基期也在一定年限内保持不变；由各省（区）制订具体的补贴实施方案，确定本省（区）的补贴对象、补贴依据和补贴标准等①。

在对大豆目标价格改革试点进行评估的基础上，2017 年，我国决定将大豆目标价格补贴政策调整为实行市场化收购加补贴的生产者补贴政策，补贴对象为东北三省和内蒙古大豆合法实际种植面积的实际生产者。补贴资金采取"一卡（折）通"等形式兑付给生产者。具体补贴范围、补贴依据、补贴标准由各省（区）政府结合本地实际具体确定，但大豆补贴标准要高于玉米。

为巩固农业供给侧结构性改革成效，推动稻谷最低收购价改革，保护种粮农民收益，在相关稻谷主产省份实施稻谷补贴，中央财政将一定数额补贴资金拨付到省，由有关省份制订具体补贴实施方案。2018 年开始，在东北三省和内蒙古实施玉米生产者补贴政策。中央财政对有关省（区）玉米补贴面积不超过 2014 年基期播种面积，2020—2022 年保持不变。为支持深化稻谷收储制度和价格形成机制改革，国家在有关稻谷主产省份继续实施稻谷补贴政策。中央财政对稻谷补贴数量上限为基期（2016—2018年）稻谷年平均产量的 85%。

第四节　我国农业支持政策的演进规律

图 3-2 展示了我国农业支持保护政策的主要演变过程。这一具体过程可以从两个角度来解读：一是不同阶段我国农业支持政策实施的主要特征；二是我国农业支持政策演变所蕴含的规律。

一、我国农业支持政策的实施特征

从 2004 年"三农"政策全面转型以来，我国农业支持保护政策体系经历了连续的历史演变过程。在不同时期，政府根据农业发展状况和政策实施效果适时调整政策体系，使之能够适应市场发展需要。在政策实施初期，支持范围较小，补贴对象有限。2004 年，粮食最低收购价政

---

① 刘慧，秦富，赵一夫，等．玉米收储制度改革进展、成效与推进建议［J］．经济纵横，2018（4）：99-105．

2005年，实施产粮大县奖励政策、测土配方施肥补贴政策、科技入户技术补贴专项资金政策。

2009年，鼓励秸秆还田、绿肥种植和增施有机肥。

2018年，调整最低收购价政策，实施稻谷生产者补贴。

2007年，实施农业保险保费补贴政策。

2012年试点改革农机购置补贴政策。

2015年，渔业油价补贴的改革；"三项补贴"政策合并为农业支持保护补贴政策。

2020年，实施农机报废更新补贴政策。

2004 2006 2008 2010 2012 2014 2016 2018 2020 2023

2008年，实施产油大县奖励政策和临时收储政策。

2014年，实施目标价格补贴政策试点和扶持家庭农场发展政策。

2019年，实施农业生产社会化服务项目任务，开展重点作物绿色高质高效行动。

2021年，对实际种粮农户发放一次性补贴。

2006年，实施农资综合补贴政策、提升土壤有机质补贴政策和小型农田水利设施补助，以及燃油补助政策。

2016年，实施玉米生产者补贴政策。

2004年，实施种粮直补政策、粮食最低收购价政策和农机购置补贴政策。

探索阶段	加强政府干预阶段	市场化改革阶段
以农业税废止为标志	价格支持政策为核心举措	政府逐渐减少对农产品生产、价格的直接干预和市场扭曲，挂钩收入补贴政策成为核心举措

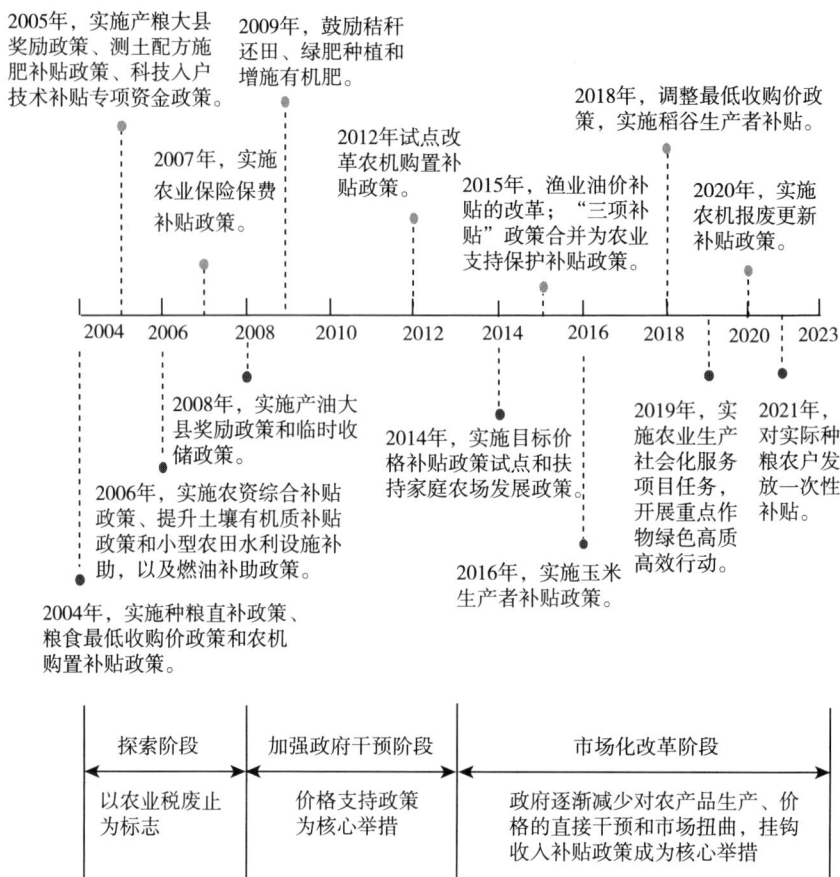

图 3-2 我国农业支持保护政策的演变过程（2004—2022 年）

策和粮食直接补贴政策仅适用于粮食主产区，且前者的补贴对象仅限于稻谷和小麦；农机购置补贴只面向农民和直接从事农机作业的农业生产经营组织。

2007—2010 年是政策完善期，支持范围不断扩大，支持力度逐渐增强。特别是在 2008 年，面临农产品价格下降和卖难情况的出现，国家启动了临时收储政策，农业支持保护政策力度也开始持续加大。从 2009 年起，农机购置补贴覆盖所有农牧县，补贴对象也扩大到牧民、渔民、农业生产经营组织和农林场职工等。与此同时，绿色生态被纳入政策目标，国家开始对秸秆还田、绿肥种植和增施有机肥等进行补贴。

2010 年以后进入了政策成熟期，国家根据农业发展需要和政策的实施效果不断调整完善现行农业支持保护政策体系。直接补贴政策更倾向于提高农业质量效益和竞争力，通过将粮食直接补贴、农资综合补贴和农作物良种补贴"三补合一"，推出耕地地力保护补贴和粮食适度规模经营补贴；价格支持政策更加注重完善农产品价格的市场形成机制，逐渐向"市场化收购＋生产者补贴"转变，玉米、大豆补贴机制统筹为生产者补贴，稻谷和小麦的最低收购价连续下调；综合服务支持政策更加突出绿色、生态、可持续发展，新增补贴资金重点向资源节约型、环境友好型农业倾斜。

经过十六年的调整和完善，我国农业支持政策的种类日益丰富，目前已形成以直接补贴、价格支持和综合服务为主要手段，以保供给、促增收为核心目标，涵盖农业生产、贸易、消费和加工等多环节、全方位的农业支持保护政策体系。其中，直接补贴主要包括耕地地力保护补贴、粮食适度规模经营补贴、农机购置补贴、畜牧业良种补贴、能繁母猪补贴、玉米和大豆生产者补贴等；价格支持政策内容主要是最低收购价和目标价格补贴；农业综合服务支持政策包括资源环境类补助、基础设施建设、动物防疫补助、标准技术示范补助、测土配方施肥补贴和农业保险保费补贴等政策。

二、我国农业支持政策的演变规律[①]

一国农业补贴政策的演变和实施路径不是随意的，而是同这个国家的经济发展战略、社会资源约束条件和"三农"状况这三方面因素密切相关的。三者相互作用构成了农业补贴政策的宏观基础。

（一）基于国家经济发展战略的农业补贴方式选择

国家经济发展战略是一国达成经济目标的蓝图。国家经济发展战略不仅决定了某个阶段国家的政治经济及社会环境，而且反映了国家领导层的经济理念。该战略一旦实施，所有政策、制度必须服从和服务于它。农业补贴政策作为具体的部门经济政策，其政策方向和目标一样要服从于国家经济发展战略，并随着国家发展战略的变化而不断调整。

---

① 郑家喜，王诚. 我国农业支持政策体系评价与优化研究［M］. 北京：中国财政经济出版社：17－21.

　　由前文梳理的农业补贴政策发展脉络也可以看出该政策的演变规律。在改革开放前的相当长时期内，在优先发展重工业战略指导下，我国利用农产品"剪刀差"将农业剩余源源不断地输送给工业部门。维持农业发展是农业支持工业发展这一战略目标的前提条件，政府采用农用生产资料差价补贴的方式，压低农资价格，降低生产成本，促进农业发展，以保证工业的稳定发展。改革开放后，在无法完成粮食定购任务时，国家实施了粮食定购"三挂钩"补贴政策，鼓励农民交出剩余粮食。自 2003 年起，随着工业反哺农业的条件基本成熟，国家开始逐步实施以"四补贴"为中心的多种补贴方式，再加上 2004—2017 年的连续 14 年中央 1 号文件都以支持解决"三农"问题为主题内容，直接反映了国家的经济发展战略及政策的巨大变化，工业反哺农业，城市支持农村，农业补贴进入了直补模式。

（二）面对社会资源约束的农业补贴政策的选择

　　一般来说，政策的需求来自社会经济政治环境诉求，但这些环境诉求也相应地制约着政策的效用与调整。目前我国主要面临三个社会资源约束条件。

　　经济实力约束。一个国家的政策供给能力取决于该国的经济实力。与工业化国家不同，非工业化国家的工业化进程中，农业政策在该国经济实力的约束下一般有三个层次：在初期，国家资本匮乏，工农发展无法兼顾，由于工业发展的约束条件少，一般都要优先发展工业，这一阶段的政策核心是以农促工；在工业发展中期，国家工业体系基本形成，财政收入也大幅增加，此时，国家对农业的抽血会慢慢减少，这一阶段的政策核心是工农业全面发展；工业化后期，工业的自我积累能力逐步加强，国家财政实力进一步增强，城乡差距越来越大，国家有必要也有财力支持长期被抽取剩余的农业的发展，各国通常采用工业反哺农业的政策措施。可以说，我国的农业补贴政策是随着工业化发展阶段进行调整的。

　　农业自然资源方面的约束。农业就是对自然进行加工和再加工的过程，农业经济增长所需要的物质资料全部由自然资源供给，所以说，自然资源的拥有状况和供给能力成为农业经济持续增长的关键要素。我国是世界上农业资源严重匮乏的国家之一，农业自然资源匮乏对我国农业生产率、农业经营规模和产业结构调整等都有着无法估量的制约作用。在农业自然资源的约束下，我国农业发展除了更新观念，采用农业新技术以打破自然资源的约束外，还实施农业补贴政策来提高农民的生产积极性。

政治资源方面的约束。一项政策的采用与否，既取决于经济发展的状况，也取决于不同利益集团之间的博弈。在工业化初期，农民虽然占绝大多数，但组织化程度低，团队意识薄弱，农民利益集团比较弱小，没有参与政治博弈的实力，而国家决策者倾向于优先发展工业，所以抽取农业剩余的政策成为必然。工业化后期，为保障社会稳定，且财政上也有一定实力，这时国家大规模支持农业发展，采用多种补贴方式，促进农民增收。

（三）以解决"三农"问题为目的的农业补贴政策转变

"三农"问题始终贯穿于农业经济发展的始终，不同的经济发展阶段有不同的具体表现，也必须有相应的农业政策出台。在新中国成立之初，国家百废待兴，先要解决人民吃饱穿暖的问题，因而粮食成为这一阶段的根本问题。农业补贴政策基本上围绕粮食展开。在改革开放阶段，城乡差距扩大导致了严重的社会问题，同时工业经济腾飞，不需要农业再"输血"，因此这一阶段政府的主要农业补贴政策是提高农民收入。到了2004年前后，国家工业化阶段目标完成，财政收入大幅增加，城乡矛盾也进一步扩大，这一阶段农业的主要问题是"农业产业结构调整"，因此农业补贴政策的首要目标是保障粮食安全、促进农民增收、建设社会主义新农村。

第八章　我国农业支持保护现状与挑战

经过 20 多年的不断调整完善，我国已经形成了符合中国农业实际的补贴制度，构建了较为系统完整的农业支持保护政策体系。本章首先表述我国现行农业支持保护政策的体系结构，按照 WTO 规则分析判断对现行主要支持政策的属性，进而剖析我国农业国内支持结构和主要特征。

第一节　我国现行农业支持保护政策

我国农业补贴政策的出台是由中国农业发展特点及现状所决定的，有其深刻的社会经济背景。当前，我国已建立起以直接补贴和价格支持为核心的政策体系框架，本节分别对各项政策进行讨论，分析不同政策的核心内容和政策特点。

表 3-8 中列出了我国现行主要的农业支持补贴政策，这是一个庞大的政策体系，具体政策措施也处于不断的调整转换过程当中，能够列出的政策措施并不完备。

现行政策措施可以分为以下 3 个大类。

一、直接补贴措施

农业"四项补贴"是我国直接补贴政策的典型代表，包括良种补贴、种粮直接补贴、农资综合补贴和农机具购置补贴。2015 年，经国务院同意，我国在部分省份进行农业"三补合一"改革试点，即将农作物良种补贴、种粮农民直接补贴和农资综合补贴合并为农业支持保护补贴。2016年，在全国全面推开农业"三项补贴"改革，"三项补贴"合并为农业支持保护补贴，补贴对象为所有拥有耕地承包权的种地农民，政策目标调整为支持耕地地力保护和粮食适度规模经营。除"四项补贴"外，直接补贴措施还包括畜牧业良种补贴、能繁母猪补贴等。

表3-8　中国现行农业支持政策体系

政策类型	政策工具	支持对象/品种
价格支持政策	最低收购价政策	稻谷和小麦生产者
	目标价格政策	棉花生产者
直接补贴措施	生产者补贴政策	大豆、玉米和稻谷生产者
	适度规模经营	种粮大户、家庭农场、农民合作社等新型经营主体
	耕地地力保护补贴	种地农民
	农机具购置补贴	—
综合服务支持政策	农业保险保费补贴	水稻、小麦、玉米、棉花、油料作物、糖料作物、青稞、马铃薯、天然橡胶、能繁奶牛、母猪、牦牛、肥育猪、藏系羊等
	畜禽良种补贴政策	养殖奶牛、生猪、肉牛、绵羊
	退耕还林政策	—
	退牧还草政策	—
	区域扶贫政策	—
	产粮大县奖励政策	—
	渔业用油补贴政策	渔业生产者

注：表中"综合服务支持政策"只列举了典型措施，可能不完全。

第一，农业支持保护补贴鼓励各地创新方式方法，以绿色生态为导向，提高农作物秸秆综合利用水平，引导农民综合采取秸秆还田、深松整地、减少化肥农药用量、施用有机肥等措施，切实加强农业生态资源保护，自觉提升耕地地力。补贴对象重点向种粮大户、家庭农场、农村合作社和农业社会化服务组织等新型经营主体倾斜。

第二，农机具购置补贴促进了我国农业机械化水平，补贴总额从2004年的0.7亿元大幅增加至2023年的236亿元，实施范围从66个县拓展到所有的农牧业县。未来应继续加大对农机具购置补贴的支持力度，着力发挥推进农业机械化、提高农业生产率、提升现代农业发展水平的作用。

第三，针对生产环节，政府出台了能繁母猪补贴、渔业油价补贴等政策。我国是猪肉生产和消费大国，猪肉消费在居民肉类消费中占有重要地位。为保障母猪生产能力、稳定猪肉生产，我国设立了能繁母猪饲养补贴，根据市场需要实施，属于临时性政策。渔业油价补贴自 2006 年出台，在促进渔业发展、增加渔民收入、维护渔区稳定方面发挥了重要作用。

二、价格支持政策

价格支持政策作用直接、见效快且执行成本低，但是容易造成市场价格扭曲，导致农产品结构性过剩。当前我国主要的价格支持政策包括最低收购价、临时收储和目标价格政策。2004 年，国家相继对稻谷和小麦实施最低收购价政策，旨在维持农户粮食生产的基本利益，以保护重要口粮的国内供应和粮食安全。2008 年，我国建立临时收储制度，政府开始对一些大宗农产品，包括玉米、猪肉、大豆、棉花、油菜籽和食糖实施临时收储政策。2014 年国家启动棉花（新疆）和大豆（东北三省、内蒙古）目标价格改革试点，取代已有的临时收储政策，将糖料和油菜籽等临时收储下放，由地方自行决定和实施，其特点是价格由市场决定，而农民由于价格下降导致的收入损失则由政府进行补偿。2016 年，国家对玉米采取"市场化收购＋生产者补贴"的政策措施，临时收储政策不再实施。2017 年，国家取消大豆目标价格政策，实行市场化收购加补贴机制。

三、综合服务支持政策

农业综合服务支持政策包括资源环境类补助、基础设施建设、动物防疫补助、标准技术示范补助、测土配方施肥补贴和农业保险保费补贴等政策。

资源环境类补助政策主要包括"退耕还林""退牧换草"和草原生态保护补助奖励政策。2016 年 12 月，财政部、农业部联合印发了《建立以绿色生态为导向的农业补贴制度改革方案》，首次提出到 2020 年，基本建成以绿色生态为导向、促进农业资源合理利用与生态环境保护的农业补贴政策体系和激励约束机制，进一步提高农业补贴政策的精准性、指向性和实效性。经国务院批准，"十三五"期间，国家在内蒙古、四川、云南、西藏、甘肃、宁夏、青海、新疆 8 个省（区）和新疆生产建设兵团，以及河北、山西、辽宁、吉林、黑龙江 5 个省和黑龙江省农垦总局，启动实施新一轮草原生态保护补助奖励政策。

农业保险保费补贴分为养殖业保险补贴和种植业保险补贴，补贴品种涵盖粮食作物、经济作物、食用油籽等种植业产品，猪牛羊等畜产品，以及林业产品等。种植业中，棉花保险保障水平达到 44.63%，三大粮食作物平均保险保障水平为 21.08%，油菜保险保障水平为 15.46%，大豆和糖料作物分别达到 13.22% 和 12.3%；养殖业中，奶牛保险和生猪保险的保障水平较高，分别为 8.59% 和 7.14%，与种植业主要品种保险保障水平相比还存在较大差距。

标准示范补贴。2005 年起，中央财政实施了畜牧良种补贴政策，包括奶牛、羊、生猪、肉牛良种补贴和牦牛种公牛补贴。为推动畜牧养殖业标准规模发展，2007 年中央财政每年安排 25 亿元，用于在全国范围内补贴规模化生猪养殖。2008 年中央财政安排 2 亿元，支持奶牛标准化规模养殖小区建设，2014 年中央财政还安排 3 亿元支持内蒙古、四川、西藏等 7 省（区）肉牛肉羊标准化规模养殖场建设。2010 年，中央财政安排专项资金 10 亿元，在全国建设高产创建万亩示范片 5 000 个，总面积超过 5 600 万亩，通过良田、良种、良法、良制、良机的有机结合，挖掘增产潜力，集成推广先进实用技术，深入推进粮食高产创建。2017 年，中央财政安排 15 亿元资金支持开展粮食绿色高产高效创建和模式攻关。

第二节　WTO 国内支持规则

中国加入 WTO 后，在世界贸易格局趋于一体化的环境中，农业补贴制度问题变得更为复杂。此时，我国的补贴制度不仅要符合中国国情，还要与 WTO 规则相协调。在 WTO 农业多边协定框架下，农业补贴政策可以分为支持性农业补贴和保护性农业补贴。支持性农业补贴是政府对农业部门的投资或支持，不针对特定农产品，体现为"绿箱"补贴措施，不会或很少对农业生产和贸易产生显著的扭曲作用。保护性农业补贴会对农产品生产和贸易产生直接显著的扭曲作用，在 WTO《农业协定》中是被限制和削弱的，具体体现为"黄箱"补贴措施、"蓝箱"补贴措施（"黄箱"中的特例）和出口补贴措施。其中，"黄箱""蓝箱"和"绿箱"政策又统一归为国内支持政策（图 3－3）①。

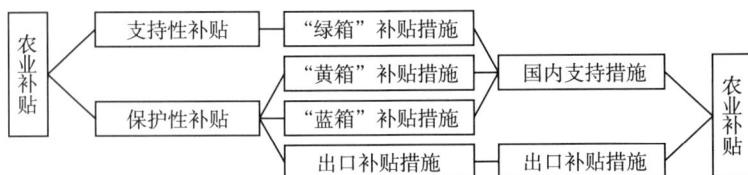

图 3－3　农业补贴政策划分

一、WTO 规则下农业补贴的分类

乌拉圭回合《农业协定》第 6 条"国内支持承诺"指出，国内支持是"所有有利于农业生产者的国内支持措施"，主要分为"绿箱""黄箱""蓝箱"三类。对发展中成员来说，还可以有"发展箱"这一特殊与差别待遇。

"绿箱"政策是指政府提供、其费用不转嫁给消费者，且对生产者不具有价格支持作用的政府服务计划。这些措施没有或很少对贸易和生产产生扭曲作用，因此不受 WTO 规则约束，其支持水平取决于政府的财政实力。"绿箱"政策支持项目主要包括十一大类，分别是：政府的一般农业服务、粮食安全公共储备、国内食品援助、与生产不挂钩的收入补贴、收入保险计划、自然灾害救济补贴、农业生产者退休或转业补贴、农业资源储备补贴、农业结构调整投资补贴、农业环境保护补贴、地区援助补贴。其中，"与生产不挂钩的收入补贴"是指直接发放给生产者的补贴，要以收入水平等与农业生产没有直接关系的客观要素来确定获得补贴的资格，不能与产品种类产量、种植面积或国内外价格等农业生产要素挂钩，也不能有"种植要求"。而粮食安全储备补贴如果要计入"绿箱"政策，则需要设置预定指标，并按照市场价格进行采购。发展中成员为实现粮食安全目的进行的公共储备，如果按照政府确定的管理价格收购，也属于"绿箱"政策，但管理价格和外部参考价差要计入"黄箱"政策。

"黄箱"政策是指那些有利于农产品生产者，会对农产品生产和贸易产生扭曲作用的政策措施。"黄箱"政策主要包括对农产品的价格支持，种子、肥料、灌溉等投入品补贴，营销贷款，按产品种植面积给予的补贴

①　韩长赋．新中国农业发展 70 年（政策成就卷）［M］．北京：中国农业出版社，2019：354．

和牲畜数量补贴等。由于其直接改变了农业生产者的成本和农产品价格，因而对农产品的国际贸易扭曲作用较大，受到 WTO 规则约束。WTO《农业协定》规定："各成员必须用综合支持量（Aggregate Measurement of Support，AMS）来反映各种国内农业支持措施的货币价值。"AMS 是指以货币表示向某一特定农产品提供的，并有利于该农产品生产者的年度支持水平；或不是向某一特定农产品提供的，但有利于广大农业生产者的年度支持水平。其中，低于微量允许标准的部分不需要减让，也就是说，如果特定农产品的 AMS 不足该产品产值的 5%，或非特定农产品的 AMS 不足全部农业生产总值的 5%，则不必计入综合支持总量中，也不需要削减。按照 WTO 规定，发达成员微量允许的标准是特定产品产值或农业总产值的 5%，发展中成员"黄箱"补贴量可在农业生产总值的 10% 以下。需要特别注意的是，WTO 口径下的农业与农业统计手册中的农业存在差异，只针对种植业和畜牧业，而不包括林业和渔业。

"蓝箱"政策是价格支持的特例。当农产品供过于求，价格下跌时，为避免"谷贱伤农"，可以采用休耕政策即让部分农民选择休耕，并给予一定补贴。在农产品价格形成机制中，农产品价格取决于劣等土地的生产成本。如果农产品价格提升，部分原本因产量低、成本高而未被利用的土地也会得到使用。同样的，在休耕政策下，首先退出生产领域的也会是劣等地。近年来，中国也一定程度上采取了休耕的方式，尤其是对玉米品种；在休耕政策下，一些不适合玉米生产的耕地会首先退出，如处于第四、第五积温带的镰刀弯地区种植玉米的耕地可以先行退出。然而，我国休耕轮作的主要目的在于土地治理，如应对重金属污染等问题。

此外，发展中成员可以使用"发展箱"政策。这类政策是发展中成员用于支持生计型农业的"黄箱"政策，不须包括在现行综合支持总量之中。"发展箱"政策是发展中国家成员的农业可普遍获得的投资补贴和发展中国家成员的低收入或资源贫乏生产者可普遍获得的农业投入补贴，主要用于直接或间接鼓励农业和农村发展。

WTO 口径农业支持补贴不同于财政支持补贴，差异在于价格支持计算。WTO 价格支持量是根据既定参考价与管理价之间的差额乘以适用管理价收购的数量计算得出，不包括财政为实施价格干预政策而支付的政策执行成本。中国的外部参考价以 1996—1998 年为基期，其他成员以

1986—1988 年为基期。而财政支出口径的农业支持补贴不包括前者，只包括后者。

二、"绿箱"与"黄箱""蓝箱"及"发展箱"政策的比较

各国通过谈判的方式人为设定了"绿箱"规则，确定了"绿箱"政策范围。从内容来看，WTO 分类下的"绿箱"政策主要在补贴资金来源、补贴对象、补贴方式、政策功能方面有别于"黄箱""蓝箱"和"发展箱"政策（表 3 - 9）。

表 3 - 9　"绿箱"政策与"黄箱""蓝箱"及"发展箱"政策的比较

比较的项目	"绿箱"政策	"黄箱"政策	"蓝箱"政策	"发展箱"政策
补贴资金来源	政府财政	政府财政与消费者	政府财政	政府财政
补贴对象	农业农村或生产者	农产品或生产者	农业生产者	农业生产者
补贴方式	基于历史固定基期的脱钩补贴	与当期农产品产量、价格、种植面积、农民收入、投入品使用或牲畜数量挂钩	限产条件下基于历史固定基期的脱钩补贴	可与投入品使用挂钩
政策功能	稳定农民收入、粮食安全、食品安全、环境保护、农业综合竞争力、农业农村可持续发展	促进农产品生产、稳定农产品价格、稳定或提高农民收入、扩大农产品出口	控制农产品产量、稳定农民收入、环境保护	增加农民收入、鼓励发展中成员农业和农村发展
政策效果	对农业生产和贸易无扭曲作用或作用非常小	农业生产和贸易扭曲作用最大	对农业生产和贸易产生扭曲，作用相对较小	对农业生产和贸易产生扭曲，作用相对较小

"绿箱"政策的补贴资金主要来源于政府财政支付。一国（地区）的"绿箱"政策支持一般为普惠性的定额补贴，是政府通过财政转移支付手段进行的，补贴支出相对可控，当然也是对各国（地区）政府财政实力的一个考验。

"绿箱"政策补贴对象为农业、农村社区或不与特定农产品生产挂钩的生产者，补贴方式以历史的固定基期为基础，与当期的农产品产量、市场价格、生产要素使用及农产品特定品种无直接关联。

宽泛的政策范围决定了"绿箱"政策功能较为广泛，从一般服务、粮食安全目的公共储备、国内食物援助这 3 项措施的内容判断，"绿箱"政策具有保障粮食安全、提高农业综合竞争力、提高社会福利水平等功能；从生产者直接支付类措施的内容来判断，"绿箱"政策又兼具稳定农民收入、环境保护、促进区域协调发展和农业农村可持续发展的功能。

三、我国农业支持政策的"箱体属性"

根据各项政策背景、目标和具体工具措施的特点，从政策原理、相关实证研究评价结果角度，结合我国向 WTO 通报的相关文献资料，对各项政策的"箱体"属性进行归类。

属于"绿箱"的政策措施有：退耕还林补贴，退牧还草，退田还湖，草原生态保护补助奖励，农机深松作业补贴，测土配方施肥补贴，耕地保护与质量提升补助政策，农业综合开发项目补贴，菜果茶标准化创建政策，防灾减灾关键技术补助，粮棉油糖高产创建政策，追溯体系建设政策，动物防疫补贴政策，奶业支持苜蓿发展政策，畜牧业标准化养殖政策，国家现代化农业示范区建设政策，发展规模经营政策，扶持生态农庄、家庭农场发展政策，农村沼气建设政策，农产品产地初加工支持政策，质量安全县创建政策，设施农用地支持政策，化肥、农药零增长政策，园艺作物标准园创建支持政策，土壤有机质提升补助政策，鲜活农产品运输绿色通道政策，生鲜农产品流通环节税费减免政策，基层农技推广体系改革与示范县建设政策，开展农业资源休养生息试点政策，耕地轮作休耕制度试点政策，农作物秸秆综合利用试点政策，等等。

属于特定产品"黄箱"政策的政策措施的有：粮食最低收购价政策，临时收储政策，目标价格政策，东北粳稻（大米）入关费用补贴，出疆棉花运费补贴，棉花专项补贴，国家储备棉花利息费用补贴，良种补贴，能繁母猪补贴政策，粮改饲试点政策。

属于非特定"黄箱"政策的政策措施的有：农机购置补贴，农机报废更新补贴等。

值得指出，从 2016 年开始实施的农业支持保护补贴、生产者补贴是近年来非常重要的 2 项支农政策调整结果，在其"归箱"问题上存在争议。

此外，还有一些农业支持补贴政策不属于 WTO 农业支持政策的范畴，包括：农村改革试验区建设支持政策、阳光工程政策、培育高素质农民政策、培养农村实用人才政策、农民合作社发展政策、农村农垦危房改造政策、村级公益事业一事一议财政奖补政策、渔业柴油补贴政策、渔业资源保护补助政策、以船为家渔民上岸安居工程、海洋渔船更新改造补助政策、渔民减船转产项目补贴、农业用水精准补贴和节水奖励等。这些项目有些属于农村发展促进、农民就业培训项目，有些属于渔业产业支持措施。

四、WTO 框架下我国农业支持受到的限制

2001 年在加入 WTO 时，我国最终承诺的"黄箱"政策补贴标准低于发展中成员的标准。尽管 WTO 规则允许发展中成员的"黄箱"政策补贴量可在特定产品价值及农业生产总值的 10% 以下，但由于国际政治环境等因素的影响，WTO 最终并未以发展中成员标准为中国确立"黄箱"政策补贴量。经过艰难的谈判，我国承诺的微量允许水平为 8.5%，即对特定农产品的"黄箱"政策支持不超过该产品产值的 8.5%，对非特定农产品的"黄箱"政策支持不超过农业总产值的 8.5%。以 2020 年为例，我国农业总产值为 117 980 亿元，可用的非特定产品"黄箱"政策支持量为 10 028 亿元，具有很大的空间。

AMS 分配方面的劣势。《农业协定》要求各成员方用 AMS 来计算措施的货币价值，并以此为尺度，逐步予以削减。对发达成员而言，其 AMS 可以分配至任何一种农产品，只要总额不超过标准即可，而我国承诺的基期综合支持总量（Total AMS）和最终承诺约束水平均为 0。对发展中新成员，WTO 提出对部分敏感产品，补贴额不能超过该产品本身产值的标准比例。WTO 对中国规定了五大敏感产品，分别为小麦、大米、玉米、棉花和蔗糖。对这些产品，补贴额不能超过其自身产值的 8.5%。从这个角度看，中国尽管有多种农产品没有采取补贴（如蔬菜和水果），但这部分产品节省下来的补贴额度却并不能配置到其他产品中去，这就缩减了我国可用的补贴额度。

补贴额通货膨胀率问题对中国不利。中国的 AMS 按每年的实际产值比例计算，而不是固定在某一特定基期时的水平，但是却不予考虑通货膨胀率。正因如此，随着通货膨胀率的提升，国内的真实补贴额已被变相压

缩掉①。早期中国对农业的补贴更多的是价格补贴，如最低收购价格、临时收储政策等，会扭曲市场，进而产生一系列问题。此外，这种补贴属于"黄箱"政策补贴，所以也受到 WTO 规则的严格限制。因此，针对早期补贴的问题，政府也进行了一定的改革与调整，最重要的是将原本与价格挂钩的"黄箱"政策向"绿箱"或"蓝箱"政策转换调整。

第三节　我国农业国内支持结构和主要特征

2000—2020 年，我国农业国内支持整体呈现出大幅增长态势，支持总量从 2 120 亿元增至 14 090 亿元，增幅达 564.6%，具体见表 3 - 10。2015 年之前，国内支持总量年均增长 13.5%，2015 年后逐渐稳定在 14 500 亿元水平。其中，"绿箱"支持是最主要的支持措施，2000—2020 年增长 503.8%，"绿箱"支持占国内支持总额的比例呈现先降后升的趋势，但一直保持在 70% 以上。"黄箱"支持是农业谈判中敏感的支持手段，我国"黄箱"支持量增长显著，从 2000 年的 50 亿元增至 2019 年的 2 230 亿元，2020 年有所回落。"黄箱"支持比重增长明显，其中对非特定产品支持的增长迅速。2016 年后我国开始采用"蓝箱"支持政策，减轻 AMS 超量带来的压力，支持金额从 390 亿元增至 900 亿元。

表 3 - 10　我国农业国内支持水平（2000—2020 年）

单位：百亿元

年份	国内支持总额	"绿箱"支持	"黄箱"总支持	特定"黄箱"	非特定"黄箱"	"蓝箱"支持	农业总产值
2000	21.2	20.8	0.5	0.4	0.1	—	222.0
2002	25.4	25.2	0.3	0.1	0.2	—	251.4
2004	31.5	30.8	0.6	0.4	0.2	—	325.4
2006	37.3	35.7	2.0	0.5	1.5	—	368.4
2008	68.9	59.3	10.1	2.2	7.9	—	528.0
2010	65.8	53.5	12.9	3.2	9.8	—	629.0
2012	92.0	68.7	23.4	10.1	13.2	—	807.5

① 陈锡文，罗丹，张征 . 中国农村改革 40 年 [M]. 北京：人民出版社，2018.

（续）

年份	国内支持总额	"绿箱"支持	"黄箱"总支持	特定"黄箱"	非特定"黄箱"	"蓝箱"支持	农业总产值
2013	106.1	76.6	29.5	16.1	13.3	—	873.6
2014	115.4	83.6	31.8	18.3	13.5	—	918.9
2015	142.3	108.3	35.0	20.6	13.4	—	961.8
2016	150.7	131.3	15.5	12.9	2.6	3.9	1 004.9
2017	140.4	109.7	25.9	24.1	1.9	4.8	924.0
2018	145.6	119.4	22.7	20.8	1.9	3.6	955.8
2019	148.2	122.0	22.3	10.5	1.8	3.8	1 049.1
2020	140.9	125.6	6.3	4.6	1.7	9.0	1 179.8

注：表中资料来源于WTO农业国内支持通报，由作者整理得到。其中"黄箱"总支持＝特定产品"黄箱"支持＋非特定产品"黄箱"支持＝微量允许（de minimis）＋现行综合支持总量（CTAMS）。

　　我国现行农业支持政策的总量大、覆盖广，但实际支持水平相比于发达国家偏低。如表3-11所示，我国现有农业国内支持总额为2 041亿美元，是欧盟的约2.25倍、日本的约6.83倍。但从支持强度来看，我国农业支持总额占农业产值的比例仅为11.94%，远低于挪威的71.28%和美国的60.84%。从耕地单位面积补贴看，我国为1 708.65美元，是日本的约1/4，韩国的约2/7，挪威的约1/2。从农民人均补贴看，我国仅为1 152.35美元，远不及美国、挪威和日本的上万美元，特别是美国的人均支持，已达到10.8万美元。值得指出，支农资金多具有普惠性和政府公共服务特征，目前我国针对农业支持的财政支出总量仍然偏低。

表3-11　WTO主要成员方的农业支持水平比较

成员方	农业支持总额/亿美元	单位面积支持额/美元/公顷	每个劳动力支持额/美元/人	占农业产值的比重/%
美国	2 272.73	1 440.84	108 184.52	60.84
欧盟	907.19	859.38	9 874.58	21.19
日本	299.09	7 287.72	14 041.69	34.85
韩国	82.30	5 989.85	6 141.05	17.24
挪威	28.32	3 520.15	49 602.46	71.28
中国	2 041.40	1 708.65	1 152.35	11.94

注：基础数据取自截止交稿前各成员向WTO提供的最新国内支持通报，其中美国、日本、挪威、中国为2020年数据，欧盟为2019年数据，韩国为2018年数据。

一、"绿箱"支持水平和结构特征

总体上看，我国"绿箱"支持水平呈上涨趋势，但仍有较大利用空间。1999—2020 年，我国"绿箱"支持规模总体上呈扩大趋势，由 1 843.4 亿元增长至 12 561.5 亿元，年均增长 9.1%（图 3-4）。由于"绿箱"支持基本对国际贸易不造成扭曲，且支持水平不受 WTO 规则限制，更重要的是"绿箱"支持政策符合中国农业可持续发展的目标，我国应当继续挖掘"绿箱"政策的支持空间和支持手段。从国际经验来看，欧美日等发达国家和地区的农业补贴政策都遵循了由"黄箱"补贴向"绿箱"支持转变的过程，当前我国农业"绿箱"支持水平还比较低，在我国"黄箱"增加空间有限的情况下，未来"绿箱"支持水平必将保持长期增长的趋势。

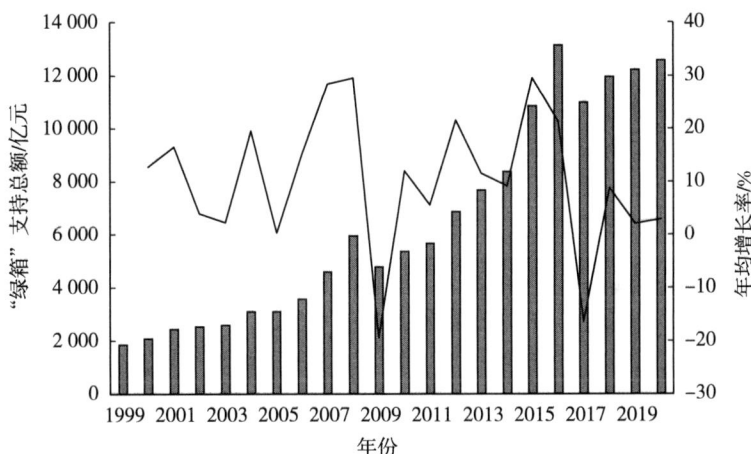

图 3-4 中国"绿箱"支持总量变化（1999—2020 年）
资料来源：根据中国向 WTO 通报数据整理。

针对具体项目分析，我国"绿箱"支持结构呈现以下三个方面的特征。

第一，政府一般服务支出占"绿箱"比重最大，环境项目和区域援助支出增长较快。从支持结构来看，目前我国仅使用了 8 项"绿箱"措施，政府一般服务和环境计划下的支付是我国"绿箱"支持所依赖的关键措施。其中，政府一般服务占"绿箱"总支持量最高，年占比超过 50%。其次是环境计划下的支付，涉及退耕还林和退牧还草政策等，从 2004 年之后环境项目的支付大幅度上涨，年占比最高达 11.7%。长期来看，环境项目支付符合当前农业可持续发展和保护环境的政策目标，预计未来将继续高速增长。区域援助主要涉及对不发达的农村地区的各项扶贫政策，2020 年该项下的支出超过 1 000 亿元，占比约 10.2%。2017 年中央 1 号文件明确指出进一步推进精准扶贫各项政策落地生根，确保 2017 年再脱贫 1 000 万人以上。区域援助补贴符合国家扎实推进脱贫攻坚、健全稳定脱贫长效机制的政策目标，在相当一段时间内仍会增长。

第二，国内食品援助补贴少，"绿箱"占比很少。国内食品援助项目主要用于对低收入居民获得食物进行财政补贴或帮助。可以看出，该政策的本质是对消费者进行补贴。当前我国农业补贴政策以价格支持和直接补贴为主，政策的出发点是保障国家粮食安全和生产者利益，因此对消费者的支持水平较低。2016 年，国内食品援助计划补贴仅为 0.6 亿元，占比不足 0.01%，2017 年至 2020 年取消了该项支持。与中国不同，国内食品援助措施是美国"绿箱"支持中占比最大的项目，年均占比达 70% 以上，主要用于食品和消费者服务项下的营养计划。

第三，政府一般服务支持中，农业科研投入不足，支持结构有待完善。2020 年，政府一般服务中，占"绿箱"支持比重由高到低的措施依次为农业基础设施建设（27.8%）、其他项目支出（20.7%）、技术推广和咨询（2.4%）、病虫害控制（1.4%）、农业科研（0.9%）、检验检疫服务（0.5%）、市场营销促销服务（0.3%）。农业基础科研和技术推广、培训等，都是为促进农业生产力的提高和农业科技成果转化等农业政策目标打下基础。从现有情况看，我国政府对上述措施的支出仍然较低。农业科研投入占农业 GDP 的比重不到 0.6%，明显低于 1% 的国际平均水平；科技进步对农业增长的贡献率只有 51%，远低于发达国家 70%～80% 的水平。今后我国政府需要更加重视农业基础科研，强化农业科技推广及农村服务体系建设，加大资金投入。

在 WTO 规定的"绿箱"支持下，除了上述项目，还有收入保险和收入安全网计划、用于生产者退休计划的结构调整援助、用于投资援助计划的结构调整三类项目。我国在这些项目下没有出台相关的政策措施，上述三类支出为零。在特定产品"黄箱"支持面临超限的约束情况下，我国应加大"绿箱"支持力度，用好"绿箱"措施，有计划地出台农业收入保险等措施，建立农业可持续发展支持体系，实现"保供给、保收入、保生态"的"三保"目标。

二、"黄箱"支持水平和结构特征

总体上看，我国"黄箱"支持水平变化受特定产品支持水平影响，近年来特定产品支持的增长带来"黄箱"支持量的激增。"黄箱"中的特定产品支持是指针对某一个产品进行的补贴，如市场价格支持等。特定产品支持对国内生产、市场价格和国际贸易的扭曲程度最大，也是 WTO 规则最不鼓励的补贴措施。我国特定产品"黄箱"综合支持量的基础水平很低，但增速很快。由表 3-12 可以看出，我国"黄箱"特定产品支持较为集中，重点关注了小麦、水稻、玉米等主粮作物，大豆、油菜籽等油料作物，以及棉花、马铃薯、青稞、花生和生猪等农产品。支持总额从 2005 年的 24.5 亿元增长至 2019 年的 2 054.4 亿元，2020 年回落至 457.5 亿元。2006 年以前，小麦、水稻和玉米都呈现负保护状态。这主要是因为上述产品的管理价格比外部参考价低，因此计算出的支持水平为负值。2006 年我国全面取消农业税，中央财政对农业补贴的力度持续加大，特定产品的支持增长。

表 3-12　我国特定产品支持水平（2005—2020 年）

单位：亿元

年份	小麦	水稻	玉米	大豆	油菜籽	棉花	马铃薯	青稞	花生	生猪
2005	10.57	−119.45	1.79	1.10	0.07	11	—	—	—	—
2007	11.01	40.21	3.73	1.11	10.05	40.99	0.00	0.00	0.00	24.33
2009	44.50	83.17	139.87	49.59	40.81	50.07	2.31	0.00	0.00	6.30
2010	58.45	75.57	61.27	46.77	34.68	29.77	3.65	0.38	4.08	2.13
2011	50.45	81.03	73.33	45.59	67.64	198.58	2.50	2.50	4.00	38.65
2012	129.88	85.97	90.91	67.49	102.35	415.58	2.50	2.50	4.00	43.18
2013	96.43	424.17	519.93	36.5	120.19	412.49	2.50	2.50	4.00	2.64
2014	223.06	401.31	751	47.18	67.95	265.14	2.50	2.50	4.00	0.08
2015	223.06	401.31	592.46	47.18	10.15	265.14	2.50	2.50	4.00	0.00
2016	171.79	298.45	0.00	37.34	0.00	254.59	0.00	0.00	0.00	0.00
2017	732.90	1 572.30	—	100.60	—	—	—	—	—	—

（续）

年份	小麦	水稻	玉米	大豆	油菜籽	棉花	马铃薯	青稞	花生	生猪
2018	652.10	1 291.70	—	137.80	—	—	—	—	—	—
2019	602.80	1 274.90	—	176.70	—	—	—	—	—	—
2020	200.50	257.00	—	—	—	—	—	—	—	—

注：根据中国向 WTO 通报国内支持数据整理。

结合政策执行情况和资金支出，我国"黄箱"支持结构呈现以下三个方面的特征。

第一，"黄箱"增长空间受到 WTO 规则的约束，部分特定产品支持超限。我国农业的"四项补贴"政策和价格支持政策从政策目标上看都与当年的种植面积、产量和价格挂钩，因此属于"黄箱"政策，受到微量允许 8.5% 补贴上限的约束。根据 WTO 国内通报和国内产值数据测算，2013—2015 年我国玉米、棉花和油菜籽的支持水平均突破 8.5% 上限。其中棉花支持总量已经遭到美国棉花协会（NCC）质疑。该协会还呼吁美国监管部门调查中国的补贴水平。受 WTO 规则约束，未来我国"黄箱"增长空间有限，对特定产品的支持措施亟待调整。

第二，近年来特定产品支持的范围减小，支持政策主要为最低收购价。我国目前采用特定产品支持的品种只有小麦和稻谷 2 种产品，主要采取的措施是最低收购价措施。

第三，非特定产品支持近年来降幅明显，仍有较大政策空间。与特定产品支持相比，非特定产品支持对国内生产、市场价格和国际贸易的扭曲程度相对较小。近年来随着各项补贴政策的力度增加，我国"黄箱"支持增长明显，由 1999 年的 35.5 亿元增长至 2019 年的 2 234.4 亿元，2020 年降至 627.5 亿元。其中，2012 年以前，非特定产品支持增长是推动整个"黄箱"支持水平上涨的主要动力，2013—2020 年特定产品支持占据了主要地位。我国非特定产品支持水平从 1999 年的 7 亿元增长至 2015 年的 1 335.3 亿元，但在 2016 年减少至 257.6 亿美元，2016—2020 年平均为 195.9 亿美元，较 2015 年减少了超过 80%。目前我国非特定产品"黄箱"政策空间使用比例不足 2%，离 WTO 承诺上限尚有较大空间。2020 年非特定产品支持仅占当年农业总产值的 0.14%，未来我国在一定程度上可以继续扩大非特定产品支持。

第四节　我国农业支持保护政策面临的挑战

我国农业支持保护政策面临多方挑战，尤其是来自一些农产品出口大国的质疑。一方面，由于我国历史上农业支持水平很低，近20年支持总量不断增长使得增速较高；另一方面，虽然我国单位面积、每个劳动力得到的支持补贴额很低，由于农业规模庞大，我国已经成为农业支持总量最大的WTO成员。

一、农业贸易诉讼频发，外部压力增大

全球经贸环境变化，以农产品出口为导向的成员、农产品出口大国频频对中国发起贸易诉讼。在国内支持政策方面，2016年9月13日，美国就中国对小麦、水稻和玉米的价格支持政策向WTO争端解决机构提起诉讼（DS511）。2019年2月28日，WTO专家组报告裁定（WT/DS511/R），中国对小麦、籼米和粳米的市场价格支持超过了中国所承诺的8.5%的微量水平，因而判定中国违反了《农业协定》第3.2条和6.3条的义务。在市场准入政策方面也有相关诉讼，例如，美国诉中国对大米、小麦和玉米关税配额管理措施（DS517）、巴西诉中国食糖进口管理措施（DS568）、加拿大诉中国油菜籽进口管理措施（DS589）以及2021年5月28日澳大利亚诉中国大麦反倾销和反补贴税的管理措施（DS598）等。总之，以农产品出口为导向，尤其主要向中国出口农产品的农业大国，对出口目的国的贸易政策、农业支持政策发起诉讼的案件增多。加之全球经贸环境变化，农产品国际贸易往往作为平衡双边、多边经贸关系的重要筹码，给农业国内支持政策调整带来一定程度的外部压力[1]。

2019年2月28日，世界贸易组织（WTO）发布美国诉中国农业国内支持争端案件的专家小组审查报告。至此，为期两年多的中美关于农业补贴的争端画上了一个阶段性句号。该案件缘起于2016年9月13日，美国以中国在2012—2015年对小麦、水稻和玉米三大主粮生产者提供的国内

---

[1]　韩杨．中美农业支持政策的演变与完善——基于WTO《农业协定》影响的对比［J］．国际经济评论，2021（6）：117-140.

支持超过了中国入世时的农业补贴承诺为由，提出 WTO 争端解决机制下的磋商请求。经过多方磋商、设立专家小组、专家组审查等多轮争端解决程序，WTO 于 2019 年 2 月做出了审查结论：驳回美国对玉米补贴的诉讼，同时裁定中国对小麦和水稻补贴违背入世承诺。由于中美两国在农产品国际贸易领域都具有巨大影响力，此案的提出和审议过程引起了国内和世界范围的高度关注。27 个国家和地区申请并被认定为第三当事方参与该案审查，其中澳大利亚、巴西和欧盟等 11 个第三当事方在专家组审查过程中提交了己方意见。此次美国诉讼对象具体指向中国实施的小麦、水稻最低收购价政策和玉米临时收储措施这两类市场价格支持政策。

长期以来，中国农业政策都是本着国内的农业和总体经济的发展变化制定和实行的，是否与国际惯例对接，是否会在与世界相接触的国际经济活动中产生摩擦，并不是考虑的重点。这既与中国当时相对封闭的经济运行模式相匹配，也保证了国内直接、高效的政策执行效果。但是以入世为代表的中国经济与世界经济的不断融合，以及中国今后更大程度的改革开放，都意味着这样一种行为要被改变。此次中美农业国内支持争端案件，就充分反映出中国制定农业政策的惯有思维需要转型升级，以更好地适应当前开放市场条件。今后国内政策的制定将不再仅仅是国内的问题，须同时考虑国际规则、国际惯例和中国的国际承诺。正是由于这个原因，此次中美两国在 WTO 争端解决机制下的关于农业国内支持的贸易争端，其重要意义不在于所谓的"谁输谁赢"，而在于通过此次争端事件，厘清农业国内支持文本规定存在哪些模糊条款，专家审查小组如何认定文本规定的含义，并最终如何解决模糊规定的争议问题。

此外，WTO 的法律体制虽属于"成文法"架构，但 WTO 争端解决机构受理和裁决结果对于 WTO 规则解释力不断得到强化。因此，此次中美农业国内支持争端案件的审查结论，对于 WTO 农业国内支持相关规定解释，中国国内农业支持政策的优化调整，以及中国今后如何更为积极、有效、有备地参与国际规则谈判，制定未来《农业协定》的谈判策略等都会产生重要影响。

WTO《农业协定》对于成员农业国内支持的测算、削减承诺和一般纪律，给出了相应说明和规定。该协议关于成员农业国内支持约束水平和削减义务的界定明确，不存在明显的争议。但是，该协议在农业国内支持水平测算规定上界定不清楚，相关条文规定间存在实质性冲突。特别地，此次中美争端具体指向的市场价格支持（Market Price Support，MPS）测度问题，也是WTO农业国内支持测算中相对复杂，且文本规定上也是最具有争议的。

中国人多地少，农业资源禀赋较弱，与发达国家尤其是农业资源丰富的农产品主要出口国相比，大宗农产品基础竞争力处于不利地位。加之中国是世界人口大国，依然处于为消除绝对贫困而努力的发展阶段，以及处于中国"威胁论"的舆论压力的历史条件和环境之下。出于确保国家粮食安全和保护农民利益的考虑，中国当前和今后一个时期仍然需要对于农业部门和重点农产品予以支持和补贴，然而在开放的市场条件下，国际农产品市场及贸易规则对中国农业政策制定的影响和约束日益增强，今后中国的农业政策调整和改革想要关起门来"调结构、转方式"已不大可能。今后，中国农业国内支持政策制定需要更多地考虑与国际规则的适应性。同时，中国还应积极参与涉农领域国际规则的讨论和制定，争取更大的农业国内支持的政策空间①。

二、我国农业支持的投资主体不足

目前，我国农业投入的主体是中央和省级政府，主要负责大中型基础设施项目，而地方政府受财政实力的限制，对农业的投入不足，农民可以直接从中受益的中小型基础设施建设缺乏资金来源，致使许多地区的农田设施在严重老化的情况下仍然超负荷运行，导致农业生产效率低下。《中华人民共和国农业法》明确规定中央和各地地方政府都必须增加对农业的投入。但是从实际来看，中央制定的许多扶持农业政策不能到位，农业的基础设施建设难以落实。对于中央政府而言，保障国家粮食安全和食物供给、维护生态环境的平衡是国民经济健康发展的前提。对于地方政府而言，首要的目标是促进当地经济的发展和财政收入的增加。由于农业在中央政府和地方政府中的目标和地位有很大差别，因此，中央政府为了更好地实现政策目标，往往要求地方政府对中央政府的支农资金给予数额相当

---

① 王学君，晋乐，朱晶．中美农业国内支持争端：争议点分析及对今后的启示［J］．农业经济问题，2020（5）：92－103．

或者更高的配套资金，而地方政府为了获得中央政府的支农资金，往往做出难以兑现的承诺，导致很多投资项目中，地方配套投资到位率非常低，一些大型项目的农业建设投入高度依赖中央政府。

农业的发展事关社会全面发展的公共性产业发展，但是长期以来，我国对农业的支持投入仅以政府为主，并没有向其他投资渠道拓展。2003年，我国农业利用外商直接投资总额为100亿元，仅占全部外商投资额的1.87%，可见农业并没有很好利用外商直接投资。此外，农村金融机构对农业的支持作用也并不明显，由于自负盈亏目标与为"三农"服务的宗旨之间有一定矛盾，目前这些农村信用社通过改制成农村商业银行的形式，将大量农村资金转向城市，致使农民的贷款需求不能得到很好地满足。2003—2007年，中央财政采用投资参股、专项贴息等形式，吸引信贷资金和其他社会资金投入农业综合开发领域，取得了一定的成效，但是只占同期中央财政总投入的11%左右。在前文关于面对发达国家农业补贴制度演进过程的分析中，曾得出这样的结论，即在健全农业补贴制度的过程中需要忍受财政压力的不断加大。我国刚刚进入工业反哺农业的阶段，现在日益增长的财政实力并不一定能够确保对农业补贴长期大量的投入，因此，有必要通过机制的创新及时为我国农业支持寻求更为多元化的投资主体。

三、农业支持保护政策体系的结构失衡

政策支持结构失衡主要体现在三个方面：一是"绿箱"政策过于集中于政府一般性公共服务，与新时期农业发展目标和产业特征不一致，尚未建立起能够有效支持农业发展的农民收入体系，政策精准性不足，在一定程度上限制了政策效率。二是"黄箱"政策同时面临着特定单项产品支持超限和非特定产品"黄箱"空间运用不充分的矛盾。2016年我国对玉米、大豆和棉花的支持水平分别占其产值的13.2%、13.8%和21.3%，支持水平突破上限。虽然玉米和大豆政策已经调整，但新实行的生产者补贴和目标价格政策仍然存在其他成员"箱体属性"质疑以及"黄箱"超限的风险。我国实施多年的最低收购价政策和临时收储政策，都是特定产品"黄箱"政策，逐步调高的"托市"收购价格使得水稻和小麦的支持水平达到6%左右，逼近微量允许水平。与此同时，由于非特定产品"黄箱"政策

手段不足，我国目前"黄箱"实际支持总量不到可用空间的 20%。三是现行国内农业支持保护政策以间接支持为主，政策工具较为分散，存在着环节复杂、目标分散、透明度不高、效率偏低的问题。

农业支持保护政策与产业发展状况不协调，难以适应农业农村高质量发展。一方面，现行农业支持保护政策体系更多地保护了生计农业，对商品农业生产的有效支持较少。未来，中国的农业生产经营主体势必以规模经营为主，这意味着农民合作社、龙头企业、种植大户、家庭农场等新型农业经营主体均处于保护体制之外，这对农业的发展是不利的。另一方面，农业支持保护政策体系中环境友好型政策不足。部分农业支持保护政策显著提高了农户种地积极性，扩展了农作物耕种面积，这在一定程度上引致农业开发粗放化和生产要素集约化，最终会导致面源污染。在现行农业支持保护政策体系中还没有充分应对这一问题的有效措施。

四、现行国内农业支持保护政策效率偏低

政策效率是我国农业政策体系建设和政策措施选择时面对的一个核心问题，对单项政策的研究已经形成了较为丰富的研究成果，在政策体系方面的研究成果也较为丰富。目前，国内农业支持保护措施投资渠道较多，管理部门分散，补贴对象繁多，甚至存在许多农业补贴项目补贴过度现象，不能有效地发挥政策的合力作用，降低了政策效率的现象。对规模数量已经很大的农业补贴在农民增收和农业生产方面作用进行分析，成为国内外研究者的一个重点。

我国农业国内支持措施效率低下。农业在我国国民经济体系中属于弱势产业，农业补贴的对象是农民，让农民从中受益最大，把农业健康地引入市场化，才能够说明我国的农业支持政策是有效率的。但是我国实施的许多农业补贴项目并未真正补贴给农产品生产者，而是补贴给了中间环节，没有很好地达到使农民收入稳定增长的目的，使农业生产效率低下，还引起过剩库存增加，从而增加国家财政负担。

五、政策目标协同性较差

农业供求平衡结构复杂，补贴政策调整面临多重目标约束。作为一个

人口众多、农业人口占比高却高度融入国际农产品市场的发展中国家，我国农产品供求结构表现出一种失衡状态。一方面需要进口大量农产品满足国内需求，另一方面部分产品出现供给过剩情况，"买难""卖难"局面并存。当前，我国农业补贴政策体系短期性特征比较突出，缺乏整体规划。各项政策往往是为应对特定的突出问题出台的，相关政策文件常常是每年甚至不到一年就有变动，这使得许多农业补贴政策存在着目标交叉、重叠的不合理现象。这种事后型的政策制定模式，虽然在一定时期内发挥了积极作用，但缺乏长期性和系统性，对形成农业长期可持续发展、农民收入增长的长效机制作用不大。农业补贴政策的调整不仅仅是转换箱体结构的简单改变，更面临着保障国家粮食安全与补充边境政策不足的压力，以及实现国内农业政策目标与WTO农业支持"黄箱"政策的多重约束。

部分政策在执行过程中与政策初衷背离。最低收购价和临时收储价政策的初衷都是为了对市场价格起到托底作用，以避免市价过度下跌伤害农民利益，但在实行过程中其重心逐步转向了促进种粮农民的收入增长，其实质从粮食价格政策向收入补贴政策转变。

第五节　农业支持政策改革目标与发展方向

农业是经济发展、国泰民安的基础。我国农业支持的政策目标一直以增加农民收入、保障粮食生产、稳定粮食价格、促进农业发展为主要脉络[①]。例如，以良种补贴、粮食直补和农资综合补贴为主体的农业支持保护政策主要是对农业生产者的直接补贴，侧重于前两项政策目标的实现；以粮食最低收购价和目标价格为主体的价格支持政策则更加侧重于后两项政策目标的实现。而随着我国农业生产方式、产业结构的转变和资源环境约束压力增大，以及全面建成社会主义现代化强国战略的提出，发挥农业基础性作用，促进农业绿色生态发展，推动农业农村现代化建设等成为未来农业支持政策调整的重要指引。结合前文的分析，我国农业支持政策在改革过程中有以下五个方面须切实关注。

[①] 杨芷晴，孔东民．中国农业补贴政策变迁、效应评估与制度优化 [J]．改革，2020 (10)：114－127.

一、"黄转绿"是一项综合性改革，需考虑多方面因素变化

我国农业补贴结构失衡，特定产品"黄箱"剩余空间小，已实施的"绿箱"政策水平不高，多项政策措施尚未使用。农业补贴政策的"黄转绿"调整是一项综合性改革，补贴目标、对象、方式和手段都应随之改变。传统的农业补贴政策实行的是"普惠制"，补贴资金大多依据承包地计税面积平均发放。这种补贴方式强调公平，适用于过去我国农户经营规模小的基本国情。近年来，我国土地流转速度加快，农业生产方式逐渐向规模化转变。目前大约有30%的承包农户全部或部分流转出了自己土地经营权，流转的总面积占承包面积的1/3。在这种情况下，如果还按照平均发放的方式对农民进行补贴，那么将难以适应新型经营主体的内在需求，也不符合新形势下农业的发展要求。

二、不断提升规则认识水平，精准灵活运用 WTO 规则

在政策调整过程中，还要注意减少"黄皮绿心"的政策表述和宣传，避免将不具有"黄箱"扭曲效果的政策归入黄箱。以我国曾经长期实施的农资综合直补为例，这一政策名义上属于投入品补贴，在WTO通报中归入了黄箱，但该政策实际对农民的影响与种粮直补的补贴方式影响相似，较少有省份按照实际种植面积进行补贴。因此，将所有的农资综合补贴计入WTO"黄箱"类支持，实际上夸大了中国农业"黄箱"补贴水平。对于那些本质上按"绿箱"规定操作的政策，要规范其政策表述，尽量向"绿箱"政策范围靠拢，从而为"黄箱"政策争取更大的使用空间。

三、借鉴发达成员转型经验，完善农业支持政策

2016年9月，美国政府向世界贸易组织投诉中国，认为中国通过非法形式补贴农业，违反中国入世承诺，导致生产过剩，造成不公平竞争。目前，中国的农业支持政策以普惠性补贴为主，而欧美日等国的政策演变表明，随着农业发展，尤其是进入乡村振兴阶段后，削减"黄箱"补贴，将"黄箱"政策转向"绿箱"是普遍做法。即使是补贴较高的美国、日本，在采用政策工具时依然不得不考虑政策的合规性。因此，随着中国农业发展阶段转变，中国农业支持政策也应逐步改变，转为针对特定目标和

特定主体实施的针对性政策，比如生产信贷、农技培训和技术开发等，加速把"黄箱"转向"绿箱"，减少市场扭曲①。

四、牢牢守住耕地红线，切实保证粮食安全

中国国情与美欧不同，但和日本类似，都是人多地少的国家。资源禀赋不足而又有巨大的粮食需求量注定了中国在制定农业政策时必须考虑粮食安全问题。粮食安全事关国家安全。乡村振兴的前提是粮食安全，粮食安全是乡村振兴的重要保障。从日本的政策实践效果来看，保证粮食安全并非易事，这就要求国家出台切实可行的粮食保障政策，加强政策支持，巩固提升粮食产能，抓好粮食生产，树牢国家粮食安全的基础。

五、改善农村基础设施，实现城乡融合发展

与日本类似，中国经济持续发展但城乡发展不平衡、工农业差距扩大造成农村空心化、农业老龄化。美日欧的政策演进也表明，在此时期，政策应着眼缩小城乡差距，补齐农业农村短板。这就要求政府加大在农村地区资金投入，改善农村基础设施，改变农业落后、农村凋敝的状况，进而吸引更多的人才、资本进入农村农业领域。通过引导资金资源向农村投入，发挥城市产业辐射能力，带动农村发展，最终实现城乡一体、共存共荣、共建共享的融合发展。

---

① 罗屹，武拉平．乡村振兴阶段的农业支持政策调整：国际经验及启示［J］．现代经济探讨，2020（3）：123-130.

第九章　主要国家政策调整的经验借鉴①

本章梳理美国、欧盟、日本和巴西农业支持政策的主要特征和调整情况，旨在形成国际经验，为我国完善农业支持政策提供借鉴。

第一节　美国的农业支持政策及其变动

经过 200 多年的发展，美国农业实现了从原始的自给自足向现代化高效农业的转变，具备了世界上最先进的技术和最具产业规模的生产方式，美国也已成为世界上最重要的农产品生产国和贸易国。美国农业的强势，不仅得益于优越的自然资源，更得益于政府对农业的支持政策。美国农业国内支持政策以农业法案为基础，在不同的历史阶段，美国不断地调整农业政策，支持方式、支持手段和支持环节都在随着国内农业发展和 WTO规则的需求而演变。

一、总体支持水平

美国农业国内支持总量在 1995—2013 年整体呈现出上升趋势，从1995 年的 592.8 亿美元增长到 2013 年的 1 394.0 亿美元，增长 135.2%。其中，"黄箱"现行综合支持总量（CTAMS）由 1995 年的 62.1 亿美元增加到 2013 年的 68.9 亿美元，增长 10.9%；"绿箱"支持总量由 460.4 亿美元增加到 2013 年 1 325.1 亿美元，增长 187.8%；1995 年"蓝箱"支持量为70.3 亿美元，1996 年以后至今美国停止使用"蓝箱"政策（图 3-5）。

2014 年，美国对农业的国内支持以《2014 年食物、农场及就业法案》

---

①　农业农村部农业贸易促进中心 . 国际农业支持政策研究［M］. 北京：中国农业出版社，2021.

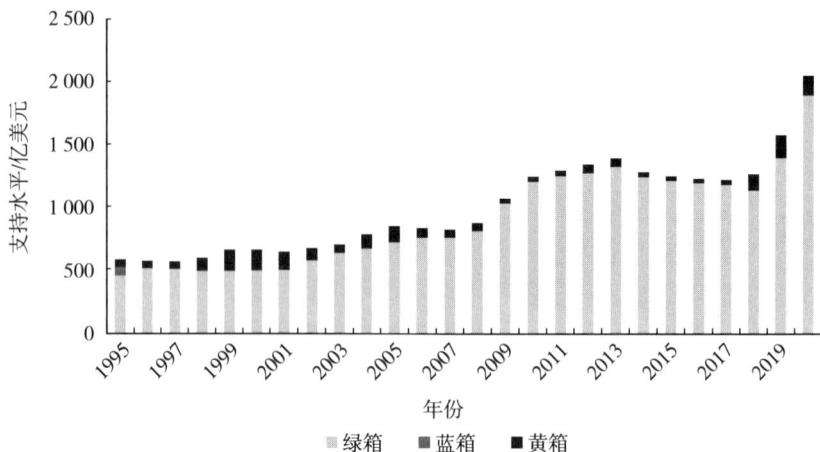

图 3-5　美国农业国内支持总体水平（1995—2020 年）

资料来源：美国向 WTO 通报。由作者整理。

为依据。由于该法案是在美国财政预算吃紧的背景下通过的，面临着压缩财政支出、削减财政赤字的压力，对农业的支持水平也相应地有所削减，使 2014—2017 年美国农业国内支持总量略有降低。2018 年，伴随着《农业进步法》的出台，以及美国频发的自然灾害、贸易摩擦和席卷全球的新冠疫情，美国政府再次对农业实施了高额的财政支持和保护。根据美国最新向 WTO 通报的农业国内支持数据，2020 年农业国内支持总量为 2 047.2 亿美元，其中"黄箱"支持总量增至 159.8 亿美元，"绿箱"支持总量增至 1 887.4 亿美元。

二、支持结构及其变化

（一）总体支持结构

从美国农业国内支持的结构来看，1995—2020 年美国农业国内支持一直以"绿箱"为主，"绿箱"占比从 77.7% 增至 92.2%，在 2015 年达到峰值 96.9%。"黄箱"占比则呈减少态势，在 2015 年达到最低值 3.1%，近年来因紧急卫生和环境问题有所回升。与 1995 年相比，"绿箱"支持无论是从支持资金上，还是从所占份额上都呈现上升趋势，"黄箱"支持总量虽然有所增加，但在国内支持总量中所占的比重却在下降，这意味着美国农业国内支持中存在转箱特征但并不突出（表 3-13）。

表 3-13　美国农业国内支持结构（1995—2020 年）

年份	支持总量/亿美元	"绿箱"		"黄箱"		"蓝箱"	
		亿美元	占比/%	亿美元	占比/%	亿美元	占比/%
1995	592.8	460.4	77.7	62.1	10.5	70.3	11.8
2000	669.0	500.6	74.8	168.4	25.2	0	0.0
2005	852.7	723.3	84.8	129.4	15.2	0	0.0
2008	878.4	815.9	92.9	62.5	7.1	0	0.0
2010	1 246.5	1 205.3	96.7	41.2	3.3	0	0.0
2011	1 297.7	1 251.2	96.4	46.5	3.6	0	0.0
2012	1 343.0	1 274.4	94.9	68.6	5.1	0	0.0
2013	1 394.0	1 325.1	95.1	68.9	4.9	0	0.0
2014	1 282.9	1 244.8	97.0	38.1	3.0	0	0.0
2015	1 253.3	1 214.6	96.9	38.5	3.1	0	0.0
2016	1 233.2	1 194.9	96.9	38.3	3.1	0	0.0
2017	1 224.3	1 181.9	96.5	42.4	3.5	0	0.0
2018	1 268.6	1 137.8	89.7	130.8	10.3	0	0.0
2019	1 574.7	1 392.2	88.4	182.5	11.6	0	0.0
2020	2 047.2	1 887.4	92.2	159.8	7.8	0	0.0

资料来源：美国向 WTO 通报。由作者整理。

（二）"绿箱"支持结构

美国农业国内支持资金中 90% 以上用于"绿箱"支持，近二十年来其"绿箱"支持总量不断增加，国内粮食援助占比最大。从支持水平来看，1995—2013 年，美国"绿箱"支出规模由 460.4 亿美元上升到 1 325.1 亿美元，增长了 187.8%，2014 年之后稍有下降，2017 年"绿箱"支持量降至 1 181.9 亿美元，2020 年恢复冲高到 1 887.4 亿美元。从"绿箱"支持结构来看，美国"绿箱"措施主要有 6 项，国内粮食援助是目前为止最大的支出项目，超过了"绿箱"支持总量的 80.0%（图 3-6），主要包括美国的营养计划、补充营养援助项目、儿童营养计划等，共同构成了国家食物援助安全网，以剩余农产品来援助国内低收入农村和城市家庭。环境计划的支出呈缓慢增长趋势，主要缘于美国对极端天气影响农业生产问题的重视加强。脱钩收入支持逐年减少，现在基本已经停用。从以上分析中可看出，美国在大幅度增加"绿箱"支出总额的同时，也在注重"绿箱"

结构的调整，国内粮食援助、一般服务、环境计划被给予了更多的重视。

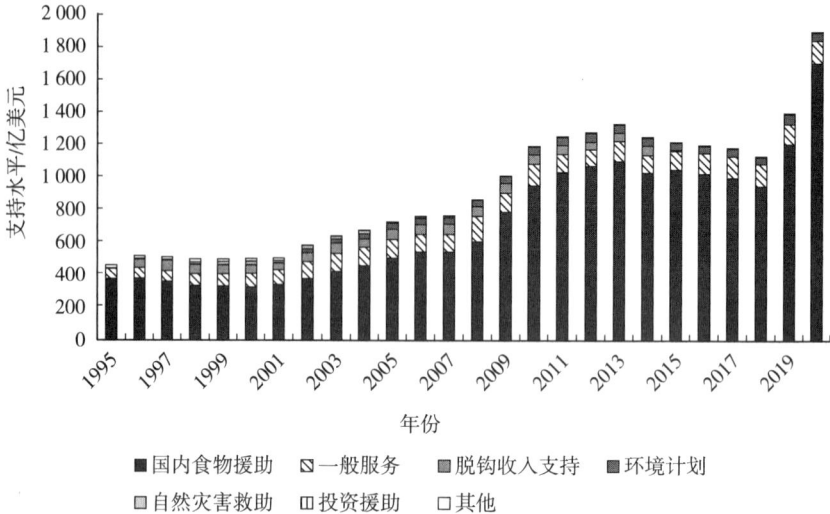

图 3-6　美国的"绿箱"支持结构（1995—2020 年）

资料来源：美国向 WTO 通报。由作者整理。

　　进一步地，结合 2008 年和 2020 年美国"绿箱"政策中不同支持手段使用资金变化情况（图 3-7），可以发现，1995—2020 年美国主要采用国

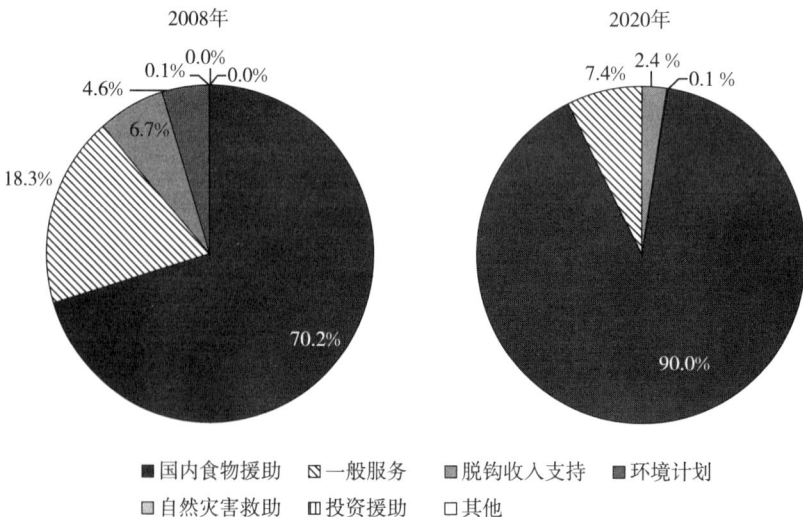

图 3-7　美国"绿箱"政策中不同支持手段使用资金份额

资料来源：美国向 WTO 通报。由作者整理。

内食物援助、一般服务、脱钩收入支持和环境计划 4 项手段，而粮食安全
公共储备、收入保险和收入安全网计划、生产者退休计划、区域援助计划
和其他直接支付 5 项手段从未使用，这表明美国"绿箱"支持政策中支持
手段越来越集中。

（三）"黄箱"支持结构

总体来看，美国"黄箱"实际综合支持总量下降，且主要集中于特定产
品。从通报的综合支持总量承诺水平（Bound TAMS）及"黄箱"CTAMS
执行水平来看，现行综合支持总量没有超出 191 亿美元的上限水平，基本
执行了综合支持总量削减的承诺义务，但针对新冠疫情和贸易摩擦开展的
农业补贴使得美国"黄箱"CTAMS 飙升，曾一度有触顶的风险。2010—
2017 年现行综合支持总量平均为 47.8 亿美元，低于 2000—2009 年的平均
值 97.0 亿美元，这表明美国愿意且有削减综合支持总量的空间。2018—
2020 年美国"黄箱"现行综合支持总量平均为 157.7 亿美元，但受疫情
影响的农业生产秩序正在逐步恢复，预计这一部分"黄箱"支持将逐渐降
至此前水平（表 3-14）。

表 3-14　美国"黄箱"现行综合支持总量及其构成（1995—2020 年）

项目	1995 年	2000 年	2005 年	2010 年	2012 年	2014 年	2016 年	2018 年	2020 年
Bound TAMS/亿美元	230.8	191.0	191.0	191.0	191.0	191.0	191.0	191.0	191.0
CTAMS/亿美元	62.1	168.4	129.4	41.2	68.6	38.1	38.3	130.9	159.8
使用率/%	26.9	88.2	67.8	21.6	35.9	19.9	20.0	68.5	83.7
PSAMS/亿美元	63.1	169.1	130.6	44.2	118.3	80.6	86.3	173.5	223.3
超过微量允许部分/亿美元	62.1	168.4	129.4	41.2	68.6	38.1	38.3	130.9	159.8
NPSAMS/亿美元	15.4	72.8	58.6	53.9	3.1	55.3	74.1	87.2	162.0
农业产值/亿美元	1 901.1	1 895.2	2 360.0	3 349.3	3 966.1	4 056.5	3 555.0	3 692.9	3 735.4
NPSAMS/农业产值/%	0.8	3.8	2.5	1.6	0.1	1.4	2.1	2.4	4.3

资料来源：美国向 WTO 通报。由作者整理。

根据美国农业法案中的规定，农作物收入选择计划、营销贷款收益、
贷款差额支付、农作物保险保费补贴等构成了美国"黄箱"政策中对特定
产品和非特定产品的主要支持措施。通过对美国 1995—2020 年向 WTO
通报的国内支持数据进行细致梳理发现，美国一共对 94 种特定产品进行

过支持。在这 26 年中，美国对糖、乳制品和棉花 3 种产品的支持力度大
于微量允许的年份超过 20 年，特别是对糖的支持力度始终高于微量允许
水平；对油菜籽、高粱、向日葵、小麦、羊毛、花生、亚麻籽和马海毛 8
种产品的支持力度大于微量允许的年份超过 10 年（表 3 - 15）。

表 3 - 15　美国支持水平超过微量允许的主要产品（1995—2020 年）

产品名称	1995—2020 年超过微量允许的次数	2008—2020 年超过微量允许的次数	最长连续超过的次数
糖	26	13	26
棉花	22	11	10
乳制品	20	7	19
油菜籽	18	13	13
高粱	18	13	13
向日葵	16	13	13
小麦	16	13	13
花生	15	6	8
亚麻籽	15	11	5
羊毛	13	9	9
马海毛	11	3	8

资料来源：美国向 WTO 通报。由作者整理。

从产品支持力度看，早期美国的"黄箱"政策支持集中指向乳制品、
玉米、糖、大豆、小麦、棉花等有限的产品（表 3 - 16）。2013 年之前，
这些主要产品的支持额一直占到美国特定产品"黄箱"政策支持水平的
90％以上，2013 年有所下降但仍超过 80％，2017 年进一步下降为
77.4％，2020 年降至 51.1％。其中，乳制品、糖长期获得稳定支持，其
以市场价格支持的方式实现；玉米、棉花、大豆、小麦等则是以不可免除
的直接补贴方式实现。另外，有 2 个新的动向需要注意，一是 2012 年后，
美国特定产品的支持水平急剧攀升，这主要源于对玉米、大豆、小麦、棉
花的支持强度有较大幅度提高。例如，2011 年玉米的补贴额仅为 0.1 亿
美元，2012 年直接增加到 27.2 亿美元，2020 年已增加到 49.5 亿美元，
创历史新高。二是 2014 年起，美国对乳制品的支持水平大幅减少，其后
的支持水平均在微量允许之内。

表 3-16　美国特定产品"黄箱"支持总量及产品构成（1995—2020 年）

单位：亿美元

项目	1995年	1997年	1999年	2001年	2003年	2005年	2007年	2009年	2011年	2013年	2015年	2017年	2020年
PS总量	63.1	64.8	168.9	147.1	73.9	130.6	65.0	54.6	51.4	140.0	90.1	94.8	223.3
乳制品	46.6	44.6	46.6	44.8	47.4	51.5	50.2	30.1	32.4	32.1	0.0	0.0	0.0
棉花	0.3	4.7	23.5	28.1	4.3	16.2	2.1	1.5	0.8	5.7	8.5	9.5	10.6
花生	4.1	3.1	3.5	3.0	0.2	0.9	0.0	0.1	0.1	0.4	2.2	1.8	0.8
水稻	0.1	0.1	4.4	7.6	5.0	1.3	0.0	0.3	0.0	0.5	0.6	0.0	0.0
大豆	0.2	0.5	28.6	36.2	0.2	0.7	0.1	2.2	0.1	15.4	13.9	16.3	23.2
小麦	0.1	0.4	9.7	1.9	1.1	0.3	0.0	4.3	0.4	13.2	8.6	6.0	12.3
玉米	0.3	1.5	25.5	13.3	2.3	44.9	0.2	1.2	0.0	30.2	23.6	22.0	49.5
糖	10.9	10.1	12.1	10.6	12.5	12.0	12.4	12.5	14.2	14.5	15.3	15.8	17.8
高粱	0.0	0.0	1.5	0.1	0.2	1.4	0.0	0.0	0.1	1.9	2.1	1.3	2.1
加总占比/%	99.1	99.9	92.0	99.1	99.2	99.0	99.9	95.4	93.8	81.3	83.0	77.4	51.1

资料来源：美国向 WTO 通报。由作者整理。

第二节　欧盟的农业支持政策及其变动

欧盟是全球最大的经济体，也是重要的农产品生产、消费和贸易经济体。欧盟 27 国总面积 430.3 万平方千米，农业用地 172.6 万平方千米，占国土总面积的 40.1%，土地资源丰富，农业生产自给有余。欧盟农业国内支持政策主要表现为共同农业政策，实施至今已经接近 60 年，对稳定和促进欧盟农业生产卓有成效。

共同农业政策自建立以来一直不断改革，以适应经济及农业形势变化，为欧盟农业发展提供了有效保障。共同农业政策早期是为了保证农产品的供应而对农业生产提供大量补贴。但是，随着共同农业政策的逐步推进，农业生产逐渐恢复、农产品供给大量增加，欧盟开始面临农产品供给过剩和共同农业政策资金开支巨大等问题。为顺应时势要求，同时又能够保障农业生产，共同农业政策在随后几十年的时间里，不断进行改革和演变，主要包括早期政策措施、1992 年麦克·肖利改革、《2000 年议程》、2003 年改革、2008 年健康检查和面向 2020 年改革等。经过多年演变，共同农业政策现在已经从最初只关注农业生产，到现在包括关注农业生产、农业竞争力和可持续性三个重要目标。其中，对农业生产的关注是共同农业政策创建的主要目标，并持续至今。

根据欧盟 2019 年国内支持通报，欧盟国内支持量一直在《农业协定》规定的约束水平之下，原因除与基期较高的 AMS 约束水平相关外，还由于欧盟内部将价格支持稳定地转为直接支付的政策。

一、总体支持水平

欧盟对农业的国内支持综合使用了"绿箱""黄箱"和"蓝箱"政策。总体来看，欧盟农业国内支持总量在 1995—2020 年具有一定的波动性，大体呈现出先下降后上升再下降的 S 型。先是从 1995 年 965.8 亿美元[①]下降到 2002 年的 693.9 亿美元，2008 年又上升至 1 171.4 亿美元，达到近二十年中的最高点，此后开始下降，2015 年下降至 801.1 亿美元后，2019 年缓慢回复至 881.4 亿美元（图 3 - 8）。其中，"绿箱"整体以上升为主，从 1995 年的 200.1 亿美元增加到 2019 年的 767 亿美元，"黄箱"和"蓝箱"都出现不同程度的下降。

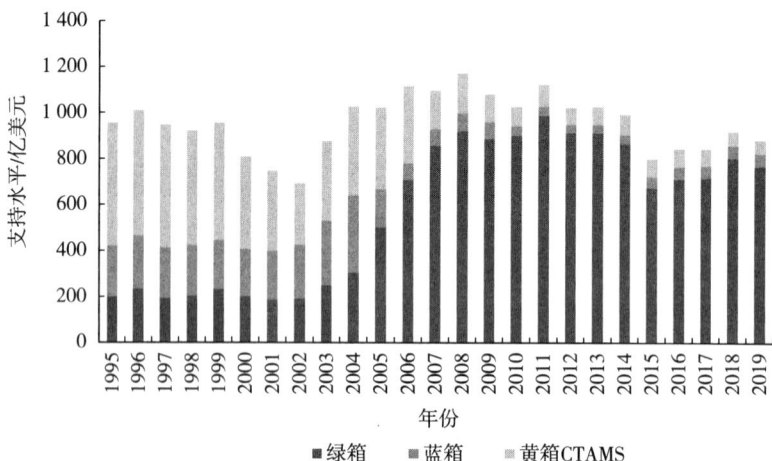

图 3 - 8　欧盟农业国内支持总体水平（1995—2019 年）

资料来源：欧盟向 WTO 通报。由作者整理。

---

①　欧盟向 WTO 通报国内支持情况时以欧元为单位，为便于比较，统一换算成美元。汇率资料来源于国际货币基金组织（IMF），其中的欧元与美元的兑换比例数据始于 1999 年，1995—1998 年汇率数据用 1999 年代替。

二、支持结构及其变化

（一）总体支持结构

从欧盟农业国内支持的结构来看，1995—2019 年，"绿箱"支持总量由 200.1 亿美元增至 767 亿美元，增长 283.3%；"蓝箱"支持总量由 222.1 亿美元下降至 54.7 亿美元，减少 75.4%；"黄箱"CTAMS 由 534.6 亿美元降至 59.7 亿美元，减少 88.8%。这一显著变化过程，使得欧盟农业国内支持政策由早期"黄箱"支持为主转变为"绿箱"支持为主，转箱特征非常明显（表 3-17）。

表 3-17　欧盟农业国内支持结构（1995—2017 年）

年份	支持总量/亿美元	绿箱/亿美元	蓝箱/亿美元	黄箱 CTAMS/亿美元	绿箱占比/%	蓝箱占比/%	黄箱占比/%
1995	956.8	200.1	222.1	534.6	20.9	23.2	55.9
1996	1 010.1	235.8	229.3	545.1	23.3	22.7	54.0
1997	947.7	193.5	217.8	536.4	20.4	23.0	56.6
1998	922.8	204.2	218.4	500.2	22.1	23.7	54.2
1999	957.4	233.5	210.9	513.1	24.4	22.0	53.6
2000	810.6	201.3	204.7	404.5	24.8	25.3	49.9
2001	749.7	184.9	212.3	352.5	24.7	28.3	47.0
2002	693.9	192.0	232.7	269.1	27.7	33.5	38.8
2003	877.5	249.1	279.7	348.6	28.4	31.9	39.7
2004	1 028.6	302.9	338.2	387.6	29.4	32.9	37.7
2005	1 021.6	500.9	167.2	353.5	49.0	16.4	34.6
2006	1 114.7	709.2	71.5	334.1	63.6	6.4	30.0
2007	1 096.7	856.9	70.7	169.1	78.1	6.4	15.4
2008	1 171.4	920.3	78.3	172.8	78.6	6.7	14.8
2009	1 082.0	886.3	74.0	121.7	81.9	6.8	11.3
2010	1 029.0	901.3	41.6	86.1	87.6	4.0	8.4
2011	1 123.5	986.7	41.4	95.3	87.8	3.7	8.5
2012	1 025.2	914.1	35.4	75.8	89.2	3.5	7.4
2013	1 026.8	912.1	35.4	79.3	88.8	3.4	7.7
2014	992.1	865.8	38.2	88.1	87.3	3.8	8.9
2015	801.1	674.4	48.0	78.7	84.2	6.0	9.8
2016	845.2	711.6	53.5	80.1	84.2	6.3	9.5
2017	844.1	716.5	52.2	75.4	84.9	6.2	8.9

（续）

年份	支持总量/亿美元	绿箱/亿美元	蓝箱/亿美元	黄箱 CTAMS/亿美元	绿箱占比/%	蓝箱占比/%	黄箱占比/%
2018	918.3	801.7	55.9	60.7	87.3	6.1	6.6
2019	881.4	767.0	54.7	59.7	87.0	6.2	6.8

资料来源：欧盟向 WTO 通报。由作者整理。

（二）"绿箱"支持结构

"绿箱"支持政策是当前欧盟最主要的农业支持政策。1995—2019年，"绿箱"支持政策的 12 项措施中，欧盟基本上都曾使用，特别是2005—2010 年 12 项措施全部都使用过。具体来说，1995—2004 年，一般服务、通过投资援助提供的结构调整援助、环境计划下的支付和地区援助计划下的支付占据较大份额。此后，欧盟的"绿箱"支持结构发生重大调整，脱钩收入支持快速扩张，几乎占到欧盟"绿箱"支持总量的一半，目前其支持量稳定在 300 亿美元以上的水平（图 3-9）。不难发现，欧盟将

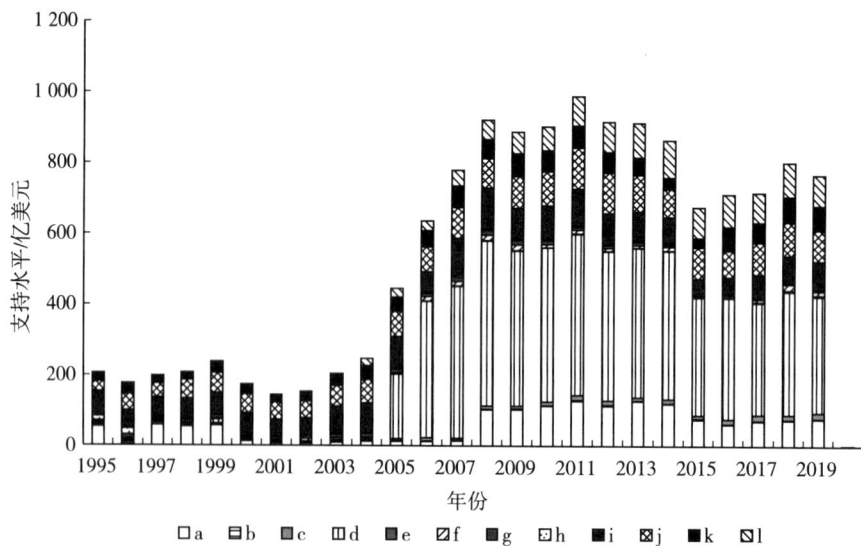

图 3-9　欧盟的"绿箱"支持结构（1995—2019 年）

资料来源：欧盟向 WTO 通报。由作者整理。

注：a 为一般服务；b 为食物安全目的的公共储备；c 为国内食物援助；d 为脱钩收入支持；e 为收入保险和收入安全网计划；f 为自然灾害救助；g 为通过生产者退休计划提供的结构调整援助；h 为通过资源停用计划提供的结构调整援助；i 为通过投资援助提供的结构调整援助；j 为环境计划下的支付；k 为地区援助计划下的支付；l 为其他。

"黄箱"和"蓝箱"政策下的支持转移到了"绿箱"以后，主要是采用脱钩收入支持，其他的支持结构则没有较大变化，这主要源于欧盟单一农场支付计划的实施。

进一步地，从 1995 年、2000 年、2005 年、2010 年、2015 年和 2019 年欧盟"绿箱"构成不难看出（表 3-18），脱钩收入支持、一般服务、环境计划下的支付和通过投资援助提供的结构调整援助是欧盟最主要的"绿箱"支持手段，其他手段也基本都有使用，政策实施手段比较多样。

表 3-18　欧盟"绿箱"政策中不同支持手段资金使用情况

单位：亿美元

项目	1995 年	2000 年	2005 年	2010 年	2015 年	2019 年
一般服务	53.3	12.8	13.4	112.6	76.0	76.3
为食物安全目的的公共储备	0.0	0.2	0.7	0.3	0.2	0.2
国内食物援助	3.1	2.5	4.1	9.7	10.0	16.5
脱钩收入支持	2.6	4.5	183.2	435.9	332.4	330.1
收入保险和收入安全网计划	0.0	0.1	0.1	0.3	0.4	4.1
自然灾害救助	3.5	3.6	5.0	10.6	6.8	10.5
通过生产者退休计划提供的结构调整援助	2.2	6.1	9.6	10.3	3.9	4.1
通过资源停用计划提供的结构调整援助	10.9	0.8	1.4	4.6	1.8	1.7
通过投资援助提供的结构调整援助	70.3	57.2	90.8	94.5	40.8	78.7
环境计划下的支付	29.7	52.8	69.1	95.9	90.0	89.1
地区援助计划下的支付	24.4	29.9	42.3	59.0	25.4	68.8
其他	0.0	0.0	24.1	67.6	86.6	86.9
"绿箱"总计	200.1	201.3	500.9	901.3	674.4	767.0

资料来源：欧盟向 WTO 通报。由作者整理。

（三）"黄箱"支持结构

总体来看，欧盟的"黄箱"现行综合支持总量呈现出快速下降趋势。欧盟的非特定产品支持均处于微量允许的范围之内，"黄箱"支出全部是特定产品支持。自麦克谢里改革后，欧盟实行的"新共同农业政策"严重依赖于基于历史产出的直接支付，并且大体上不与实际价格和产出有关。因此，从 2000—2019 年的数据来看，价格支持下降显著，并通过直接支付的增加得以补偿。而现行综合支持总量从 2000 年的 404.6 亿美元下降到 2019 年的 59.7 亿美元（表 3-19）。

表 3-19 欧盟"黄箱"现行综合支持总量及其构成（1995—2019 年）

项目	1995年	2000年	2005年	2007年	2009年	2011年	2013年	2015年	2017年	2019年
黄箱 CTAMS/亿美元	534.6	404.6	353.6	169.0	151.2	95.3	79.3	78.7	75.4	59.7
PS 超过微量允许部分/亿美元	534.6	404.6	353.6	169.0	151.2	95.3	79.3	78.7	75.4	59.7
NPSAMS/亿美元	8.3	5.0	13.2	11.7	8.3	9.6	12.6	8.2	11.6	10.6
农业产值/亿美元	2 209.6	2 242.1	3 377.5	4 477.3	4 203.8	5 152.9	5 041.1	4 167.4	4 300.0	4 280.7
NPSAMS/农业产值/%	0.4	0.2	0.4	0.3	0.2	0.2	0.2	0.2	0.3	0.2

资料来源：欧盟向 WTO 通报。由作者整理。

具体来说，近年来欧盟对特定产品的支持比较集中。2016—2019 年，欧盟 AMS 共支持了 16 种产品，主要为普通小麦、黄油和葡萄酒，其中普通小麦支持量占产值的比重通常在 10% 的水平，逐渐有更多产品受微量允许水平的支持。2019 年，欧盟对黄油、普通小麦和果蔬等农产品的支持超过了微量允许，其中对果蔬支持大幅增加，对黄油、普通小麦等维持与此前相当的支持水平（表 3-20）。

表 3-20 欧盟重点支持的产品情况（2016—2019 年）

年份	支持类型	支持产品	支持量/亿美元	产品产值/亿美元	占产值比重/%
2016	AMS（16 种）	普通小麦	24.61	212.63	11.58
		黄油	34.34	n. a.	n. a
		脱脂奶粉	18.27	n. a.	n. a
		蜂蜜、农业酒精、甜瓜、西瓜等			
	微量允许（22 种）	葡萄酒	7.04	258.64	2.72
		烟草	0.12	5.46	2.17
		牛奶	7.54	563.14	1.34
		啤酒花、猪肉、牛肉、糖等			

（续）

年份	支持类型	支持产品	支持量/亿美元	产品产值/亿美元	占产值比重/%
2017	AMS（16种）	普通小麦	23.04	229.20	10.05
		黄油	33.43	n. a.	n. a
		脱脂奶粉	16.85	n. a.	n. a
		蜂蜜、马铃薯、水稻、甜瓜等			
	微量允许（23种）	葡萄酒	6.45	236.90	2.72
		烟草	0.12	5.79	2.14
		绵羊	0.54	62.38	0.87
		牛奶、猪肉、牛肉、糖等			
2018	AMS（16种）	普通小麦	22.44	246.88	9.10
		黄油	36.66	n. a.	n. a
		果蔬	0.58	n. a.	n. a
		蜂蜜、牲畜等			
	微量允许（23种）	葡萄酒	7.01	317.64	2.20
		烟草	0.09	5.28	1.70
		种子	19.72	18.19	1.10
		啤酒花、牛奶、羊肉、猪肉等			
2019	AMS（16种）	黄油	33.52	n. a.	n. a
		普通小麦	21.89	234.19	9.40
		果蔬	2.32	n. a.	n. a
		蜂蜜、牲畜、鲜花等			
	微量允许（24种）	糖	1.46	32.19	4.50
		葡萄酒	8.45	262.19	3.20
		烟草	0.10	5.64	1.80
		种子、啤酒花、牛奶等			

资料来源：欧盟向 WTO 通报。由作者整理。"n. a." 表示数据未提供。

第三节 日本的农业支持政策及其变动

日本农业经济的客观条件与中国存在许多相似之处，如农业资源匮乏，山地多、人多地少和一家一户分散的小规模经营等。但是，日本农业不仅实现了现代化，而且达到了世界先进生产水平。究其原因，主要是日本政府在发展现代农业过程中不断创新和完善农业国内支持政策，形成了独具特色的现代农业政策支持体系。

自20世纪50年代以来，日本政府一直给予农业部门高度保护和巨额补贴，是世界上对农业实行高支持、高保护政策的典型代表。日本以市场价格支持措施为主导的农业支持体系，与美国以挂钩直接补贴措施为主导的农业支持体系、欧盟以脱钩直接补贴措施为主导的农业支持体系，共同构成当今世界农业补贴支持的三大模式。

日本实施农业国内支持政策，主要采用市场价格支持和直接补贴等方式。日本70%以上的农产品受到国家的政策支持，包括价格安全带、价格安定基金、商品价格上下限、差价补贴等多种制度，以保证农产品价格的稳定。

一、总体支持水平

与欧盟相似，日本对农业的国内支持中同样综合使用了"绿箱""黄箱"和"蓝箱"政策。整体来看，日本国内农业支持的支付金额的比重相对较小，这主要是因为其较多地使用了边境政策。1995—2020年，日本农业国内支持总量呈现下降趋势，从709.8亿美元[①]下降到255.9亿美元，减少了63.9%，近年来已基本趋于稳定。其中，"黄箱"CTAMS的支持水平下降尤为迅速，从1995年的372.9亿美元降至2020年的21.7亿美元；"绿箱"基本保持在150亿～250亿美元，偶有波动；自1998年日本推出了第一个"蓝箱"政策，其后一直持续使用，但在2010年之前"蓝箱"政策中政府支出的水平都比较低，在2010—2013年使用量有所增加（图3-10）。

二、WTO口径下农业支持调整的主要特点

（一）总体支持结构

从日本农业国内支持的结构来看，1995—2020年，"绿箱"支持总量

---

① 日本向WTO提交国内支持通报时以日元为单位，为便于比较，项目组统一换算成美元。汇率资料来源于IMF。

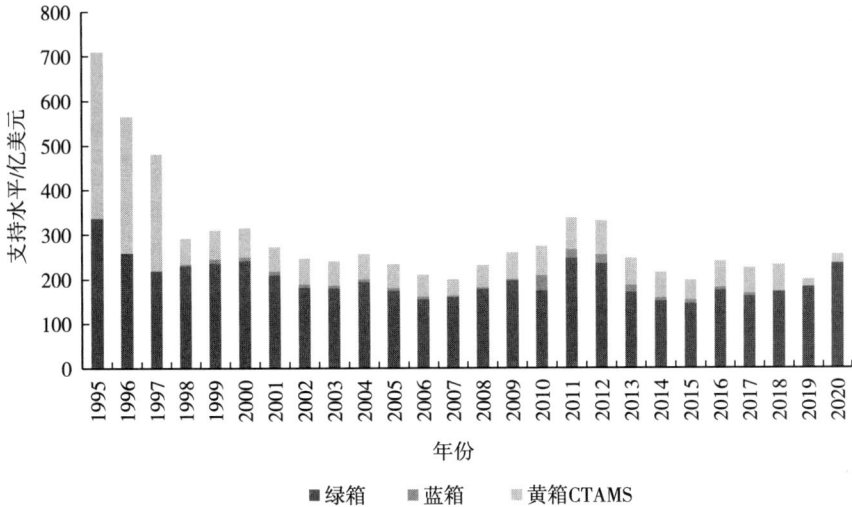

图 3 - 10　日本农业国内支持总体水平（1995—2020 年）
资料来源：日本向 WTO 通报。由作者整理。

由 336.9 亿美元降至 234.2 亿美元，减少了 30.5%，但其在支持总量中的
比重由 47.5% 上升至 91.5%；"黄箱" CTAMS 由 372.9 亿美元降至 21.7
亿美元，减少了 94.2%，其中支持总量中的比重也由 52.5% 下降至 8.5%；
"蓝箱"支持由 1998 年的 3.8 亿美元增加到 2010 年的 35.0 亿美元，占比
12.7%，达到近二十年的顶峰，随后又下降直至停用，见表 3 - 21。由这
一变化过程可以看出，日本在减少"黄箱" CTAMS 支出的同时，视情况
调整"蓝箱"的使用作为"绿箱"过渡的辅助。

表 3 - 21　日本农业国内支持结构（1995—2020 年）

年份	支持总量/ 亿美元	绿箱/ 亿美元	蓝箱/ 亿美元	黄箱 CTAMS/ 亿美元	绿箱占比/ %	蓝箱占比/ %	黄箱占比/ %
1995	709.8	336.9	0.0	372.9	47.5	0.0	52.5
1996	565.2	259.1	0.0	306.1	45.8	0.0	54.2
1997	481.2	219.2	0.0	262.1	45.5	0.0	54.5
1998	291.7	229.3	3.8	58.6	78.6	1.3	20.1
1999	309.6	235.8	8.1	65.7	76.2	2.6	21.2
2000	315.2	240.8	8.6	65.7	76.4	2.7	20.9
2001	271.9	209.6	7.5	54.9	77.1	2.8	20.2

（续）

年份	支持总量/亿美元	绿箱/亿美元	蓝箱/亿美元	黄箱 CTAMS/亿美元	绿箱占比/%	蓝箱占比/%	黄箱占比/%
2002	246.6	181.5	6.9	58.2	73.6	2.8	23.6
2003	241.2	180.0	5.9	55.4	74.6	2.4	23.0
2004	256.0	193.6	6.3	56.2	75.6	2.4	21.9
2005	233.6	173.9	5.9	53.8	74.4	2.5	23.0
2006	210.1	155.0	6.0	49.1	73.8	2.9	23.4
2007	198.8	159.8	3.6	35.4	80.4	1.8	17.8
2008	231.2	177.8	3.1	50.3	76.9	1.4	21.8
2009	260.2	197.5	2.3	60.4	75.9	0.9	23.2
2010	274.2	173.5	35.0	65.7	63.3	12.7	24.0
2011	336.7	247.4	19.2	70.1	73.5	5.7	20.8
2012	331.0	235.2	19.5	76.3	71.1	5.9	23.1
2013	247.1	170.3	16.0	60.8	68.9	6.5	24.6
2014	215.0	151.3	7.0	56.7	70.4	3.3	26.4
2015	197.3	144.5	8.2	44.7	73.2	4.1	22.6
2016	240.0	175.1	6.5	58.4	72.9	2.7	24.3
2017	224.9	161.2	6.3	57.5	71.7	2.8	25.6
2018	232.4	171.8	0.0	60.6	73.9	0.0	26.1
2019	198.9	181.9	0.0	17.0	91.4	0.0	8.6
2020	255.9	234.2	0.0	21.7	91.5	0.0	8.5

资料来源：日本向 WTO 通报。由作者整理。

（二）"绿箱"支持结构

"绿箱"政策是日本农业国内支持政策的主体，除收入保险和收入安全网及其他直接支付外，日本几乎使用了其他 10 项 "绿箱" 支持措施。其中，政府一般服务是主要措施，1995—2020 年年均支持水平为 150.2 亿美元，占 "绿箱" 年均支持量的 75.1%。这部分支出对应日本农林水产省的公共建设工程，如农田改善投资、农村道路建设等，这些工程深受小型农户的欢迎，可以增加未来的资本收益、减少劳作时间。2007—2010 年，一般服务措施有所下降，原因在于这 4 年日本政府实施脱钩收入补贴，每年约 10.1 亿美元，占 "绿箱" 支持的 5%～7%，见图 3-11。

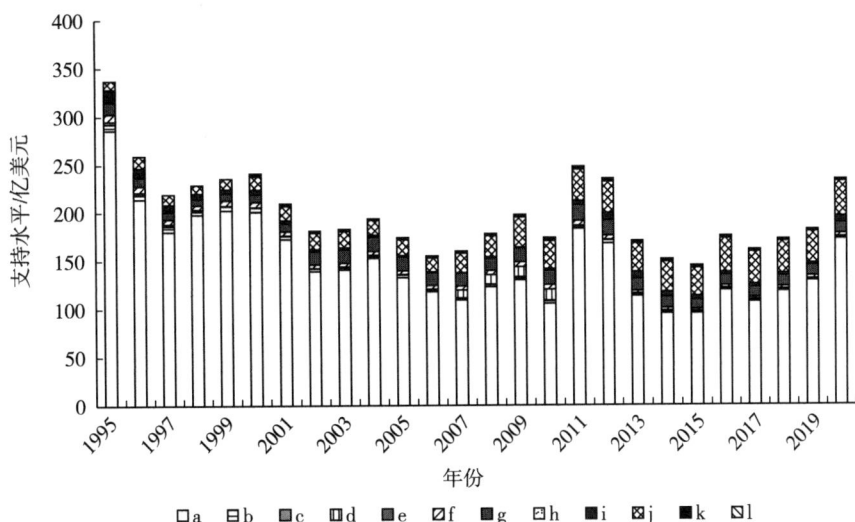

图 3-11　日本的"绿箱"支持结构（1995—2020 年）

资料来源：日本向 WTO 通报。由作者整理。

注：a 为一般服务；b 为食物安全目的的公共储备；c 为国内食物援助；d 为脱钩收入支持；e 为收入保险和收入安全网计划；f 为自然灾害救助；g 为通过生产者退休计划提供的结构调整援助；h 为通过资源停用计划提供的结构调整援助；i 为通过投资援助提供的结构调整援助；j 为环境计划下的支付；k 为地区援助计划下的支付；l 为其他。

环境计划年均支持量为 22.6 亿美元，环境计划对应的是水稻休耕补贴计划，主要是对加入休耕计划的农民规定，依据水稻种植的面积领取补贴。目前还不清楚这项计划是否对保护环境有影响，但世贸组织接受了日本对这项计划的处理。另外，日本还通过生产者退休计划提供的结构调整援助，年均支持量为 11.6 亿美元。

进一步地，从 1995—2020 年日本"绿箱"资金使用情况可以看出，一般服务、环境计划下的支付、通过生产者退休计划提供的结构调整援助和通过投资援助提供的结构调整援助是日本最主要的"绿箱"支持手段。政策实施手段相对于美国来说比较多样，见表 3-22。

表 3-22　日本"绿箱"政策中不同支持手段资金使用情况

单位：亿美元

项目	1995 年	2000 年	2005 年	2010 年	2015 年	2017 年	2020 年
一般服务	285.8	201.0	133.0	105.7	95.0	107.1	172.1
为食物安全目的的公共储备	6.4	4.3	2.2	2.6	1.5	1.4	1.7

（续）

项目	1995 年	2000 年	2005 年	2010 年	2015 年	2017 年	2020 年
国内食物援助	3.0	0.5	0.3	0.2	0.1	0.1	0.1
脱钩收入支持	0.0	0.0	0.0	11.7	0.0	0.0	0.0
收入保险和收入安全网计划	0.0	0.0	0.0	0.0	0.0	0.0	0.0
自然灾害救助	7.3	5.2	4.4	5.2	2.9	3.1	3.7
通过生产者退休计划提供的结构调整援助	12.5	8.2	14.1	14.7	10.0	10.7	11.2
通过资源停用计划提供的结构调整援助	1.0	0.0	0.0	0.0	0.0	0.0	0.0
通过投资援助提供的结构调整援助	12.4	5.1	1.8	1.2	3.8	2.7	6.5
环境计划下的支付	8.6	13.5	16.0	29.2	28.7	33.8	36.6
地区援助计划下的支付	0.0	3.1	2.0	3.0	2.5	2.3	2.4
其他	0.0	0.0	0.0	0.0	0.0	0.0	0.0
"绿箱"总计	336.9	240.8	173.9	173.5	144.5	161.2	234.2

资料来源：日本向 WTO 通报。由作者整理。

（三）"黄箱"支持结构

从 1995 年开始，日本的"黄箱"政策主要针对大米、大豆、小麦、大麦、糖、淀粉、牛肉和小牛肉、猪肉及丝绸蚕茧，以价格支持手段为主。1995—1997 年，日本的"黄箱"金额已接近其承诺水平。1998 年，日本通过对大米实行关税化措施和增加国内直接支付的措施减少"黄箱"政策，对大米的支持转为"绿箱"或"蓝箱"政策。因此，"黄箱"政策的金额自 1998 年开始出现明显下降。日本政府并没有对《主食法》进行相应的修订，1998 年后农林水产省继续以行政价格从农民手中收购大米。但农林水产省在 1998 年的施政方针中宣布，政府大米采购应限于确保大米库存粮食安全，从而表明大米从"黄箱"政策中被去除。

在计算 1995—1997 年的综合支持量时，日本将大米的总产量作为"合适的产量"，但 20 世纪 90 年代后半期，政府采购的大米占大米总产量不到 5%，这就是为什么大米所属政策的转移并没有使 1998 年"绿箱"政策的总金额明显增加。再加上"黄箱"政策的减少，所以"黄箱"CTAMS 在 1998 年明显减少。此后，呈长期下降趋势，到 2014 年降至 56.7 亿美元，2020 年继续下降为 21.7 亿美元（表 3 - 23）。由于微量允许在"黄箱"中所占比重很小，因此 1995—2020 年综合支持量和"黄箱"CTAMS 的差别不大。

表 3 - 23　日本"黄箱"现行综合支持总量及其构成（1995—2020 年）

单位：亿美元

项目	1995 年	1998 年	2000 年	2005 年	2010 年	2012 年	2014 年	2016 年	2018 年	2020 年
"黄箱" CTAMS	372.9	58.6	65.7	53.8	65.7	76.3	56.7	58.4	60.6	21.7
价格支持	347.8	49.0	46.8	35.8	44.9	49.9	39.7	42.2	42.9	0.0
其中：大米	272.2	—	—	—	—	—	—	—	—	—
直接支付	25.1	9.5	19.0	18.0	23.8	29.1	18.8	17.5	19.1	27.9
其中：大米	100.8	—	—	—	—	—	—	—	—	—
微量允许	1.3		1.0	3.7	3.0	2.7	1.8	1.3	1.4	6.2
其中：大米	—	4.1	—	0.7						

资料来源：日本向 WTO 通报。由作者整理。"—"表示未支持该产品。

自 2008 年以来，日本 AMS 支持的农产品始终稳定在糖、淀粉、牛奶、牛肉和小牛肉、猪肉这 5 个品种上。对猪肉的支持量最大，2018 年为 31.9 亿美元。对牛肉的支持量次之，政策包括价格支持和直接支付，其中，价格支持主要是价格稳定的政策，保证牛肉价格稳定在一个合理的区间内，直接支付主要是价格安定基金政策，用于弥补价格下跌导致的生产者收入的减少。长期处于微量允许支持水平的产品有鸡蛋、蔬菜和水果3 种。随着日本对"黄箱"措施的减少，牛奶和猪肉两类产品近年来也转为微量允许下的支持（表 3 - 24）。

表 3 - 24　2008 年以来日本重点支持产品的支持力度

单位：亿美元

产品	2008 年	2010 年	2012 年	2014 年	2016 年	2018 年	2020 年
糖	2.6	2.6	2.1	1.7	2.3	1.7	2.0
淀粉	0.4	0.4	0.4	0.3	0.3	0.2	0.2
牛奶	4.5	2.6	3.4	2.4	1.2	2.7	De
牛肉和小牛肉	13.8	24.6	28.9	21.6	21.8	24.2	19.5
猪肉	29.1	35.5	41.5	30.8	32.8	31.9	De
鸡蛋	0.1	0.6	0.7	0.5	0.5	0.4	0.5

（续）

产品	2008 年	2010 年	2012 年	2014 年	2016 年	2018 年	2020 年
蔬菜	1.4	1.4	1.2	0.6	0.3	0.4	1.4
水果	—	1.0	0.8	0.7	0.6	0.5	—

资料来源：日本向 WTO 通报。由作者整理。"—"表示未支持该产品。"De"代表支持处于微量允许内。

（四）"蓝箱"支持结构

乌拉圭回合最终协议达成时，日本并没有"蓝箱"政策。1998 年，实施的"水稻种植收入稳定计划"（RFISP）是日本第一个"蓝箱"计划。"水稻种植收入稳定计划"规定，如果市场大米价格低于前三年的平均大米价格，农林水产省将对参加休耕计划的农民提供收入支持。因此，1998 年几乎所有种植水稻的农民"自愿"参加休耕计划。但农林水产省以行政价格采购大米（即政府大米）与"水稻种植收入稳定计划"是冲突的，所以政府大米在大米市场中只占有限的份额，行政价格没有显著影响市场大米价格。20 世纪 90 年代后半期，绝大多数的大米被作为免费大米或自愿大米以市场价格进行分配。同时期，日本将大米从"黄箱"政策中去除。2007 年，"水稻种植收入稳定计划"被"水稻种植结构改革计划"所代替，而 2010 年之后补贴资金明显增加。

第四节　巴西的农业支持政策及其变动

巴西是南美洲面积最大、经济实力最强的国家，其地理位置优越、农业自然资源丰富。多年来巴西政府一直非常重视农业的发展，制定了一系列的农业补贴政策，在提高农产品竞争力和保障农民收入方面取得了良好的成效。我国与巴西同为发展中的农业大国，分析巴西农业国内支持政策的调整，吸取其改革过程中的经验教训，对于完善和改进我国农业补贴政策体系具有重要的现实意义。

一、巴西农业国内支持政策的现状和特点

自 1994 年乌拉圭回合《农业协定》达成以来，巴西农业支持政策发生明显转变。一方面，受财政压力的限制；另一方面，考虑到必须遵守

WTO 的农业规则，巴西政府逐步调整其农业支持政策的结构和方式。目前，巴西的农业支持政策体系主要包括农业信贷支持和农产品价格支持两大部分。

（一）多样化的信贷支持体系

提供低于市场利率的信贷政策是巴西最主要的农业支持措施。构建信贷支持体系，其目标是为还没有与市场建立联系并很难获得贷款的小型农业生产者提供固定的农业信贷，以提高农产品产量和农民收入。进入 21 世纪以来，巴西的农业信贷增长迅猛，项目也更加多样。其中，既包括为小规模生产者提供的促进家庭农业项目和对中等规模农业生产者提供的支持，也包括对农户购买机械化设备的激励项目，以及对咖啡农户和交易商提供的金融支持。在信贷实施过程中，巴西政府还明确要求对中、小农户的支持保护必须占有一定比例，农业信贷的利率须低于个人存款利率。

（二）农产品价格支持政策

巴西对特定农产品提供多样的价格支持措施，如咖啡、玉米、棉花、牛奶、大米、橡胶、高粱和大豆。其政策目标一是保持农业的国际竞争力，二是确保农民收入不低于城市居民收入，维持社会的稳定。价格支持政策经历了由原来的政府直接购买向产品售空计划和期权合约补贴的转变过程，主要包括政府最低收购价、产品售空计划和公开期权等。其中，最低保证价格（PGPM）是巴西最重要的价格支持政策，自 1966 年起开始实施。政府根据不同地区的生产成本，每年调整最低保证价格，并以法令的形式公开发布。

二、WTO 口径下农业支持调整的主要特点

1995—2020 年，巴西国内支持水平呈波动性变化趋势，国内支持总量于 2013 年达到峰值 86.3 亿美元，随后出现大幅下跌，2020 年国内支持总量仅为 22.8 亿美元。从图 3 - 12 中可以看出，巴西农业国内支持以"绿箱"支持为主，但支持水平的波动幅度较大，呈现出"下降—上升—再下降"态势。随着各项农业补贴政策的出台及补贴力度的增强，巴西"黄箱"支持总量增长明显。其中，非特定产品"黄箱"支持占补贴总额的 30%～50%，特定产品支持所占比重相对较小。从农业支持水平的绝对量看，由于巴西农业支持政策基本以非特定产品支持为主，价格支持等

特定产品支持为辅，因此与其他国家相比，总体上巴西的农业政策对市场扭曲程度相对较小。

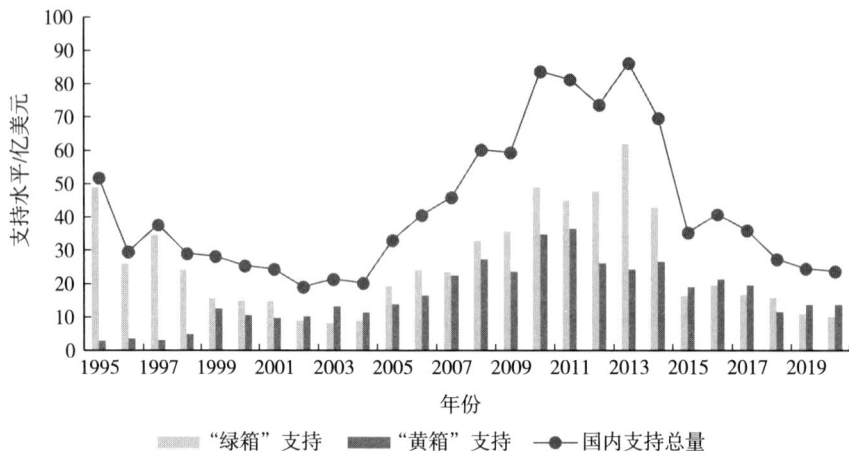

图 3 - 12　巴西农业国内支持水平（1995—2020 年）

资料来源：巴西向 WTO 通报表。由作者整理。

可以看到，巴西农业支持政策有以下特点。

（一）"黄箱"支持总额波动上升，特定产品支持范围显著缩小

通报期间，巴西的"黄箱"支持水平增长明显，从 1995 年的 2.95 亿美元上升到 2020 年的 13.68 亿美元。其中，非特定产品支持占据主导地位，2020 年巴西"黄箱"支持全为非特定产品支持，约为 1995 年非特定产品支持的 76 倍。值得指出，虽然巴西非特定产品支持增长迅速，但仅占当年农业总产值的 1% 左右，离 WTO 承诺上限（农业产值的 10%）尚有较大空间。

巴西特定产品 AMS 支持波动幅度较大，2010 年支持水平高达 9.51 亿美元，该年未采用特定产品 AMS。值得注意的是，如表 3 - 25 所示，1999 年、2005 年、2007 年、2009 年、2011 年，巴西特定产品 AMS 支持都超过了微量允许水平（农业产值的 10%）。这是由于当年小麦和棉花等产品的 AMS 实施水平过高，超过当年特定产品生产总值的 10% 所致。

巴西重点支持的产品范围变化较大，由表 3 - 26 可以看出，巴西对小麦、玉米、甘蔗和棉花等产品的支持比较集中，同时还支持咖啡和园艺类产品。2000 年以来，巴西特定产品支持水平呈波动上升趋势，但支持品种范围不断缩小。2000—2003 年，特定产品 AMS 支持覆盖腰果、咖啡、棉花、黄豆、葡萄、花生、高粱等 20 种农产品；2004 年之后，特定产品支持缩小到 7～8 种农产品，仅包括木薯、咖啡、棉花、玉米、大米、大豆、甘蔗和小麦等。2020 年，巴西未对农产品采用特定产品支持。在这些产品中，有些是巴西主要的进口产品（如小麦和大米），但也有一些是其具有出口竞争力的产品（如玉米、大豆和棉花）。这与我国进行农业补贴的产品特点有所不同，我国基本上只补贴缺乏竞争力的大宗农产品，并未补贴水果、蔬菜等出口优势产品。

表 3-25　巴西"黄箱"支持水平（1995—2020 年）

年份	综合支持量约束水平 BTAMS	CTAMS	特定产品 AMS	非特定产品 AMS
1995	10.39	低于微量允许	2.77	0.18
1997	10.10	低于微量允许	2.37	0.70
1999	9.82	0.83	4.09	8.38
2001	9.54	低于微量允许	2.36	7.40
2003	9.26	低于微量允许	2.50	10.69
2005	9.12	1.17	1.86	11.93
2007	9.12	3.42	7.78	14.70
2009	9.12	2.93	4.63	19.08
2011	9.12	2.14	7.95	28.46
2013	9.12	低于微量允许	3.21	21.10
2015	9.12	低于微量允许	1.78	17.25
2016	9.12	低于微量允许	0.69	20.69
2017	9.12	低于微量允许	0.75	18.73
2018	9.12	低于微量允许	1.01	10.47
2019	9.12	低于微量允许	0.89	12.86
2020	9.12	低于微量允许	0.00	13.68

资料来源：巴西向 WTO 通报表。由作者整理。

表 3-26　巴西重点支持的特定农产品（2000—2020 年）

产品	2000 年	2002 年	2004 年	2006 年	2008 年	2010 年	2012 年	2014 年	2016 年	2018 年	2020 年
大麦		√		√							
巴西蜡		√		√							

（续）

产品	2000年	2002年	2004年	2006年	2008年	2010年	2012年	2014年	2016年	2018年	2020年
腰果	√	√									
木薯	√	√		√							
蓖麻油	√	√									
可可豆	√	√		√					√		
咖啡							√		√	√	
棉花	√	√	√	√√			√√				
食用豆类	√	√			√	√	√	√	√		
大蒜	√	√									
葡萄	√	√			√	√			√		
黄麻	√	√									
玉米	√	√	√	√	√	√			√		√
牛奶						√					
燕麦	√	√									
橙子											
花生	√	√									
大米	√	√	√	√	√	√		√		√	
剑麻	√	√		√	√	√	√√				
高粱	√	√									
大豆					√						
甘蔗	√	√	√		√	√	√		√	√	
小麦		√	√√		√√			√	√		

资料来源：巴西向WTO通报表。"√"表示当年对该产品给予了支持；"√√"表示支持水平超过微量允许水平。

（二）"绿箱"支持水平高，一般服务支出占主导地位

巴西"绿箱"支持在国内支持总量中占有较大份额，2013年"绿箱"支持达历史最高水平61.99亿美元，占当年支持总量的71.8%。从构成项目上看，巴西"绿箱"支持主要包含一般服务、粮食援助、公共储备和收入安全网四项内容（表3-27）。

表 3-27　巴西"绿箱"支持水平（1995—2020 年）

单位：百万美元

"绿箱"措施类型	1995 年	2000 年	2005 年	2010 年	2015 年	2018 年	2020 年
（一）一般服务							
农业科研	424.4	77.0	66.2	284.7	82.1	65.6	18.6
病虫害防治	75.1	48.0	41.1	114.1	16.0	19.7	9.1
培训服务	161.5	109.4	101.0	20.1	4.7	1.6	3.2
推广和咨询服务	—	111.7	207.2	799.8	57.6	107.9	46.1
检验服务	—	15.0	15.1	53.7	0.1	0.7	7.9
市场营销	24.1	7.1	10.5	3.0	3.5	6.8	3.4
基础设施建设	597.0	223.0	129.8	622.1	30.4	58.7	20.7
其他一般服务	1 162.5	265.4	681.7	438.5	32.6	45.6	23.3
（二）公共储备	451.7	40.8	147.9	653.1	123.6	77.7	34.1
（三）粮食援助	1 590.6	589.2	503.5	1 721.3	1 165.8	1 173.8	797.6
（四）收入安全网	24.1	0.4	16.1	181.3	117.9	—	—
（五）区域援助	372.1	—	—			—	—
（六）自然灾害救助	—	—	—	15.2	—	32.5	45.5
总计	4 883.2	1 487.0	1 920.1	4 906.9	1 634.4	1 590.7	1 009.5

在一般服务支持中，推广和咨询服务、基础设施建设和农业科研是巴西的农业支持重点，2020 年这三项服务分别占巴西一般服务的 35%、16% 和 14%（图 3-13）。巴西政府不仅仅重视农业的研发投入，更加重视农业技术推广和对农业生产者的培训，尤其是对小农户和合作社提供帮

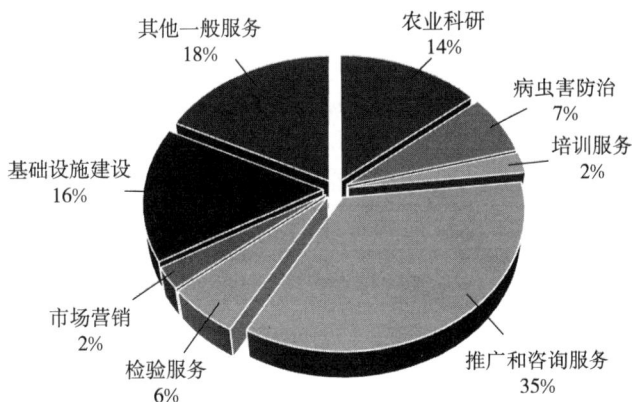

图 3-13　巴西一般服务支持措施（2020 年）

资料来源：巴西向 WTO 通报表。由作者整理。

助和技术推广，这样不仅保证了巴西科研水平的进步，还有效地促进了科研成果的转化和应用。

（三）充分利用"发展箱"权利，对国内低收入和小农户进行补贴

巴西的农业支持政策灵活运用了 WTO 为发展中国家提供的特殊与差别待遇原则，在很大程度上使用"发展箱"，其政策措施主要包括对低收入和资源匮乏的生产者提供的投资信贷、生产信贷、债务重订和投入品补贴（2004 年开始实施）（表 3 - 28）。投资信贷用于改善农村结构，购买机械设备、交通工具和服务；生产信贷用于对不同产品提供优惠利率的贷款；债务重订计划用于为农户延期偿还长周期债务。

表 3 - 28　巴西特殊和差别待遇条款使用情况（2000—2020 年）

单位：百万美元

年份	投资信贷	生产信贷	债务重订	投入品补贴
2000	225.898	92.409	13.239	—
2002	362.929	117.816	13.766	
2004	456.452	149.737	19.802	0.295
2006	512.055	102.958	27.701	0.216
2008	705.096	134.250	29.152	2.233
2010	1 443.901	165.481	36.703	4.962
2012	1 496.751	200.964	40.476	1.113
2014	1 638.085	203.069	34.140	—
2015	1 152.817	132.199	27.506	
2017	534.046	82.214	29.665	
2018	54.703	25.587	27.981	
2019	52.225	21.985	—	
2020	60.030	24.925	—	

资料来源：巴西向 WTO 通报表。由作者整理。"—"表示该年未实施。

在巴西支持农业的四大政策中，投资信贷和生产信贷是巴西"发展箱"的主要内容。这些政策为巴西的小规模农户提供了融资的便利性，促进了农户的生产积极性，提高了当地的农业经营效率。在 WTO 规则约束日益规范和严格的背景下，发展中国家充分运用特殊与差别待遇原则，用好"发展箱"是非常恰当且合规的政策选择。值得指出的是，我

国在入世时放弃了给予发展中国家的特殊和差别待遇条款扶持农业的权利，只能在"微量允许"范围内支持农业，一定程度上制约了农业支持补贴空间。

第五节　对我国农业支持政策调整的启示

一、主要成员农业国内支持政策的主要特征

从 WTO《农业协定》实施以来，美国、欧盟、日本、巴西等主要成员都对农业支持保护政策体系进行了大幅度调整，并不断完善，经历了从政府干预转向以市场为导向的过程，支持措施从价格支持逐步转向收入补贴，政策目标也呈现出明显的多元化趋势。

（一）支持量大且持续增加，充分利用并调整适应了世贸规则允许的政策空间

表 3-29 是 WTO 主要成员的农业支持箱体结构。美国的农业国内支持总量从 1995 年的 592.8 亿美元增加到了 2020 年的 2 047.2 亿美元，年均增长 5.1%，目前的支持水平占农业产值比重的 50% 以上；欧盟共同农业政策一直是欧盟主要的预算支出之一，即使在 2014 年改革后，共同农业政策支出占预算的比例依然高达 37.8%。美国、欧盟、日本分别拥有191 亿美元、722 亿欧元和 39 729 亿日元的综合支持量（AMS）空间，可以不受 5% 微量允许限制地用于所需支持的重点农产品。巴西、印度等发展中农业大国使用"发展箱"承载农业支持政策，分摊了实际的"黄箱"水平，巴西各年度"发展箱"在支持总量中的占比达到 15%～27%，印度这一指标达到 37%～70%。

表 3-29　WTO 主要成员的农业支持箱体结构

单位：%

项目		1995 年	2000 年	2005 年	2010 年	2012 年	2014 年	2016 年	2018 年	2020 年
美国	绿箱	75.6	67.5	79.3	92.2	89.5	90.2	88.2	81.4	83.0
	蓝箱	11.5	0.0	0.0	0.0	0.0	0.0	0.0	0.0	0.0
	黄箱	12.9	32.5	20.7	7.8	10.5	9.8	11.8	18.6	17.0
欧盟	绿箱	20.9	24.7	48.3	86.2	87.2	85.2	81.5	85.2	—
	蓝箱	23.2	25.1	16.1	4.0	3.4	3.8	6.1	6.0	—
	黄箱	55.9	50.2	35.6	9.8	9.4	11.1	12.3	8.8	—

（续）

项目		1995年	2000年	2005年	2010年	2012年	2014年	2016年	2018年	2020年
日本	绿箱	47.3	74.7	73.2	61.0	65.6	64.0	67.1	67.8	78.3
	蓝箱	0.0	2.8	2.5	12.3	5.4	3.0	2.5	0.0	0.0
	黄箱	52.7	22.5	24.3	26.8	29.0	33.0	30.4	32.2	21.7
巴西	绿箱	88.2	52.2	48.9	48.9	56.7	48.6	40.5	39.8	57.3
	发展箱	6.5	10.9	16.0	16.4	12.3	21.2	15.2	3.0	0.4
	黄箱	5.3	37.0	35.1	34.7	31.0	30.2	44.3	57.2	42.3
中国	绿箱	—	98.0	98.5	81.3	74.6	72.5	87.1	82.0	89.2
	蓝箱	—	0.0	0.0	0.0	0.0	0.0	2.6	2.4	6.3
	黄箱	—	2.0	1.5	18.7	25.4	27.5	10.3	15.6	4.5

注：表中数据由作者测算，基础数据取自各成员向WTO提供的国内支持通报。

（二）支持水平高，农业补贴是农民收入的重要组成部分

根据对农业国内支持均量的分析，美国农业生产者人均实际支持量高达10万美元，加拿大、欧盟、日本、挪威、瑞士分别也为本国农业生产者提供了人均上万美元的支持，而巴西、印度、中国、泰国等发展中成员仅维持在1 000美元的水平，差距非常大。有研究表明，美国农民收入的40%、欧盟农民收入的1/3来自补贴。

（三）补贴手段不断调整，普遍经历了由价格支持向收入支持、由干预市场向市场导向的转变

美国通过各次农业法案的调整，以乌拉圭回合《农业协定》为契机，将以目标价、保护价、贷款差额支付为主的传统价格支持政策，转向直接支付、反周期支付、收入风险保障等收入支持政策。欧盟和日本做了大量的"箱体"转换，将原来的"黄箱"支持转到"绿箱"中。在欧盟共同农业政策演进中，市场支持不断减少，不挂钩的收入支持增加，目前直接支付量占年度支持量的70%。日本通过价格保险制度建立"安全网"，保护农业经营主体的整体农业收入；近年来"黄箱"超过微量允许的支持水平下降迅速，说明其减少了对农产品价格的政策干预扭曲。

（四）政策目标多元化，更加重视对生态环境、农村发展、农民素质及营养健康的支持

美国对低收入者的营养支持项目是农业法案中最大支出，2016年支出额为1 028.41亿美元，占当年美国农业支持总额的75.9%；2018年农

业法出台时，对资源保护项目的财政支出成为增幅最大的项目。欧盟将农村发展作为共同农业政策的第二大支柱，高度重视培养职业农民，并强制要求成员把直接支付的 30％用于"绿色"有关内容。日本出台"人口稀少农村、山村、渔村的活力化发展"计划，通过发展农村旅游、村落补贴和荒废农地补贴等 11 项具体措施，提高农村地区的活力。巴西近年来也逐渐降低了对农业基础设施的投入，转而增加对农业信贷体系和农业保险体系的支持。

二、对我国调整完善农业国内支持政策的启示

各国农业支持的经验也为我国完善农业支持政策、提高农业支持水平、解决当前面临的矛盾和问题带来了一些重要启示。

（一）增大对"绿箱"支持的投入，扩大"绿箱"政策使用范围

农业国内支持是各国支持农业产业的必要措施，但同时也是造成国际农产品贸易不公平竞争的主要原因之一。WTO 如今形成的《农业协定》要求各成员方通过服务计划，提供没有或仅有最微小的贸易扭曲作用的"绿箱"支持补贴。因此，合理使用"绿箱"进行农业结构性调整，保护农民利益、支持农业发展，是我国解决"三农"问题、发展现代农业的必经之路。具体而言，我国应当进一步重视一般服务，注重农产品营销促销服务和农业保险，通过改善落后地区的市场条件，实现各地区均衡发展；重视脱钩收入支持，增强农业生产者应对市场风险的能力；重视环境项目支付以改善农村环境，促进农业绿色可持续发展。

（二）在变化的国内环境和政策目标下，不断更新与调整"黄箱"政策工具及其具体操作方式

从"黄箱"政策发展的阶段历程可以看出，"黄箱"支持改革不是一蹴而就的，各国都经历了一个探索的过程。在资源和制度的双重约束下，我国的"黄箱"支持政策应当以国内农业发展的实际情况为依据，结合WTO 规则进行调整完善。具体而言，我国应在综合考虑粮食安全战略、财政支付能力及 WTO 规则的基础上，建立"保价格、稳收入"的支持体系，确保惠及农业生产者和重点支持产品。与此同时，主要成员对特定产品的关注是普遍而持续的，各成员在特定产品支持范围和支持量上存在一定的协调空间，这是未来农业谈判的重点领域。

（三）建立多元化的农业支持与保护政策体系

国外农业支持与保护政策表现出更加多元化的发展形式，不仅对农业给予直接的经济补贴，而且对农业基础设施建设、农业技术培训、农业风险管控等方面都有较大的投入，重视农业科技与研发。因此，中国在农业支持与保护政策的制定上还需要建立更加完善的体系，如加大农业科技研发投入、增强基础设施建设和维护、在农业信贷上给予更多优惠等，从而构建一个更为完善的农业支持与保护政策体系，增强农业发展的后劲。

第十章 国内支持空间分析和政策建议

本章主要分析我国在 WTO 框架下的农业支持空间，探讨我国农业国内支持政策调整与改革方向。

第一节 WTO 框架下我国农业国内支持空间

2001 年加入 WTO 时，为给农业未来发展预留空间，我国就农业支持保护政策与各成员达成协议，其核心内容有两条：一是可以采取适度的扭曲生产或贸易的支持措施，对非特定产品"黄箱"补贴支持不超过农业总产值 8.5%，对特定产品"黄箱"补贴支持不超过该产品产值 8.5%；二是对稻米、小麦、玉米等产品实行关税配额管理，对一定比例的配额实行国营贸易。然而，随着 2004 年以来国内农业生产支持保护力度加大，粮食等特定农产品"黄箱"补贴规模持续扩大、剩余空间不断压缩。中国的农业补贴和关税配额管理制度等也开始受到一些国家挑战。2016 年以来，美国已先后就我国对三大主粮实施"黄箱"补贴及关税配额管理措施向 WTO 提出诉讼。尽管我国可以根据相关承诺和规则据理力争，以保障国内农业产业安全和农民生计，但类似事件频发及全球范围内贸易保护主义抬头，我国已很难继续通过加大被解读成"黄箱"的措施力度和收紧市场准入促进国内农业增产[①]。

我国是以发展中国家的身份加入 WTO 的，因此我国特殊和差别待遇政策理所应当地成为我国实施农业国内支持的一项基本政策。但是"中国可以通过第 6 条第 2 款所述类型的政府措施提供支持，此种支持的数量应该计入中国关于综合支持量的总和的计算中"。所以，适用于发展中国家

[①] 朱晶. 完善农业支持保护政策推进新时期农业改革发展 [J]. 农业经济与管理，2017 (6)：7.

的特殊和差别待遇政策对我国已不适用。另外，对于不超过最低上限的生产扭曲支持，我国加入 WTO 议定书第 152 号减让表第四部分第一节关于国内支持的综合支持量的说明中指出，我国基期综合支持总量为零，最终的约束承诺水平也为零。因此，我国失去了利用这种政策实施农业国内支持的可能。根据上述分析，我国农业国内支持的空间应该是"绿箱"政策、"蓝箱"政策及微量支持标准政策之和①。

第二节 我国农业国内支持政策调整与改革的方向

在农业全面对外开放的大背景下，我国农业补贴政策需要根据未来国内需要和世贸组织规则适当调整。长期来看，"黄箱"补贴的范围和力度将会变小，建立以"绿箱"政策为主的农业补贴政策体系是未来农业发展的必然趋势。从大豆、棉花的"目标价格"补贴试点②，到油菜籽、食糖取消临时收储，再到玉米"市场化收购＋生产者补贴"③ 及"三补合一"政策④的重大调整，中央层面已经陆续推出了一系列新举措和新办法。可以预期，未来农业补贴政策体系还将继续转型，由"黄箱"政策向"绿箱"政策转换是后续改革的重要方向。

一、增加"黄箱"手段，用足非特定产品支持

应对 WTO 农业规则的要求和成员方的质疑，尽可能约束和削减特定产品"黄箱"政策，尽可能转换为非特定产品"黄箱"或"绿箱""蓝箱"政策，进一步完善耕地地力保护补贴政策和玉米、大豆生产者补贴政策，坚持和完善稻谷和小麦最低收购价政策，扩大三大主粮作物完全成本保险

① 申天恩．WTO《农业协定》下中国农业国内支持政策完善研究［J］．江西农业大学学报（社会科学版），2008（3）：24-25.
② 中共中央，国务院．关于全面深化农村改革加快推进农业现代化的若干意见［EB/OL］．（2014-01-19）［2023-10-26］．https：//www.gov.cn/jrzg/2014-01/19/content_2570454.htm.
③ 新华社．今年玉米临储政策调整为"市场化收购"加"补贴"［EB/OL］．（2016-03-28）［2023-10-26］．https：//www.gov.cn/xinwen/2016-03/28/content_5059171.htm.
④ 中共中央，国务院．关于落实发展新理念加快农业现代化实现全面小康目标的若干意见［EB/OL］．（2016-01-27）［2023-10-26］．https：//www.gov.cn/zhengce/2016-01/27/content_5036698.htm.

和收入保险试点范围，增设绿色生产技术推广应用生态补贴。值得强调的
是，"黄箱"政策对农产品市场资源配置有扭曲作用、受《农业协定》的
约束是个原则性判断，应该结合实际进行考量，我国目前"黄箱"的使用
率只有 1.54%，主要问题集中在若干种特定产品上，非特定"黄箱"还有
8 300 亿元的可用空间。因此，需要避免偏离中国农业发展状况和农产品
贸易政策实际而片面强调限制"黄箱"政策，还是应该充分利用"黄箱"
支持空间，注重发挥"黄箱"政策对提高农业竞争力最直接的作用。

（一）优化"黄箱"政策，用足非特定产品"黄箱"支持

第一，棉花、水稻、小麦、油菜籽等特定产品价格支持政策和能繁母
猪补贴政策属于"黄箱"政策，而且空间有限，但对保持竞争力具有重要
作用，建议单独研究。第二，农机购置补贴对农业现代化发挥了不可替代
的作用，早期购置的农机逐渐进入报废更新期，需进一步适应农机智能化
进程，研究调整农机购置补贴方式和标准；对于部分专用性强的保护性耕
作机械和作业类型，可试点采用作业补贴取代购置补贴，部分列入非特定
产品"黄箱"，部分可转换为"绿箱"。第三，通过完全成本保险和收入保
险试点，进一步尝试将此类补贴转入非特定产品"黄箱"。

（二）完善"黄箱"政策使其符合 WTO 规则

与发达国家相比，我国农业补贴水平不高，要发挥有限补贴的最大效
率，用好用足"黄箱"是政策选择的必然。对部分现有可能突破特定产品
微量许可承诺上限的政策，通过适当调整就能符合 WTO 规则。例如，对
大米等产品的最低收购价政策，只要事先公布合适的收购量就能保证补贴
水平不突破约束上限。当然，限定收购量也可能产生一定的负面影响，可
以考虑设计一些其他政策予以弥补。

二、优化"绿箱"政策，推进农业生产方式调整

当前，中国"绿箱"补贴政策仍存在着补贴总量不足、政策空间有待
进一步拓宽，补贴面广且分散、政策的精准性和实效性不强，农业绿色发
展支持保障不足、尚未建立有效的激励与约束机制等问题。下一步我国应
当以保障国内粮食安全、增加农民收入、加强生态环境保护为施策目标，
充分利用可能的补贴空间，着力完善结构合理、精准高效的"绿箱"补贴
体系。

（一）继续保持收入补贴的总体规模稳定

2016 年的农业补贴政策改革将粮食直接补贴、农资综合补贴、良种补贴整合为具有明确"绿箱"属性的收入补贴，即农业支持保护补贴。但国外收入补贴政策的发展演变历程表明，定额的直接收入补贴往往存在财政负担较高、政策效果不强等问题。构建"绿箱"补贴政策体系，要坚持发挥收入补贴的基础性作用，但不宜持续提高定额收入补贴的规模。应当在继续稳定保持收入补贴规模总体稳定的基础上，进一步明确直接收入补贴政策的具体目标，提高农业直接补贴的政策绩效，重视财政资金的运行效率和政策效果。

（二）合理设计收入保险的保费补贴机制

2020 年，中国农业保险保费收入达到 815 亿元，成为农业保险保费规模最大的国家；各级财政共承担保费补贴 603 亿元，占全部保费收入的74％。各国的实践表明，对农业收入保险保费补贴的可操作空间比较大。中国收入保险的保费补贴应当充分借鉴国外经验，关注 WTO 的规则动态；针对农业保险保费补贴不符合《农业协定》的"绿箱"措施认定条件这一问题，及时对照相关条例规范调整补贴内容，按照中国农业发展实际状况合理设计、构建收入保险的保费补贴机制；优化农业保险的再保险制度体系，提升对农业风险的保障水平；拓展一般服务支持的覆盖范围，给予保险公司补贴以降低保费水平，进一步释放 WTO 规则下"绿箱"补贴支持的操作空间。

（三）增强农业绿色发展支持的政策实效

首先，转变农业经营方式、强化资源环境保护是完善农业支持政策的重要目标。中国应当全面践行"两山"理论，在保持现行"绿箱"补贴政策稳定的基础上，以促进农业农村绿色生态转型为目标，丰富与农业生态环境、食品安全挂钩的绿色支持补贴手段，以科技创新助推农业绿色发展能力的提高，不断提升"绿箱"补贴政策的前瞻性。其次，深入参与全球农业支持保护体系治理。构建完善"绿箱"补贴政策体系，不仅要在现行的国际制度框架下完善直接收入补贴、收入保险保费补贴、农业绿色发展支持政策等，加大对农技推广、社会化服务、农村基础设施建设的投入，还要深入参与全球农业支持保护体系治理，争取中国农业国内支持政策空间。积极参与 WTO 在农业支持保护、进出口贸易等方面的规则调整与制定，提高政策节奏的引领性，塑造更加公平公正的国际农业规则，增强补贴政策的获益公平性[1]。

(四) 加大农村人力资本建设和投资的支持

在农村劳动力的健康人力资本和教育人力资本提升方面给予支持，进而降低劳动力迁移成本，消除城乡障碍。对于农地，应根据其是否可以长期保存进行明确区分，对前者严格限制，后者可任期转用，并征收一定税收，以促进土地的有效利用，并把具有企业家能力的人才培养成农业经营者，同时注重开发农业新技术[2]。

三、推进"黄转绿"政策转型，提升支持效率

"黄转绿"政策调整时，要分阶段、分重点、循序渐进地改革，注意"黄箱"政策和"绿箱"政策的使用时机，按照"绿箱目标、价补分离、重点支持、综合配套"的思路推进。从政策工具看，应先从实际效果差、受WTO实质性约束大的措施改起，再逐步推广至其他政策措施；从品种看，应该先从对市场扭曲程度大、库存压力大的品种改起，再向其他品种推进。

(一) 盯准"绿箱"目标，逐步扩大农业补贴总量

探索实施目标收入保险补贴。农业保险是一种市场导向的，既能有效促进粮食生产，又能稳定农业经营收入的政策措施。中长期看，我国应加快研究种粮目标收入保险，以种粮收入为保险标的物，通过指数保险的方式保障农民种粮收益，促进粮食生产。符合一定条件的收入保险补贴属于"绿箱"政策，可以规避微量允许水平8.5%的限制，发挥市场机制在价格风险管理中的作用。政策操作上，要合理确定政府保险保费补贴水平，既要激励农户参与，同时也要农户负担合理水平。

扩大实施土地休耕补贴。基于当前粮食供给相对充裕的宽松环境，通过收入补偿机制，引导农民轮作休耕。目的在于缓解过紧的资源环境压力，促进耕地休养生息和农业可持续发展。该政策应按照"绿箱"政策条

---

① 王颖，魏佳朔，高鸣. 构建"绿箱"补贴政策体系的国外经验与优化对策 [J]. 世界农业，2021 (10)：30 - 31.

② 杨芷晴，孔东民. 我国农业补贴政策变迁、效应评估与制度优化 [J]. 改革，2020 (10)：114 - 127.

款设计，不与任何农产品品种挂钩，重点面向重金属污染、地下水漏斗区及生态严重退化土地。休耕补助标准与原有种植收益相当，补贴资金分配到省（区、市），由各省（区、市）统筹安排。

推进适度规模经营农户大灾保险补贴。调整部分财政救灾资金予以支持，提高保险覆盖面和理赔标准。创新"基本险＋附加险"产品，实现主要粮食作物保障水平涵盖地租成本和劳动力成本；研究出台对地方特色优势农林产品保险的中央财政以奖代补政策；稳步开展农民互助合作保险试点等。

新设农户基础设施投资补贴。针对我国农业基础设施薄弱的现实情况，建议增设农户基础设施投资补贴制度。鼓励农户加大对基础设施的投资，尤其针对重点区域的重点农产品，以及开展适度经营规模的新型经营主体，要加大补贴力度。

加强农业公共服务补贴。当前我国农业生产成本过高的问题突出，耕地租金是美国的 5 倍之多，人工费也处于快速上涨阶段。2015 年，我国主要土地密集型农产品单位产品的总成本比美国高 33％～123％。通过科技投入、基础设施建设、土地整治，进而摊薄农业生产成本，是提高我国农业竞争力的可行办法之一。然而，在我国农业补贴的"绿箱"政策中，涉及科技投入、基础设施建设等公共服务政策的占比很低。未来要提高这方面的比重，把加强公共服务作为优先领域，更多地通过公共服务降低农业生产经营成本。

（二）加快建立农产品市场定价机制，价格支持政策改革迫在眉睫

面对日益严重的农产品价格倒挂、粮食高库存、进口激增及下游企业经营困难等挑战，我国农业价格支持政策已经到了不得不改革的关键时期，继续实行政府托底收购的支持政策会进一步推高国内农产品价格，增加市场扭曲程度。在改革的基本方向上，应以市场定价和保障农民基本收益为目标，渐进式地推进价格支持政策改革。

对于最低收购价政策，首先要转变其政策目标，其次是调整政策的实施机制。当前最低收购价政策同时具有"保供给"和"促增收"的双重目标，是"价补合一"的补贴方式。按照"价补分离"原则，应逐步分离"促增收"功能，增强政策的针对性和精准性。在"保供给"的目标要求下，逐年降低最低收购价至生产成本，使小麦和稻谷价格回归到市场水

平，消除对市场的干预和扭曲影响。

对于已经实施"价补分离"的大豆、棉花和玉米作物，当前的重点是要探索与当期面积和产量脱钩的操作办法。大豆、棉花的目标价格差价补贴，以及对玉米实施的生产者补贴的出发点是防止市场化改革后农民收入出现大幅度下降。因此，在政策的实际执行中，可以借鉴发达国家按照历史交售量和面积补贴生产者的方式，实现与当期生产脱钩，减少政策的操作成本和市场扭曲程度。

（三）扩大补贴对象，促进补贴向新型经营主体倾斜

目前，我国农业补贴基本上实行的是"普惠制"，补贴资金对拥有承包地的农户平均发放。随着土地流转和新型农业经营主体培育的加快，传统的农业补贴资金的发放方式难以保护新型经营主体发展粮食生产的积极性，不利于农业适度经营规模的实现，补贴政策亟待从"普惠制"向"普惠制"和"特惠制"结合转型。2017年5月31日，中共中央办公厅、国务院办公厅印发了《关于加快构建政策体系培育新型农业经营主体的意见》，第一次明确提出支持新型农业经营主体发展的政策框架。《关于加快构建政策体系培育新型农业经营主体的意见》指出，要坚持市场导向，运用市场的办法推进生产要素向新型农业经营主体优化配置，发挥政策引导作用。既扶优扶强、又不"垒大户"，既积极支持、又不搞"大呼隆"，为新型农业经营主体发展创造公平的市场环境。

因此，要完善对农业的支持方式，提高补贴政策的指向性和精准性。在不降低对农民总体支持力度的前提下，向规模经营的新型主体适度倾斜。例如，支持符合条件的新型主体优先承担涉农项目，引导金融机构建立针对新型经营主体的信贷、保险和补贴等服务。

（四）综合配套施策，增强政策系统性

在农业补贴政策调整转型的过程中，要注重改革的系统性和整体性，避免不同目标彼此冲突、互不兼容。例如，对农产品价格支持政策的改革，表面上是只针对最低收购价和目标价格补贴的调整，但实际操作中还要创设相关的配套措施，完善应急预案。深入推进"黄转绿"政策转型，不仅要处理好中央与地方、政府与市场、产业上游与下游之间的关系，还要厘清国际规则与国内发展需要、财政负担与保障农民收益之间的关系。农业补贴政策的改革要放在整个农业支持的大框架下，兼顾农业产业的长

短期发展目标，针对我国农业发展和农产品的市场实际，创新性调整补贴方式和手段，细化补贴政策内容。"转箱"过程中要保持政策的基本稳定，避免改革过快过急，对于一些敏感的挂钩补贴，可以通过半脱钩逐步向完全脱钩方式过渡。

四、发挥"蓝箱"作用空间，增强政策灵活性

"蓝箱"政策主要侧重于限产计划下的差额补贴，不限制使用。目前，我国存在突破特定产品微量许可风险的产品主要是棉花、水稻等大宗农产品。我国对棉花支持主要集中在新疆，而新疆棉花等大宗农产品种植面临水资源约束。因此，对新疆棉花支持的政策可以采取"蓝箱"政策，即以本区域基期产量的85％为限产目标，具体内容上可基本保持目前新疆棉花目标价格政策内容不变。例如，我国从2018年开始调减东北地区水稻种植，对东北水稻支持政策可以探索"黄转蓝"试点。农业支持政策的"黄转蓝"不仅可解决"破箱"问题，还可腾出"黄箱"支持的政策空间。

我国主要农业支持补贴政策及其箱体属性见附表1。

附表 1　我国主要农业支持补贴政策及其箱体属性

序号	支农政策措施	箱体属性	适用产品	说明
1	农业支持保护补贴	绿箱		
2	粮食最低收购价	特定产品黄箱	稻谷、小麦	
3	临时收储政策	特定产品黄箱	玉米、油菜籽、食糖	已取消
4	目标价格政策	特定产品黄箱	棉花	已调整为蓝箱政策
5	农机购置补贴	非特定黄箱		
6	农机报废更新补贴	非特定黄箱		
7	农业保险保费补贴	不确定	玉米、水稻、大豆、棉花、小麦、油菜籽、马铃薯、青稞、花生、能繁母猪、奶牛、牦牛、羊	
8	东北粳稻（大米）入关费用补贴	特定产品黄箱	粳稻	已取消
9	出疆棉花运费补贴	特定产品黄箱	棉花	已取消
10	棉花专项补贴	特定产品黄箱	棉花	
11	国家储备棉花利息费用补贴	特定产品黄箱	棉花	
12	能繁母猪补贴政策	特定产品黄箱	母猪	
13	生产者补贴		玉米、大豆	已调整为蓝箱政策
14	畜牧业良种补贴	绿箱	生猪、奶牛、肉牛、绵羊	
15	退耕还林补贴	绿箱		
16	退牧还草	绿箱		
17	退田还湖	绿箱		
18	草原生态保护补助奖励	绿箱		
19	农机深松作业补贴	绿箱		
20	测土配方施肥补贴	绿箱		
21	耕地保护与质量提升补助政策	绿箱		
22	农业综合开发项目补贴	绿箱		
23	产粮（油）大县奖励政策		油菜籽、大豆	

（续）

序号	支农政策措施	箱体属性	适用产品	说明
24	生猪大县奖励政策			
25	菜果茶标准化创建政策	绿箱		
26	防灾减灾关键技术补助	绿箱		
27	粮棉油糖高产创建政策	绿箱	水稻、小麦、玉米、油菜、棉花、糖	
28	追溯体系建设政策	绿箱		
29	动物防疫补贴政策	绿箱	生猪、畜禽等	
30	奶业支持苜蓿发展政策	绿箱		
31	畜牧业标准化养殖政策	绿箱	生猪、奶牛、肉牛、肉羊	
32	国家现代化农业示范区建设政策	绿箱		
33	发展规模经营政策	绿箱		
34	扶持生态农庄、家庭农场发展政策	绿箱		
35	农村沼气建设政策	绿箱		
36	农产品产地初加工支持政策	绿箱		
37	质量安全县创建政策	绿箱		
38	设施农用地支持政策	绿箱		
39	化肥、农药零增长政策	绿箱		
40	园艺作物标准园创建支持政策	绿箱		
41	土壤有机质提升补助政策	绿箱		
42	鲜活农产品运输绿色通道政策	绿箱		
43	生鲜农产品流通环节税费减免政策	绿箱		
44	基层农技推广体系改革与示范县建设政策	绿箱		
45	开展农业资源休养生息试点政策	绿箱		试点政策
46	耕地轮作休耕制度试点政策	绿箱		试点政策

（续）

序号	支农政策措施	箱体属性	适用产品	说明
47	农作物秸秆综合利用试点政策	绿箱		试点政策
48	粮改饲试点政策	特定产品黄箱	玉米	试点政策
49	农村改革试验区建设支持政策	非农业支持补贴项目		农村发展项目
50	阳光工程政策	非农业支持补贴项目		农民培训项目
51	培育新型职业农民政策	非农业支持补贴项目		农民培训项目
52	培养农村实用人才政策	非农业支持补贴项目		农民培训项目
53	农民合作社发展政策	非农业支持补贴项目		农村发展项目
54	农村、农垦危房改造政策	非农业支持补贴项目		农村发展项目
55	村级公益事业一事一议财政奖补政策	非农业支持补贴项目		农村发展项目
56	渔业柴油补贴政策	非农业支持补贴项目		
57	渔业资源保护补助政策	非农业支持补贴项目		
58	以船为家渔民上岸安居工程	非农业支持补贴项目		
59	海洋渔船更新改造补助政策	非农业支持补贴项目		
60	渔民减船转产项目补贴	非农业支持补贴项目		
61	农业用水精准补贴和节水奖励	非农业支持补贴项目		

第四篇

相关专题研究报告

中国入世20年农业发展回顾与思考

改革开放是当代中国最鲜明的特色，是我们党在新的历史时期最鲜明的旗帜，改革开放是决定当代中国命运的关键决策，是党和人民事业大踏步赶上时代的重要法宝。2021年是中国加入世贸组织20周年，入世是党中央、国务院审时度势作出的重大决策，也是我国改革开放历史上具有里程碑意义的重大事件，以加入世贸组织为标志，我国对外开放进入了全方位、多层次、宽领域的新阶段。我们的入世道路坎坷漫长，前后15年，不少黑发人谈成了白发人。我作为农业谈判的直接参与者，很多场景仍然历历在目。二十年风风雨雨，我国农业经受住了入世开放带来的重大考验，有效应对了全球粮食危机、金融危机和新冠疫情等多重挑战，参与全球农业竞争和粮农治理的能力显著增强，在开放中得到发展、在应对中保持稳定、在竞争中得到提升。如今，身处百年未有之大变局，回顾入世历程，总结农业入世经验，谋划农业开放发展新篇章，具有重要意义。

一、入世后中国认真履行承诺，从世贸组织的"插班生"变为"优等生"

农业是入世谈判的重点、难点和焦点，是讨价还价最艰难的产业之一，最后一刻才达成协议。我国农业作出了重大开放承诺，为融入多边贸易体系作出了重要贡献。20年来，我们认真履行承诺，成为世界上农产品市场最开放的国家之一。

一是大幅降低农产品进口关税。经过5年的过渡期，我国农产品平均关税由21.3%降至15.2%，只有世界平均水平的1/4。近年来，我们还主动降税，2020年农产品实施税率仅为13.8%，成为世界上农产品贸易自由化程度较高的国家之一。对粮棉糖等关系国计民生的大宗商品实行关税配额管理，配额量大、配额内关税低。

二是减少非关税等贸易限制。按照承诺，于 2005 年全部取消了农产品进口许可证、数量限制等非关税措施。比照国际通行做法，建立了符合世贸组织规则的标准体系、动植物检验检疫制度和其他技术性贸易措施体系。

三是调整农业补贴政策。严格执行农业国内支持承诺，取消农产品出口补贴，将棉花、玉米、大豆和油菜籽的临时收储政策转为"蓝箱"或市场化补贴，将稻谷和小麦"黄箱"支持控制在合理水平，积极探索补贴收入、环境、地力等"绿箱"支持方式，减少市场扭曲。

四是主动完善农业法律法规。开展农业法律法规"废改立"，清理、完善和修改了不符合世贸规则的法律文件、规章和规范性文件。放开农业领域外商投资，实行准入前国民待遇加负面清单，建立与国际接轨的营商制度。

二、入世后我们学会"与狼共舞"，农业发展实现"双赢""多赢"

入世前后，有不少人担心中国农产品整体上竞争力不强，到世界市场的汪洋大海中游泳会"溺水而亡"，时刻担忧"狼来了"。现在回头看，"狼"确实来了，当时的农业也面临前所未有的压力挑战，但我们亦不是绵羊，我们不仅学会了与狼共舞，有时还成了"战狼"。通过成功地把握机遇、应对挑战，中国成为农业发展的"赢家"，并推动世界农业发展实现"多赢"。

一是粮食生产连年丰收，打消了能否牢牢掌握粮食安全主动权的疑虑。粮食安全是入世之初各方面最为担心的问题。我们用实际行动，将14 亿中国人的饭碗牢牢端在自己手里。20 年来，粮食产量增长近 50%，达到了 6.69 亿吨；人均粮食占有量由 355 千克增长到 477 千克，连续 12 年超过联合国粮农组织发布的 400 千克粮食安全标准线。粮食生产实现历史性"十七连丰"，棉油糖生产稳定发展，肉蛋奶果菜供应充足，较好满足了人民群众日益增长的消费需求。

二是农民收入持续较快增长，抵御了进口对国内市场和产业的冲击。入世前后不少研究认为，我国农民收入和生计将受到较大冲击。而这么多年的事实是农民就业增收渠道不断拓宽，家庭经营性收入、工资性收入等显著增长。到 2020 年，我国农民人均收入达到 17 000 多元，比 2001 年名义增长 6 倍多，城乡居民人均收入比从入世之初的 3.3∶1 降至 2.6∶1，实现了现行标准下 9 899 万农村贫困人口全部脱贫，创造了人类减贫史上的奇迹。

三是农业贸易投资规模显著扩大，统筹两个市场两种资源的能力明显增强。中国农产品贸易额从 279 亿美元增长到 2 468 亿美元，农业对外投资规模达到 348 亿美元，成为第二大农产品贸易国和全球主要农业对外投资国。农业贸易额从占全球不到 3% 上升到近 8%，中国市场红利给全球农业发展带来重大机遇。作为大豆、棉花、食糖、畜产品的全球最大买家，农产品进口对满足国内消费需求、拓展农业结构调整空间、服务外交工作大局发挥了重要作用。

四是熟悉运用国际经贸规则，成为全球粮农治理的重要力量。入世前，我们对世贸组织的研究不多，相关名词术语晦涩难懂，特别担心对世贸规则吃不透、把不准。农业农村部通过成立专家组、工作组，开展多层次大规模干部培训，系统制定了应对方案，在干中学、学中干，显著增强了谈判能力和规则意识。这些年，我们既当过被告、也当过原告，既"双反"过别人、也被别人反过，学会了运用规则保护农业。在国际粮农治理中，逐渐从"追随者"走近舞台中央，为应对粮食安全和气候变化等共性挑战，提出了中国方案，发挥了引领作用，在国际话语体系中占据越来越重要地位。

三、入世谈判经验值得总结，关键是要以我为主、不被带节奏

农业入世谈判如履薄冰、历程艰辛，内外部压力都很大。国际上，37 个要求与我国进行入世谈判的成员，大多数是农业竞争力较强的出口大国，个别成员在谈判中调门高、要价高，农业谈判一度成为中国入世的"死结"。国内声音也很多，当时有不少人问我，"是不是牺牲了农业？"实践证明，入世对我国农业发展利大于弊，总体上是成功的，谈判过程和经验值得总结。

一是坚持以我为主。谈判过程中，我们坚持以中央制定的"复关"三原则和针对美西方高要价提出的工作方针为基本遵循，分领域、分品种、

系统分析入世挑战和机遇。为加强农业贸易工作，农业农村部在机关司局增设相应处室，同时成立了农业贸易促进中心，与商务部等部门紧密配合，把控谈判进程、设置谈判议题、制定谈判方案，确保谈判能够立足国内经济社会发展大局，以我为主。

二是坚定底线思维。 入世谈判中，我们该保的保住了，比如三大主粮，因为要确保基本自给和绝对安全，所以设置了关税配额措施；该放的放了，比如食用植物油，较低单一关税制有利于下游产业发展；该有的有了，比如以发展中成员身份加入，享有特殊与差别待遇等权利。

三是坚决服务大局。 入世是改革开放进程中的一件大事，是中央推进经济社会发展的大布局、大手笔。回头看，完全符合我国发展的阶段特征和大势需要，成就了我们发展的重大战略机遇期。尽管当时国内农业相对薄弱和艰难，但为了协议的最终达成，必要和适当让步并不是牺牲，而是实现开放发展的必经之路。

四、我们成功应对入世挑战的一个重要法宝，就是练好内功、办好自己的事

现在世贸组织有 164 个成员，乌拉圭回合以后加入的就有 36 个，入世对每个国家来说都是机遇与挑战并存，尤其是农业。有些国家没能很好地应对入世冲击，产业发展和农民收入受到较大影响。我们之所以能够抓住机遇、有效应对风险挑战，最关键的就是党中央的坚强领导和对"三农"工作的高度重视，坚持办好自己的事，以内部的确定性应对外部的不确定性。

一是持续提高粮食综合生产能力和重要农产品保障供应能力。 洪范八政，食为政首。我们始终把粮食安全摆在重要位置，坚持藏粮于地、藏粮于技，落实最严格的耕地保护制度，严守 18 亿亩耕地红线，大规模开展高标准农田建设，划定粮食生产功能区、重要农产品生产保护区和特色农产品优势区，粮食和重要农产品生产能力不断提升，确保中国人的饭碗装中国粮。

二是着力提高农业国际竞争力。 入世以后，我们必须直面农业基础薄弱、国际竞争力不强的现实问题。要有效应对，关键是提升竞争力。着眼放大比较优势，调整优化区域生产力布局，构建与资源环境承载力相匹配

的农业生产新格局。着眼提升质量效益，推进农业供给侧结构性改革，调整优化产业和产品结构，持续增加绿色优质农产品供给。着眼提高农民组织化程度，培育家庭农场、农民合作社、农业企业等新型经营主体，促进小农户和现代农业发展有机衔接。

三是全面推进农业现代化。加快推进传统农业的改造升级，不断提高农业设施化、科技化和绿色化水平。加强农业科技创新，强化农业物质装备支撑，推进农作物生产全程全面机械化，加快发展数字农业、智慧农业和高效设施农业，做大做强现代种业。推进农业绿色发展，减少化肥农药施用，推进农业生产废弃物综合治理和资源化利用。2020 年，农业科技进步贡献率突破 60%，农作物耕种收机械化率超过 70%，主要农作物良种实现全覆盖。

四是健全强农惠农富农政策体系。入世之初，党中央果断决策，首先从大豆开始建立良种补贴政策，全面推开农村税费改革，2006 年彻底取消农业税，结束了延续 2 600 多年"皇粮国税"的历史，并逐步建立了以收入补贴、价格支持、生产性补贴、农业保险和生态资源保障等为主要内容的支持政策体系。入世这 20 年，中国农业政策调整和体制改革的力度之大、影响之深，史无前例。

五、当前农业对外开放面临新挑战，我们要敢于扩大开放，到世界农产品市场的汪洋大海中去畅游

习近平总书记指出"融入世界经济是历史大方向，中国经济要发展，就要敢于到世界市场的汪洋大海中去游泳""我们呛过水，遇到过漩涡，遇到过风浪，但我们在游泳中学会了游泳。""十四五"规划提出，实施更大范围、更宽领域、更深层次对外开放。贯彻落实中央重要决策部署，农业领域也要坚定不移扩大开放。当前，农业对外合作面临的风险挑战比以往更加严峻，国际政治、经济、贸易、投资环境复杂多变，新冠疫情持续，农产品市场不稳定不确定因素明显增加。作为全球农业大国和农产品贸易大国，我们要以开放助力农业农村现代化，继续在世界农产品市场的大海中经风雨、见世面、破浪前行。重点在以下三个方面积极作为。

一是推动世贸农业改革谈判。以世贸组织为核心的多边贸易体制是国际贸易的基石，但过去几年世贸组织经历了艰难时刻，功能受阻、权威受

损。在农业领域，以发展为主题的多哈回合谈判停滞不前，规则不公平问题有增无减。世贸组织将召开第 12 届部长级会议，这是各方重聚信任、重塑信心的重要契机。我们要利用各种场合支持世贸改革谈判，广泛宣介中国主张和中国方案，推动构建更加公平的农业贸易新秩序。

二是推动双边、区域和多边开放合作。用好区域全面经济伙伴关系协定（RCEP）等自贸区优惠安排，进一步优化自贸区建设布局，建立稳定可靠的农产品贸易网络。做好与美欧日、东盟、非洲、拉美等重点国别农业合作，稳定 G20、金砖、上合等合作机制，加强与"一带一路"国家科技合作和政策交流，优化进口来源布局和渠道，促进特色优势产品出口。抓住国际粮农治理体系大变革的机遇，主动引领粮食减损、土壤健康、南南合作等议题议程，进一步提升影响力。

三是加快农业对外开放探索创新。加强国内政策集成创新，依托潍坊、宁夏等国家农业开放发展综合试验区等平台载体，紧密结合地方特色产业实际和发展需求，借鉴自由贸易试验区政策，以及国际上好的经验做法，开展先行先试，大胆试、大胆闯、自主改，做大投资贸易，做强投资产业。加快农业走出去实践创新，发挥好农业国贸基地、境外试验区等引领作用，推动优质农产品和优势农业产能走出去，大力发展农业服务贸易，培育农业国际竞争新优势，带动国内国外良性循环，提升世界农业现代化水平。

青山遮不住，毕竟东流去。历史是最好的教科书，实践是最好的应答器。加入世贸组织 20 年，我们"风景这边独好"。经济全球化和贸易自由化潮流势不可挡，我国农业将立足新发展阶段，贯彻新发展理念，构建新发展格局，更加敞开胸怀拥抱世界，向着实现农业农村现代化和乡村全面振兴的目标阔步前进！

（本文以农业农村部副部长马有祥 2021 年 10 月在中国入世 20 周年农业发展高层研讨会上的讲话为主要内容）

欧美国家金融危机的应对及对我国的启示

2008 年以来，全球金融危机重创虚拟经济和实体经济，农业也毫不例外地受到影响。金融危机对农业的影响主要体现在农产品出现阶段性需求疲软、价格回落及农民收入下降等，这是各国农业在经济危机中普遍面临的挑战。虽然各国农业受冲击程度不同，但在农业方面出台的应对措施有共同点，有些是值得我们借鉴和参考的。

一、世界主要国家在农业方面的应对措施

自 2008 年下半年至 2009 年上半年，世界一些主要国家先后出台了贸易、财政、货币等宏观调控措施及农业行业的具体政策，以减缓或扭转金融危机对农业的影响，这些措施有如下两方面特点。

（一）充分利用国际贸易规则限制进口，扩大出口

在危机来临、农业受到冲击时，各国都充分利用 WTO 规则保护本国产业。有些国家通过提高实施关税水平提高准入门槛，限制进口。例如，印度为稳定国内价格提高豆油关税；巴西通过南锥体关税同盟，提高包括农产品在内的共同关税。同时，一些国家采用出口补贴措施扩大出口，如欧盟和美国先后采取措施对其乳制品提供出口补贴，缓解国内价格压力。巴西增加了出口信贷规模，印度则出台棉花出口免税政策。各国还有针对性地开展农产品海外促销活动。例如，美国专门制定针对世界主要新兴市场的出口战略，欧盟则进行"品尝欧洲"的推介行动。

（二）短期应急与中长期应对配套，注重提高长远发展能力

金融危机以来，欧盟、美国等发达国家先后出台了包括临时收购、扩大国内收储、扩大出口、价格支持等在内的短期应急措施，同时针对农业的基本特点及未来发展形势，重点出台了加强农业基础投资、提高农业可持续发展能力方面的政策。欧盟在农村宽带网络建设、应对气候变化、可

再生能源、水资源管理、农产品质量安全上加大投资；美国则在环境保护、食品体系安全、生物能源工业、农业科技方面增加投入。一些发展中国家也纷纷出台应对措施。印度在水利灌溉系统建设、生物基因工程研究、农民生活保障上下功夫。巴西计划为农业生产者建立保险制度，制定农产品保护价格来稳定农业生产和农业生产者收入。

各国采取的经济刺激政策和补贴政策对稳定国内农业生产和生产者收入起到了重要作用，对于农业经济稳定发展具有积极意义，但有些具有明显的贸易保护主义色彩。例如，欧美出台的出口补贴措施，虽然是在现有补贴政策空间内提高补贴水平，符合各自现有的 WTO 承诺，但是这些补贴无疑将削弱其他国家农产品的国际竞争力，引发其他国家采取新的贸易保护措施。

二、对我国的启示

当前各国出台的应对危机措施有许多可借鉴之处。一是金融危机下各国普遍采取干预措施，把确保国内产业发展放在最重要的位置。不论是欧美等发达国家，还是印度、巴西等发展中大国，分别采取提高关税实施水平、市场收购、出口补贴等措施来稳定本国生产和价格。二是在国际规则谈判中争取保留政策空间十分必要。美国多年未使用出口补贴，但在 WTO 框架下保留了权利，在此次危机中可根据需要重新引入。三是各国都重视将短期应急和中长期应对措施相结合，注重提高农业可持续发展能力。四是普遍采取实用主义策略，一方面表示反对他国实行贸易保护主义措施，而另一方面采取各种措施，限制进口，鼓励本国产品出口。

在入世承诺时我国农产品关税较低，在提高实施关税空间上无灵活性，而且我国还承诺放弃使用出口补贴政策，因此我国可使用的政策空间有限。金融危机以来，我国在加强农业基础建设、提高出口退税等方面采取了应对措施，在落实这些措施的基础上，可考虑进一步完善和加强。

（一）完善和健全农产品价格保护体系，提高防波动能力

完善玉米、棉花、油料、猪肉等关系国计民生的大宗农产品价格保护体系，通过多种政策工具，综合施策，使大宗农产品价格稳定在一定水平。

（二）加强农产品促销，强化贸易促进

支持重点省（区、市）和主要行业协会组织企业开展农产品境外展览促销，支持境内国际性农业展览会和大型"中国农产品推广周活动"；加大对企业特别是出口龙头企业的支持力度，强化出口信用保险和担保政策，提高出口企业抗风险能力。作为中期发展目标，应整合国家级农业贸易促进资源，形成有效的农产品贸易促销体系。

（三）在农产品贸易谈判中争取保留必要的政策空间

应着眼长远，积极参加多双边农业贸易谈判，为我国农业中长期发展争取更多的政策空间，为提高我国农业竞争力和扩大贸易创建更为公平的环境。

（四）进一步加强农业基础能力建设

在抓好粮食生产的同时，应加大、加快农业结构战略性调整，加强农业基础设施和环境建设，加强农产品质量安全体系建设，发展生物能源，加强环境和水土保护，加大农业科技投入。

（2009 年）

国际气候变化问题相关措施发展趋势及其影响分析

全球气候变化日益成为国际社会广泛关注的热点问题。尽管国际上对气候变化的原因及影响的认识不尽相同，存在一定的分歧，但以减少碳排放为目标的行动和措施正在国际、区域和国家层面不断推进，对未来经济发展产生越来越深刻的影响。

一、气候变化相关国际行动框架

20世纪80年代末90年代初，全球气候变暖问题被提上国际议事日程。1992年通过的《联合国气候变化框架公约》（UNFCCC，以下简称《公约》），建立了国际社会应对气候变化问题国际合作的基本框架，其目标是"将大气中的温室气体含量稳定在一个适当的水平，进而防止剧烈的气候改变对人类造成伤害"。《公约》考虑到各国经济发展水平、历史责任和人均排放上存在差异，确定了"共同但有区别的责任"原则。根据这个原则，发达国家率先减排，并给发展中国家提供资金和技术支持；发展中国家在得到发达国家技术和资金支持下，采取措施减缓或适应气候变化。由于《公约》没有对个别缔约方规定具体需承担的义务，也未规定实施机制，缺乏法律上约束力。

作为《公约》后续补充条款，1997年通过的《京都议定书》，与《公约》最主要的区别是具有强制要求发达国家减排的法律约束力。《京都议定书》对2008—2012年第一承诺期发达国家的减排目标做出了具体规定，即发达国家整体温室气体排放量要在1990年基础上平均减少5.2%。但不同国家减排量有所不同，欧盟作为一个整体要减排8%，美国削减7%，日本、加拿大各削减6%。由于需要占全球温室气体排放量55%以上（1990年的排放水平）的至少55个国家和地区批准之后才能具有法律约束力，《京都议定书》于2005年2月才正式生效，截至2009年底，已有

184 个国家成为缔约方。美国曾于 1998 年签署了《京都议定书》，但 2001 年 3 月，布什政府以"减少温室气体排放将会影响美国经济发展"和"发展中国家也应该承担减排和限排温室气体的义务"为借口宣布退出，使《公约》的实施未取得显著成效。

2007 年起，缔约方开始对 2012 年《京都议定书》一期承诺到期后的后续减排方案进行谈判，即"后京都"问题讨论。12 月签订的"巴厘路线图"，建议在 2009 年前就应对气候变化问题达成新协议，并于 2012 年《京都议定书》到期后生效。"巴厘路线图"虽然明确规定《公约》的所有发达国家缔约方都要履行温室气体减排责任，将把美国纳入进来，但在美国等的反对下没有提出具体减排目标。

根据"巴厘路线图"的规定，2009 年末召开的"哥本哈根世界气候大会"主要目标是商讨《京都议定书》一期承诺到期后的后续方案，即 2012—2020 年的全球减排协议。会议的焦点主要问题集中在"责任共担"：发展中国家指责发达国家温室气体排放远超发展中国家，要求其承担更多气候责任；发达国家指责发展中国家片面注重经济忽视环境保护，要求据此分担责任。会议最终达成了《哥本哈根协议》，维护了《公约》及其《京都议定书》确立的"共同但有区别的责任"原则，就发达国家实行强制减排和发展中国家采取自主减缓行动做出了安排，并就全球长期目标、资金和技术支持、透明度等焦点问题达成广泛共识，但在二氧化碳减排的具体指标上，各方分歧仍存，没有达成共识。而且《哥本哈根协议》不具备法律约束力。

2010 年 11 月召开的坎昆气候大会继续就"巴厘路线图"进行谈判，以期最终达成具有约束力的协议。但由于核心僵局涉及各国根本利益，会议最终在减排目标、责任区分、长期资金援助及美国做出有效承诺等问题上难以取得突破。最终，在各方妥协下会议通过了《公约》和《京都议定书》下的两个决议，获得一个"平衡结果"，但决议内容仍存在局限性，而且全球主要温室气体排放国——美国的态度消极，这意味着联合国气候变化大会仍面临诸多挑战。

二、气候变化相关措施及其影响

尽管各国间矛盾分歧使得气候变化谈判步履维艰，但许多国家尤其是发达国家在减少碳排放的目标下采取了许多措施，包括制订节能减排战略计划、构建相关法律法规体系等。各种政策措施归纳起来大体包括以下四大类：一是碳补贴等鼓励性措施；二是碳税、碳排放交易制度等惩罚性措施；三是碳标签、低碳产品认证等引导性措施；四是为防止碳泄漏①提出的碳关税、边境调整措施等保护性措施。

（一）碳补贴

碳补贴是政府对有利于低碳经济发展的企业或消费者行为给予的补贴，是促进低碳经济发展，实现产业结构升级的重要手段。为减少对传统能源的依赖和促进节能减排，很多国家尤其是经济实力较强的发达国家均利用自身比较优势，制定低碳经济战略规划并在财政预算中给予支持。例如，英国政府计划投资 6.68 亿美元用于近海风电和潮汐能技术开发，加拿大自 2007 年起对购买新能源汽车者提供 1 000～2 000 加元的补贴。

低碳产业作为战略性新兴产业，其链条将不断扩大和完善，最终将不断渗透到包括农业在内的传统产业中，实现对传统产业的改造和升级。碳补贴政策作为各国低碳经济战略的重要方面，其涉及领域和范围也将日益扩大。就农业领域而言，碳补贴政策极有可能发展成为农业新增补贴内容，纳入农业"绿箱"或"蓝箱"补贴范畴，为发达国家增加补贴项目和提高补贴金额找到合适的理由，可能引发发达国家竞相提高农业补贴和保护水平，从而导致国际农产品贸易环境更加恶化，对包括我国在内的发展中国家农产品出口造成不利影响。

（二）碳税

碳税是二氧化碳税的简称，以化石燃料中碳含量作为计税基数。碳税通常从量计征，因化石燃料碳含量与燃烧所排放的二氧化碳成正比，所以燃料的碳含量越高，税率越高。碳税可在消费环节或生产环节征收，但为鼓励消费者使用替代能源，降低排放量，实践中多数国家在燃料消费环节征收。从 20 世纪 90 年代开始，芬兰、瑞典、挪威、丹麦、斯洛文尼亚、爱沙尼亚和瑞士等欧洲国家开始在国内征收碳税，征税对象主要是汽油、液化石油气、天然气、电、煤及焦炭等。部分国家的地方政府也开始征收

---

① "碳泄露"也称竞争力损失，是指某些国家碳排放减少被其他国家排放增加所抵消。实施严格碳排放政策的国家因成本提高，其生产活动会转移到碳排放政策宽松的国家，导致前者的碳减排在一定程度上被后者所抵消。

碳税，如加拿大魁北克省 2007 年 10 月开始征收碳税，美国旧金山等部分城市 2008 年 5 月起开始征收温室气体费。

碳税目前主要以国内（区域内）征收为主，但美欧等发达国家试图将征收范围扩大到进口产品。2008 年欧盟立法生效，规定从 2012 年起对航空服务实行碳排放额度管理，所有在欧盟机场起降的各航空公司必须加入欧盟的航空排放交易体系（EU ETS）。如果航空公司实际碳排放量超过其免费额度，就必须在欧盟碳市场购买超额部分，以弥补其缺口。如果配额有节余，航空公司也可在碳市场出售。这种做法实质上是利用市场手段控制企业的温室气体排放，通过设定配额使得温室气体排放量成为一种"稀缺资源"，然后将其作为"商品"打上一个价格标签，在碳市场上进行交易。欧盟的做法引起了其他国家航空公司的强烈不满。

从未来发展趋势看，碳税的税率有可能不断提高，征收范围也可能不断扩大，而发达国家则可能以"碳泄漏"等为由，对进口产品征收碳税。鉴于当前发达国家的发展已较稳定，而发展中成员尚处于成长期，碳税的征收变成了一种发达国家限制发展中国家发展的措施。

（三）碳排放交易制度

碳排放交易制度（CETS）首先对二氧化碳排放总量设定上限，然后把排放总量分解为若干许可排放量或排放配额，并设立自由市场或拍卖市场，进行排放额度交易。目前，全球碳市场主要在欧盟（EU ETS）、英国（UK ETG）、美国（CCX）和澳大利亚（NSW），年均交易总额已达到 300 亿美元。

碳排放交易是用经济手段推动环保的国际通行办法，是清洁发展机制（CDM）的核心内容。1977 年，《京都议定书》把排放交易制度引入国际温室气体排放管理，规定了发达成员 2008—2012 年的温室排放上限和到 2012 年的减排目标。同时，要求 169 个协议国家承诺在一定时期内实现一定的碳排放减排目标，各国可以将自己的减排目标分配给国内不同的企业。当一国不能按期实现减排目标时，可以从拥有超额配额或排放许可证的国家（主要是发展中国家）购买一定数量的配额（许可证）以完成减排目标。

《京都议定书》谈判结束后，碳排放交易制度引起各国广泛关注。部分发达国家建立了强制参加和自愿参加两类碳排放交易制度。2005 年

1 月，欧盟开始实施全球最大规模的强制性碳排放交易制度，其能源及工业部门的 1 万家企业纳入了该制度，涵盖了欧盟二氧化碳排放总量的 50％；2008 年，新西兰建立了碳排放交易制度；澳大利亚已着手建立类似制度；美国于 1977 年通过了《清洁空气修订案》，首先建立了空气污染物排放交易体系，目前参议院正在讨论建立强制性的碳排放交易制度。自愿碳排放交易制度主要是一些比较大的公司、机构，出于对企业形象和社会责任宣传的考虑，购买一些自愿减排指标来抵消日常经营和活动中的碳排放。一旦决定参加并承诺减排，就具有法律约束性。

（四）碳标签

碳标签（又称碳标识）是指将产品在生产过程中排放的温室气体总量以量化数值的形式标识在产品标签上，从而向消费者公布生产该产品带来的温室气体排放量。2007 年，英国政府成立了碳基金，鼓励英国企业尝试使用碳标签。包括百事可乐在内的多家企业约 75 种产品将碳足迹（即碳耗用量）标识于产品上，这也是世界上首批碳标签；日本于 2009 年初开始推出碳足迹标签试行计划，主要涉及食品、饮料、电器、日用品等十几种产品，碳足迹标签详细标示了产品生命周期中每个阶段的碳排放量；美国已推出了 3 类碳标签，主要用于食品、服装、电烤箱、组合地板等产品；中国的碳标签制度也在酝酿之中，目前已发布了 71 个环保标志，涉及的产品产值达 1 万亿元。这些环保标志是低碳标签的一个雏形，为今后我国实行碳标签制度奠定了良好基础。

碳标签制度是应对全球气候变暖提出来的一项有力措施，使低碳、环保走入人们的日常生活。在碳排放标准制定方面发达国家处于优势地位。此外，碳标签设计程序复杂，各国又没有统一标准，极有可能演变成为发达国家针对发展中国家的市场准入障碍和绿色壁垒。

从长远来看，随着国际温室气体管理标准的进一步完善，消费者对气候变化问题认识的深入及全社会环保意识的加强，碳标签制度会逐渐从自愿到强制，使用范围也将从目前的食品、电器、日用品扩展到大多数商品。全球统一的碳标签制度也可能应运而生。

（五）碳关税

碳关税不同于碳税，是仅对进口产品按其生产过程中二氧化碳排放量征收的进口税。最早由法国前总统希拉克提出，旨在希望欧盟国家对从未遵守《京都协定书》的国家进口特定产品征收特别关税，以免在欧盟碳排放交易制度实施后，其境内钢铁业等高耗能产业遭受不公平竞争。碳关税不同于在进口环节征收的碳税，其区别类似于关税不同于进口环节增值税。

对进口产品征收碳关税是否合法目前仍存在分歧，在目前气候谈判中，我国与印度、巴西等发展中国家强烈反对发达国家征收碳关税，而发达国家则极力要求明确其征收碳关税的权利，双方谈判陷于僵局。

由于经济和技术上的制约，发展中国家的产品普遍达不到发达国家的低碳排放标准，因而将成为征收碳关税的主要对象。根据世界银行的研究报告，如果碳关税成为国际贸易的正式规则，那么在国际市场上，以"高投入、高消耗"为主的中国产品所面临的碳关税税率可能高达 20%，出口将下降 20%～26%。

（六）边境调整措施

边境调整措施是指在碳排放交易制度下，要求进口产品在进口时提交排放额度或排放许可证，或者在其进口国购买排放额度。2009 年 6 月，美国国会通过《清洁能源安全法案》，提出为进口产品建立碳排放国际储备制度，产品进口时须提交相应的碳排放额度。要求从 2020 年 1 月 1 日起，对易受碳泄漏影响的产业部门的产品（如钢铁、水泥、铝等）进口实施进口许可制度，产品进口时须提交在美国碳排放国际储备制度下购买的碳排放额度。美国《清洁能源安全法案》实施的这种进口许可制度，即国内碳排放交易制度的一种边境调整措施。有专家认为，这种边境调整措施难以保持公平。如果要保持公平，就必须准确测算不同种类进口产品在生产过程中实际发生的碳排放量。然而即使是同一种产品，在生产过程中碳排量也会因不同国家、不同企业、不同阶段而有所不同。生产过程中碳排放量取决于所耗燃料的数量和质量、特定产品的生产工艺等诸多因素。仅凭边境检验，很难准确计算进口产品生产过程的碳排放量，其结果有可能高估或低估进口产品实际排放量，造成不公平。因此，碳排放交易制度下的这种边境调整措施可能成为一种贸易保护手段。

三、对策建议

目前，发展"低碳经济"成为国际大趋势，发达国家已形成较为完整的"低碳"产业发展体系，通过制定各种措施，试图给"低碳产品"创造良好的发展环境，鼓励并极力保护本国"低碳"企业发展。与之相比，发展中国家还停留在认识、尝试、跟随阶段，在相关法律、制度、政策及投入上尚缺乏支撑，发展农业生产还较少考虑环境成本，极易受到发达国家低碳标准的限制。随着"低碳"概念深入人心，消费者将更加倾向于选择"低碳"产品，包括我国在内的发展中国家将受制于"低碳"贸易壁垒，影响农产品贸易。我国农业温室气体排放占总排放量的17％，在应对气候变化过程中，农业一方面承担着减排、固碳、节能等任务和压力，另一方面还要积极应对气候变化带来的风险和挑战。

（一）强化低碳农业发展基础，为低碳农业发展创造良好环境

在生态环境趋于恶化、能源供应趋紧的形势下，转变农业发展方式，创造良好的政策、法律环境，促进农业节能减排，发展低碳农业刻不容缓。

一要为低碳农业发展创造良好的政策法律环境。一方面，运用财政、金融、税收等优惠政策，构建低碳产品生产、加工、销售综合配套服务体系，为低碳农业发展创造良好的政策环境。另一方面，加快制定《应对气候变化法》，把应对气候变化纳入地方政府的社会经济发展规划中。在《农业法》《水土保持法》《土地管理法》《水污染防治法》和《农业气象灾害救济条例》等相关法律法规中，增加应对气候变化的相关内容。二要逐步改善现有农业能源结构。逐步改变我国农村地区生活和生产能源均以石化能源为主的能源结构，加快发展太阳能、风能，以及以农作物秸秆、人畜粪便等为原料的生物质能源等清洁能源。三要逐步减少碳排放和增加碳吸收。一方面，调整农业种养结构，优化农业生产布局，推动"农业资源—农产品—再生资源"的循环模式，实现农业生产的低开采、高利用、低排放、低污染。另一方面，大量培育或引进耐高温、耐干旱、抗病性强的作物品种，增加碳吸收。在保证基本农田的前提下扩大农业湿地建设范围和标准，发挥其强大的固碳功能。

（二）制定有针对性的国际农产品贸易策略，构建低碳贸易应对机制

应充分利用国际贸易加快我国低碳农业产业健康发展，加快转变农业发展方式。

一是要积极利用各种多双边场合，参与有关碳排放讨论，跟踪掌握最新动态。二是要加快国内低碳农业产品认证、碳标签等制度标准体系建设。通过碳足迹评估、认证，加注碳标签、碳识别，切实减少农产品生产及出口企业的碳排放，提高出口竞争力。三是充分利用国际低碳资金。积极利用清洁发展机制（CDM）、全球环境信托基金（GEF）等与气候相关的国际金融机制，同时通过建立碳流失基金，建立碳交易机制，有效利用引进的国际资金。四是调整进出口贸易调控政策，弥补我国资源和环境密集型农产品缺口的同时，扶持、引导低碳农业产业发展。逐步建立低碳农产品生态经济效益评价指标体系和评估标准，对低碳农产品贸易进行评估，据此调整农产品贸易发展政策，不断提高农产品贸易的生态经济效益。

（三）建立健全应对气候变化的农业风险管理体系

应对气候变化带来的风险，既要防御自然风险，还要防御市场风险。

一要建立健全灾难预警与应急机制。加强对气候变化的应变能力和抗灾减灾能力建设，加强应急技术研发，做好应急人力、物力、财力储备，建立高效的应急管理机制，提高对极端气候事件预警与响应能力。二要加强市场价格监测预警体系建设。农业灾害越严重，投机资本等非传统因素对农产品市场价格影响越大，为此应完善农产品生产、销售及价格信息系统，做好实时监测，及时了解新情况、新问题，保持农产品市场价格的稳定。三是提高政府宏观调控能力。进一步增强政府对粮食等大宗农产品市场的宏观调控能力，健全完善粮食等大宗农产品风险储备体系，促进国内农业及粮食生产稳定发展。

（2011 年）

俄罗斯入世对我国农产品贸易影响研究

2011 年 12 月 16 日，世界贸易组织第八届部长级会议正式批准俄罗斯加入世贸组织，俄罗斯在履行国内手续后将于 2012 年 7 月正式成为世贸组织成员。俄罗斯是世界重要的农业大国，其入世将对全球农产品贸易产生深刻影响。

一、俄罗斯农业生产与农产品贸易

（一）农业生产情况

俄罗斯总人口 1.45 亿，国土总面积 1 700 万平方千米，土地资源丰富，农业用地面积 2.2 亿公顷，其中耕地面积 1.17 亿公顷，占世界耕地面积的 8% 和俄罗斯国土面积的 10%。俄罗斯 60% 的耕地面积用于种植粮食作物。1999—2010 年，农业产值年均增长 2.4%。2011 年，农业产值为 933 亿美元。

俄罗斯主要粮食作物有小麦、大麦、玉米等，主要经济作物有亚麻、向日葵和甜菜。粮食产量居世界前列，2008 年总产量达 1.08 亿吨。2011 年，粮食总产量为 9 420 万吨，其中小麦产量为 5 624 万吨，占粮食产量的 60%。葵花籽、马铃薯产量均居世界前五位。

俄罗斯畜牧业比较发达，但主要肉类产品（如牛肉、猪肉等）产不足需。2010 年，俄罗斯肉类总产量约 700 万吨，人均占有量 49 千克，其中猪肉产量 232 万吨，产值 78 亿美元；牛肉产量 172 万吨，产值 62 亿美元。俄罗斯禽蛋、牛奶、羊毛产量位列世界前列。禽肉产量 283 万吨；牛奶生产自给有余，产量 3 200 万吨，奶牛平均单产 4.6 吨，2010 年产值占农业产值的 15.6%；禽蛋产量 226 万吨。

（二）农产品贸易情况

1. 贸易规模。 俄罗斯是世界主要的农产品贸易国之一，2010 年俄罗斯农产品贸易总额为 425.01 亿美元，占世界农产品贸易总额的 1.81%，居世界第 7 位。近年来，俄罗斯农产品进出口总额均呈明显的增长趋势，从 2000—2010 年，农产品出口由 15.28 亿美元增加到 81.61 亿美元，进口由 74.85 亿美元增加到 343.41 亿美元，见图 4-1。

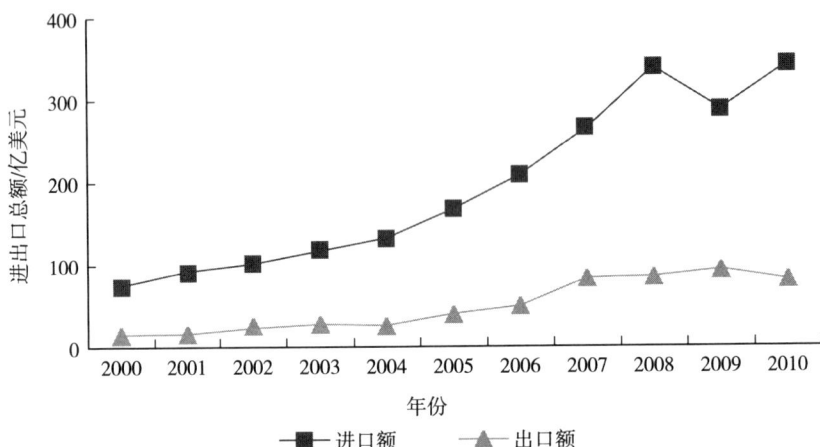

图 4-1　2000—2010 年俄罗斯农产品进出口总额

资料来源：联合国商品贸易统计数据库（UN Comtrade）。

2. 贸易结构。2000 年以来，俄罗斯农产品进口和出口商品结构相对稳定。主要出口产品为谷物、水产品、其他农产品（加工品）、饮品类、植物油、畜产品等，见图 4-2。其中，前三类产品几乎占到俄罗斯农产品出口的 60% 以上。

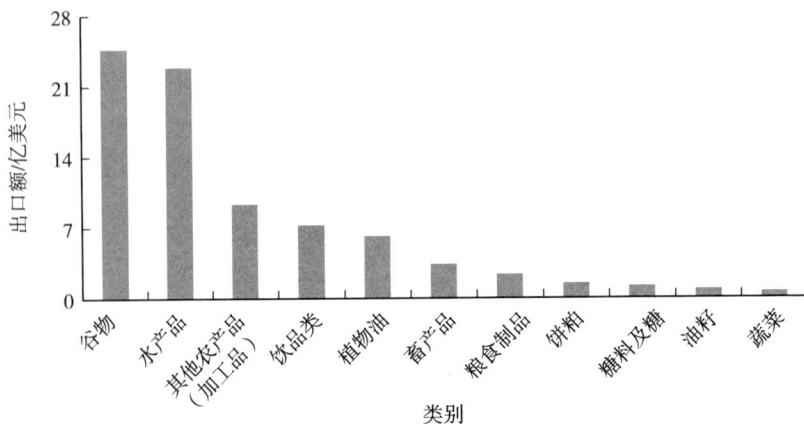

图 4-2　2010 年俄罗斯主要出口农产品

资料来源：联合国商品贸易统计数据库。

俄罗斯主要的进口农产品是畜产品、水果、饮品类、其他农产品（加工品）、蔬菜、水产品，其中畜产品在俄罗斯进口中一直占有最主要的地位，见图4-3。2010年，前三类农产品进口份额的分别为25.11%、16.97%和14.52%。

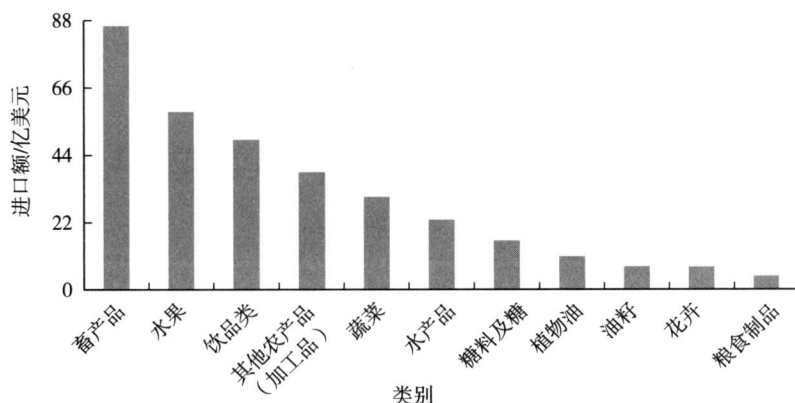

图4-3　2010年俄罗斯主要进口农产品

资料来源：联合国商品贸易统计数据库。

3. 市场结构。俄罗斯最主要的农产品贸易伙伴是欧盟，其进出口额均为首位。俄罗斯的主要进口来源国还包括巴西、乌克兰等，而主要出口目的地为中国、埃及等，见表4-1。

表4-1　2010年俄罗斯主要进出口方（前五名）

国家/地区	进口		国家/地区	出口	
	进口额/亿美元	进口份额/%		出口额/亿美元	出口份额/%
欧盟	124.56	36.27	欧盟	10.28	12.59
巴西	38.56	11.23	中国	9.61	11.78
乌克兰	19.75	5.75	埃及	8.93	10.95
土耳其	14.94	4.35	韩国	8.48	10.40
中国	14.36	4.18	乌克兰	5.74	7.04

资料来源：联合国商品贸易统计数据库。

二、俄罗斯入世农业承诺及影响

（一）俄罗斯入世主要承诺

俄罗斯以发达国家身份入世，其农业承诺按WTO农业三大支柱分类分为国内支持承诺、市场准入承诺和出口竞争承诺。

1. 国内支持。俄罗斯可采取的国内支持措施有"绿箱"和"黄箱","黄箱"包括综合支持量（AMS）和微量允许，综合支持量在 2018 年前从 90 亿美元（相当于 1993—1995 年平均水平，高于入世前俄罗斯 AMS 实际支出水平）削减至 44 亿美元（相当于 2006—2008 年平均水平），作为发达成员享有 5% 的微量允许支持，见表 4-2。

表 4-2 俄罗斯扭曲贸易的国内支持约束上限

单位：亿美元

	2012 年	2013 年	2014 年	2015 年	2016 年	2017 年	2018 年
AMS	90	90	81	72	63	54	44

资料来源：俄罗斯入世协定书。

2. 市场准入。根据入世协定，俄罗斯农产品市场准入减让主要包括以下 3 个方面。

（1）关税。俄罗斯农产品最终约束税率从 2010 年的 13.5% 降至 10.8%，低于发展中国家特别是新兴经济体的约束税率，见表 4-3。其中，谷物关税将由现行的 13.1% 降至 9.1%，降幅最大，为 30.5%；其次是糖和糖果，为 28.5%，见表 4-4。

表 4-3 俄罗斯和部分发展中国家的关税情况

国别	实际关税/%					最终约束关税/%
	2000 年	2007 年	2008 年	2009 年	2010 年	
俄罗斯	9.9	14.6	14.2	13.2	13.5	10.8
乌克兰	—	23.0	13.0	9.7	9.8	11.0
阿根廷	15.0	10.2	10.3	10.3	10.3	32.4
巴西	15.6	10.3	10.2	10.2	13.7	35.4
印度	47.4	34.4	32.2	31.8	31.8	113.1
南非	5.8	9.2	9.3	8.9	9.0	39.5

资料来源：ICTSD（International Centre for Trade and Sustainable Development，国际贸易和可持续发展中心）。

（2）关税配额（TRQ）。入世后，俄罗斯在牛肉、猪肉、禽肉和乳清产品等主要畜产品上使用进口关税配额制度，配额内实施优惠税率，配额外征收较高关税，2020 年后实行统一关税，见表 4 - 5。

表 4 - 4　部分农产品的约束关税及其削减情况

产品名称	2001 年	2005 年	2010 年	最终约束关税/%	关税削减比例/%
乳制品	14.9	16.2	16.6	14.9	10.2
谷物	—	—	13.1	9.1	30.5
谷物制品	9.7	13.1	14.2	10.5	26.1
油籽、脂肪和油	7.2	9.4	8.5	7.6	10.6
咖啡和茶	11.1	11.5	9.2	8.9	3.3
糖和糖果	5	21.9	16.5	11.8	28.5

资料来源：ICTSD。

表 4 - 5　敏感产品关税配额情况

敏感产品	配额内/%	配额外/%	统一关税/%
牛肉	15	55	27.50
猪肉	0	65	25
禽肉	25	80	37.5
乳清产品	10	15	—

资料来源：俄罗斯入世协定书。

（3）关税同盟与普惠制关税。俄罗斯与哈萨克斯坦和白俄罗斯于 2011 年建立关税同盟。俄罗斯入世后，原承诺的对发展中国家实施的普惠制关税继续实施。根据普惠制关税的安排，俄罗斯、哈萨克斯坦、白俄罗斯从部分发展中国家进口的农产品税率为最惠国待遇（Most Favored Nation-treatment，MFN）的 75%，从最不发达国家进口的税率为 0（相关国家和普惠制税率产品见俄罗斯入世议定书附表）。

3. 出口竞争。俄罗斯承诺不对出口产品实施出口补贴。承诺出口关税最终约束税率为 0，但对部分农产品（包括鱼类、虾类等甲壳类动物、大豆种子、油葵和油菜籽等油料作物种子）在一定期限内仍征收出口税，出口税率从 20% 逐步降到 10%，2020 年取消。

对于出口限制，俄罗斯承诺入世后将遵循 WTO 相关条款，这表明俄罗斯仅可出于国内粮食安全原因采取出口限制措施，而且必须提前通知

WTO农业委员会，并考虑相关成员的利益关切。

此外，俄罗斯承诺对正在实施的所有动物卫生与植物检疫措施进行重新清理和审定以确保其与WTO规则相一致；确保技术性规章、标准、合格评定程序等所有法规与WTO技术贸易壁垒协定相一致。将兽医检疫证书制度和进口许可、海关申报等方面制度进行审核评定，保证其符合WTO相关规定。

（二）俄罗斯入世对本国农业的影响

虽然入世谈判长达18年，但经过艰苦努力，俄罗斯争取到了较好的谈判结果。据世界银行预测，加入WTO可以使俄罗斯的GDP整体增长11％，促进俄罗斯产品进入国际市场，为俄罗斯企业建立更有效的国际合作机制，提高俄罗斯商业的投资吸引力，扩大贸易规模。入世也将为俄罗斯农业产业带来积极影响，促进俄罗斯农业健康稳定发展。

1. 对农业保护程度没有实质性降低。俄罗斯在谈判中始终将农业视为敏感产业，为农业发展争取到了极为有利的政策空间，市场开放度有限，农业支持的政策空间还有所增加。俄罗斯入世后农产品关税削减幅度有限，平均关税仅下调2.4个百分点，并且还保留近20％左右的非从价税，并对部分重点产品实行关税配额管理。金融危机爆发后，俄罗斯提高了许多农产品进口关税，入世仅仅是使这些产品的关税水平恢复到危机前水平。农业支持方面，入世后俄罗斯"黄箱"AMS使用空间与其实际水平相比变化不大，如果加上可使用5％的微量允许，则俄罗斯在入世后"黄箱"空间有所提高。该承诺被俄副总理舒瓦洛夫认为达成了WTO历史上"前所未有的优惠条件"。

2. 肉类、食品加工、水果、农机产品等国际竞争力不强的农产品关税有一定削减。近年受国内经济快速增长和卢布升值等因素影响，俄罗斯农产品进口大幅增长，主要进口农产品是畜产品、水果和加工品等。俄罗斯政府从2003年起开始使用关税配额限制肉类进口，农业补贴主要投向畜牧业，但肉类进口依然快速增长。预计入世后随着俄罗斯经济发展和关税降低，其肉类进口增长幅度将更大，将对俄罗斯国内肉产品产业构成较大压力。俄罗斯水果关税将大幅下降，其中苹果产品的关税5年内至少削减2/3，梨的关税将由10％削减到5％，部分高端加工食品关税降为0。俄罗斯进口农用机械关税将从15％降至5％，二手农用机械的关税将全部取消。俄罗斯农机制造业被认为是将会受到冲击较大的产业。

3. 出口环境改善，促进优势农产品出口。俄罗斯入世后，作为 WTO 成员将享受最惠国待遇及受 WTO 规则约束，俄罗斯出口政策随意性有望减小，出口有可能获得良好的内外环境。谷物作为俄罗斯的优势农产品，近年来出口大幅增长，俄罗斯谷物出口从 2000 年的 1.35 亿美元增至 2010 的 24.68 亿美元，而入世带来的出口环境改善将使其谷物生产和出口优势进一步增强。美国农业部曾预计到 2019 年，俄罗斯将会成为全球头号小麦出口国。但国内运输距离遥远、汇率波动较大，以及基础设施差等客观因素仍可能使俄罗斯扩大粮食出口潜力受到制约。

三、俄罗斯入世对全球及我国农产品贸易的影响

俄罗斯是世界上重要的农产品贸易国，其入世将对世界农产品贸易产生较大影响；中俄是重要的农产品贸易伙伴，俄入世也将推动中俄农产品贸易向前发展。

（一）俄罗斯入世对世界农产品贸易的影响

俄罗斯入世对世界农产品贸易将产生一定积极影响，主要体现在以下两个方面。

1. 农产品贸易环境的改善。俄罗斯入世后将按照 WTO 规则清理和审定管理贸易的法律法规，约束俄罗斯国内政策，避免引起国际市场波动。一是减少贸易政策的随意性。入世前俄罗斯国内政策不受世贸规则约束，作为世界重要的粮食作物生产国，俄罗斯粮食出口政策调整会引起国际市场的剧烈波动。例如，2008 年、2010 年俄罗斯两次限制粮食产品出口，加剧了世界农产品市场波动，入世后俄罗斯采取出口限制措施则必须遵循 WTO 规则。二是提高农产品市场开放度。俄罗斯承诺取消农产品非关税壁垒，简化关税税制，降低农产品进口关税，这将扩大农产品的市场准入。三是提高贸易便利化程度。俄罗斯将按照 WTO 规则实施农产品检验检疫制度，将使俄罗斯农产品的贸易便利化程度明显提高，增加相关法律法规和贸易管理方法的透明度和可预见性。

2. 俄罗斯市场进一步开放可能扩大部分农产品进口。一是肉类进口增加且来源地呈多元化趋势。俄罗斯入世后，主要受益方除欧美等传统供应国外，巴西、乌拉圭、巴拉圭等发展中国家也将增加对俄罗斯出口。不

过，对于 8 000 欧元/吨以上的高档牛肉贸易，俄罗斯将参照美国、加拿大和阿根廷等国做法，与有关贸易方另行谈判确定配额量和税率，俄罗斯入世后欧美等地区仍可能是其高档牛肉的主要进口来源地。二是饮品贸易格局有一定变化。饮品是俄罗斯的主要进口农产品，入世后欧盟等将仍是俄罗斯主要的饮品进口来源地，但俄罗斯葡萄酒关税大幅削减也将使智利、南非、阿根廷等发展中国家直接受益。三是水果进口将有所增加。俄罗斯水果的主要进口来源地是欧盟、土耳其和厄瓜多尔，2010 年的进口份额分别为 23.54%、13.90% 和 11.26%。俄罗斯入世后水果降税幅度较大，这些国家将从中获益较多。

此外，俄罗斯入世对俄罗斯与独联体国家双边贸易产生重要的影响。独联体国家曾是俄罗斯重要的进口国，不过其占俄罗斯的进口份额呈持续下降的趋势，从 2000 年的 34.3% 下降至 2010 年的 13.8%。入世后给予独联体国家（除关税同盟国白俄罗斯和哈萨克斯坦外）的特殊优惠适用于所有 WTO 成员，俄罗斯从独联体国家进口的农产品将有部分发生贸易转移。

（二）俄罗斯入世有利于中俄双边农业经贸积极发展

1. 为双边贸易和农业合作提供稳定的环境。 俄罗斯与我国虽同为农业大国，但目前两国间农产品贸易并不活跃，主要原因是俄罗斯对外贸易管理体制不完善，俄罗斯入世后将遵循 WTO 相关规则，这有利于消除影响中俄贸易正常发展的体制机制限制性因素，为双边贸易提供良好的环境。俄罗斯幅员辽阔，资源丰富，双方在未来农业资源合作开发方面存在着较大的潜力。

2. 有利于我国优势农产品对俄罗斯出口。 俄罗斯主要进口农产品有水果、水产品和蔬菜等，这些都是我国优势出口农产品。2010 年，中国已经成为俄罗斯第三大水果、水产品进口国，第四大蔬菜进口国。俄罗斯入世将更加有利于这些优势农产品对俄罗斯出口。此外，俄罗斯农机市场潜力巨大，其入世为中国农机出口创造了一定的机会。

3. 有利于我国从俄罗斯进口资源型农产品。 俄罗斯农业资源丰富，是原木、粮食等资源型农产品的出口大国，俄罗斯入世将在一定程度上增加我国资源型产品的供应来源，特别是粮食。目前，我国谷物进口来源国主要是美国、加拿大和澳大利亚等国，市场集中度较高。俄罗斯粮食生产能力和出口能力均较强，且和我国运距较近。从平衡贸易和市场多元化角度考虑，从俄罗斯进口需要的谷物产品为我国提高粮食安全水平提供了新的选择。

四、启示

俄罗斯是世界主要政治和经济强国，其入世经历了 18 年漫长的历程，从俄罗斯积极争取入世和其艰难的谈判过程中，不难看到加入 WTO 这一多边贸易机制的重要意义及对农业保护已成为各国的共识。

1. 多边贸易体制在国际贸易交往中的重要作用依然存在。 随着多哈回合谈判久拖未决和各种区域贸易协定的快速扩张，目前对多边贸易体制的作用及其重要性的质疑声不断增强。事实上，多边贸易体制的重要性不仅仅是促进经济体开放市场，更重要的是为经济体之间开展贸易制定了一整套行为规则，使各经济体能够在透明和可预测的环境中公平竞争。WTO 的作用不会因多哈谈判出现暂时困难而有所折扣，作为全球主要经济体的俄罗斯在此时入世即是对此最好的证明。

2. 注重对农业的保护是各国的共识。 各国在谈判过程中都重视对农业的保护。俄罗斯农业资源丰富，农业竞争力较强，但依旧注重对农业的保护。在长达 18 年的入世谈判过程中，俄罗斯始终将农业作为敏感产业加以保护，入世后对农业的保护程度不仅没有实质性降低，国内政策调整依旧享有很大的灵活空间。我国农业资源有限，农业竞争力弱，在入世过程中已经大幅开放了农产品市场，现有的政策空间已十分有限。在今后的多双边贸易谈判中要借鉴其他国家的经验，重视对农业的保护。

（2012 年）

新一轮粮食安全与贸易自由化之争

近年世界粮食价格剧烈波动引发各界对粮食安全问题的广泛关注和思考。近期，联合国人权理事会的奥立维尔·德·舒特（Olivier De Schutter）发表了题为《世贸组织与后全球粮食危机时期议程》[①] 的报告（以下简称"舒特报告"），提出现有的 WTO 多边贸易体制限制了发展中国家维护粮食安全的能力，WTO 总干事拉米对此进行了反驳。粮食安全问题广受国际社会关注，对我国而言，粮食安全问题意义更为重大，舒特报告的不少观点对我国很有针对性。

一、舒特报告的主要内容

联合国人权理事会粮食权特别报告员舒特在报告中阐述了贸易与粮食权及粮食安全的关系，认为 WTO 贸易规则及其所代表的贸易自由化的理念与粮食安全目标的实现在某些情况下发生冲突，强调作为人类的基本权利，粮食权超越贸易、投资等商业考量，应具有优先地位。因此，当二者发生矛盾时，应修改贸易规则以保障粮食权和粮食安全的实现。

（一）WTO 贸易规则与粮食安全的关系

报告认为，WTO 贸易规则从 5 个方面束缚了发展中国家解决粮食安全问题的能力。

1. WTO 贸易规则限制了发展中国家对农业投资和向小农提供服务的能力。 WTO《农业协定》的"绿箱"和"黄箱"政策存在标准问题。"绿箱"条款多脱胎于发达国家在乌拉圭回合谈判时期采取的农业支持措施，原本就不是为发展中国家设计的，并不适应发展中国家的具体国情。当时

---

① Olivier De Schutter. The World Trade Organization and the Post - Global Food Crisis Agenda [R]. Geneva：UN Special Rapporteur on the Right to Food，16 November 2011.

谈判的重点是限制发达国家给予农业生产者的补贴，而当时众多发展中国家正在经历结构调整，对农业的公共投资显著下降，"绿箱"的设计就没考虑发展中国家使用"绿箱"的因素。相对于发展中国家的农民来说，它为发达国家农场主提供了更多灵活性，因而"绿箱"条款是不平衡的。

"黄箱"政策规定大多数发展中国家只有农业产值10％的"微量允许"空间。根据《农业协定》，一项支持措施如果不能满足"绿箱"的特定标准，就会被认定为扭曲贸易，从而计入"黄箱"，新的粮食安全政策因而很可能被纳入"黄箱"，导致突破发展中国家承诺的水平。出于此种担忧，发展中国家往往对实施保障粮食安全的政策持慎重态度。虽然WTO承认粮食安全问题的合法性，但其规则在本质上把政府对农业的支持认定为对贸易自由化的偏离，其具体条款的设计实际把粮食安全和农业生产置于贸易之后。

2. WTO政策无法保障小农生计和粮食安全，也不利于政府增加对粮食安全的投入。 大部分"绿箱"标准是依照发达国家支持计划设计的，而大部分粮食不安全人口生活在发展中国家，其中很多是小农。鉴于"绿箱"关于直接支付和保险计划的标准以发达国家大农场和产业化农业生产为参照，其条款对于发展中国家劳动密集的小规模生产模式缺乏适配性。以"收入安全网"为例，根据现有"绿箱"规则，农民仅可通过收入保险计划获得安全网支持，但必须在非常具体的特定条件之下，包括收入损失要超过前五年平均水平等。发展中国家很难使用这些条款，发展中国家政府缺乏足够的人力和财力来记录农民收入，而且很多小农徘徊在贫困线边缘，也使这些复杂的计算失去了意义。

3. WTO对国家粮食储备规定了不合理的限制条件。 当前的粮食危机使人们重新开始重视粮食储备在危机中应对粮价波动和紧急粮食供给的作用。尽管对于如何设计粮食储备机制及其运作方式存在分歧，但这并不妨碍其在粮食安全方面发挥重要作用。粮食储备可以在国内和国际市场间建立缓冲，特别是可以缓解粮价飙升的影响，而且可以在粮食短缺时提供战略性供给保障。

现有"绿箱"规则为粮食储备设定了标准，包括具有预设的明确目标、财务透明及收储按市场价格进行。虽然规定发展中国家在价格收购方面享有一定灵活性，其储备粮可以管理价格采购和出售，但管理价格和市场价格的差额部分应计入扭曲贸易的 AMS。此外，还有其他 WTO 规则需要遵守，如国营贸易企业和公共采购方面的规则，这也给建立粮食储备带来技术和法律上的复杂性。

4. WTO 贸易规则限制了建立国内有序市场的政策工具，使发展中国家在应对粮价危机时缺乏行之有效的手段。扩大粮食生产本身并不能完全保障粮食安全，必须有一套行之有效的贸易政策框架来管理、协调粮食生产与贸易，才能满足脆弱人口的粮食安全需求。农业生产是高风险活动，受到一系列因素如气候、病虫害及供求形势等的影响。政府长期以来致力于建立应对价格、供求波动的机制，一些国家建立的公共市场营销机构在此方面发挥了重要作用。尽管公共市场营销机构主要从事出口商品管理，但通过支持重要粮食产品生产及平稳价格对保障国内粮食安全发挥了重要作用。

公共市场营销机构通常通过配额管理体系对国内供给进行直接调控，为生产者提供风险管理支持，且为生产者、加工商、销售商等谈判价格创造平台，最终结果更趋近公共利益。农业领域在贸易自由化引导下出现产业集中的趋势不一定符合生产者和消费者的最大利益，在这种情况下，公共市场营销机构也可以为中小农业生产者可持续发展提供机会。

20 世纪 80—90 年代，贸易自由化改变了人们对公共市场营销机构及其他稳定农产品价格和供给政策的看法，国际金融机构一些经济学家批评公共市场营销机构为保护主义、低效率和扭曲市场信号的机构。发展中国家结构调整过程中撤销了公共市场营销机构或对其进行私有化。WTO 乌拉圭回合谈判中，在对欧美国内管理价格计划导致过度生产的担忧之下，公共市场营销机构也被认定为贸易扭曲的机构。在这种意识形态化的敌意当中，公共市场营销机构被取消，其应对市场失灵及保障粮食安全的作用被忽视了。在近年来粮食危机爆发的背景下，也许应重新审视公共市场营销机构应对当前和未来挑战的潜力，以及为可持续粮食生产提供市场管理的作用。

另外，虽然《农业协定》并未禁止公共市场营销机构，但关于关税和配额的贸易规则也限制了其发挥作用，因为公共市场营销机构需要进口数量管理的机制才能充分发挥调控价格和供给的功能。在这方面影响最大的是 WTO 成员的市场准入承诺。WTO 要求所有边境措施关税化，成员只能选择通过关税或关税配额（TRQ）的方法对关系国计民生的战略农产品实施进口调控。WTO 设立了大量关税配额，而仅有少数发展中国家可以使用。部分是因为发展中国家缺乏管理能力和资源，部分是因为在乌拉圭回合谈判中，大部分发展中国家未保留国内调控机制，因而对争取TRQ 也缺乏动力。未来自由化的趋势使 TRQ 管理的要求和标准更趋严格和复杂。另外，依照发达国家经验来规范 TRQ 使用，将使其管理成本很高，难以在发展中国家间推广。在 TRQ 难以使用的情况下，关税是WTO 框架下发展中国家唯一可以调节贸易流的手段。

一些专家认为多哈谈判中确立的"特殊保障机制"（SSM）和"特殊产品"（SP）足以保障发展中国家在关税方面的灵活性。然而，SSM 和SP 对于构建有序的国内市场的作用仍是有限的。SSM 仅可在最极端的价格和数量波动情况下使用，而且是临时措施。此外，SSM 是应对价格下跌情况的，而不是为价格飙升设计的。价格向上或向下波动均会对粮食安全造成伤害。确定一个平衡贫困人口购买力和贫困小农生计的价格区间是一项富有挑战性的任务，但主要障碍仍是决策者对于背离贸易自由化的忌惮。

总之，发展中国家目前缺乏应对价格波动的政策工具，这种情况下，发展中国家以前关于公共市场营销机构的成功经验应被重新考虑。另外，美国、加拿大、澳大利亚等发达国家的农民合作社、单一销售商和价格池等其他风险管理措施也应得到借鉴。

5. 过分强调贸易自由化误导发展中国家过度依赖粮食国际贸易来解决本国的粮食安全问题，忽略了粮食生产，导致最终失去粮食生产能力而只能依赖进口。过去几十年，许多发展中国家日益依赖国际粮食贸易来满足国内需求。20 世纪 70 年代到 21 世纪初，粮价低迷为选择农业贸易自由化而不是国内粮食生产提供了理由。随着进口粮食价格降低，以及发达国家过度生产导致国际市场供给充足，进口粮食似乎成为一种安全且成本较低的满足粮食需求的政策。这导致许多发展中国家将国内农业从粮食生产调整为出口导向的非粮食专业化生产。这一趋势在最不发达国家更为明显。

具有潜在粮食生产能力的发展中国家日益依赖国际贸易将对粮食安全产生直接或间接的影响，特别是价格大幅波动会对粮食安全产生深远的负面影响。从微观层面看，进口粮价飙升使进口国贫困人口无法负担。作为生产者，发展中国家小农议价能力很弱，农产品价格上涨不一定使他们受益，产地价格远远低于零售价（价格上涨的利润多被加工商和贸易商获取），而作为粮食购买者，他们则需要支付零售价。价格下跌也对小农构成挑战，虽然他们支出减少，但收入也将缩减。从宏观层面看，当出口产品价格下跌时，发展中国家出口收入下降。当廉价的进口产品涌入国内市场时，国内生产者难以竞争遭受冲击；粮食价格上涨时，粮食净进口国就会出现国际收支平衡的问题。在依赖粮食进口的情况下，生产者和消费者均会对贸易条件恶化和价格波动更为脆弱。高度依赖国际贸易的国家将很难抵御其他国家过度生产或减产带来的外部冲击。依赖国际市场的风险在粮价低迷时还不甚明显，但当粮价飙升时则会发生粮食进口成本飞涨，难以保证粮食来源及融资困难等情况。

因此，面对粮食危机，全球已形成共识，即有必要增加对农业和粮食生产的投资，提高粮食生产能力，降低对国际贸易的依赖性。应该强调的是，从国际市场采购廉价粮食的短期利益不应导致发展中国家牺牲其粮食生产能力的长期利益。

此外，在粮食危机面前，许多发展中国家的自然反应是降低粮食进口关税，放松粮食进口。但当粮价飙升 2～3 倍的情况下，降低本已不高的关税无异于杯水车薪。另外，虽然作为紧急的应对手段，降低粮食产品关税是必要的，但降低关税是否符合发展中国家长期目标需要慎重考虑。长远看，促进粮食生产不仅要增加对农业的投资，而且需要对粮食产品维持一定的关税水平来保护国内小农免受进口冲击。

报告认为，作为联合国应对全球粮食安全危机的国际组织之一，WTO对粮食安全没有给予充分重视。例如，多哈回合农业谈判要解决的问题还都是 2001—2006 年形势下的问题，并没有对世界粮食危机与农产品贸易和农业生产的相互关系予以充分研究和讨论。如果这种情况继续下去，未来农业贸易规则将不可能很好地解决粮食安全问题，并会阻碍全球治理在解决世界粮食安全问题方面发挥作用。

（二）对多哈谈判改革农业贸易规则的建议

报告强调，完全由市场决定农业生产不可能根本改善发展中国家粮食安全状况，WTO 贸易规则和对农业政策的改革应首先考虑粮食安全，贸易自由化应放在次要地位。报告要求在多哈回合谈判中应保留并继续扩大发展中成员的灵活性，使他们能够充分利用国际贸易规则和本国农业政策解决粮食安全问题，为此，报告对多哈回合农业谈判提出以下六点建议。

1. 加强WTO解决粮食安全问题的能力。通过谈判解决《农业协定》对粮食安全关注不够的问题，WTO条款可以更好地为人类粮食权服务，尤其应确保"绿箱"标准不会阻碍制定支持粮食安全的政策，并符合发展中国家特定国情。

2. 明确用于粮食安全目的的国家粮食储备不是扭曲贸易的国内支持。调整《农业协定》和其他WTO协定条款以确保可以建立国家、区域和国际的粮食储备。

3. 不再禁止公共市场营销机构对市场供给的调控行为。

4. 发展中国家应将国内市场与国际市场价格波动隔离，以减少对粮食安全的不利影响。完善和加强特殊保障机制和特殊产品的安排。发展中国家有权调控粮食进口数量以应对价格波动，可以粮食安全为由拒绝降低相关农产品关税，可以考虑为保障农业可持续发展而降低农业生产资料的进口关税。

5. 发展中国家应该改变过度依赖农产品国际贸易解决粮食安全问题的现状。增强自身粮食生产能力，重点支持贫困小农民，支持基本口粮生产。

6. 若多哈回合无果，应从中长期考虑对WTO贸易规则进行调整。避免将有关粮食安全的支持措施作为扭曲贸易的措施加以限制，包括"绿箱"标准及保障措施的规则。此类调整应从速进行，并且不应要求发展中国家做出相应的减让。

二、拉米总干事对舒特报告的反驳[①]

因报告直指WTO《农业协定》在粮食安全方面存在的缺陷，WTO总干事拉米高调发表致舒特的公开信，明确表示不赞成舒特的观点。拉米强调贸易不但不会妨碍粮食安全的实现，相反，自由贸易还可通过优化资源配置、提高效率和带动经济增长促进粮食安全。

（一）WTO十分重视粮食安全问题
WTO成员将粮食安全置于《农业协定》及多哈发展议程的核心地

① WTO，Lamy rebuts UN food rapporteur's claim that WTO talks hold food rights 'hostage' [EB/OL]. (2011-12-14) [2023-10-25]. https：//www.wto.org/english/news_e/news11_e/agcom_14dec11_e.htm.

位，粮食安全是多哈谈判不可分割的内容。无论是乌拉圭回合《农业协定》还是多哈回合农业谈判的初步结果，均为发展中国家更好地解决粮食安全问题留出充足的政策空间。

（二）贸易促进粮食安全而不是妨碍粮食安全

对于舒特提出不能依赖国际贸易实现粮食安全的观点，拉米强调多数联合国专家都认为贸易是粮食安全战略的重要内容，是实现粮食安全的途径之一。联合国应对粮食危机行动框架也认为，"更自由的贸易可为粮食和营养安全做出贡献"。不符合 WTO 规定的扭曲农业生产和贸易的政策将阻碍实现粮食安全的长期目标，《农业协定》条款的目标即限制扭曲价格信号的政策，鼓励有效配置资源，通过 GDP 增长提高购买力，生产者根据价格信号和比较优势调整生产和投资，从而减缓价格压力，为粮食安全发挥作用。

（三）扭曲贸易的措施无助于实现粮食安全

拉米还质疑舒特将国内市场与国际市场割裂以避免国际高粮价影响发展中国家粮食安全的建议，认为发展中国家出口的农产品 60％都销往其他发展中国家，割裂市场将降低发展中出口国农民的市场准入机会，减少他们的收入。拉米还认为，正是诸如生产补贴、出口补贴、高保护措施和无法预测的进出口限制等扭曲贸易的措施造成了 2008 年和 2010 年粮食价格高涨。扭曲贸易的补贴政策和贸易限制及禁止措施只能损害而不是改善发展中国家的粮食安全状况。

三、结语

舒特报告强调了粮食安全和人类粮食权的优先地位，指出了现有贸易规则存在的缺陷，并就调整贸易规则使其服务于粮食安全提出了建议，这些都为包括我国在内的发展中国家在多边贸易框架下维护粮食安全等发展权益提供了很有意义的借鉴。

（一）现有 WTO 农业贸易规则没有充分考虑新形势下发展中国家的粮食安全问题

1. 以乌拉圭回合《农业协定》为代表的 WTO 农业贸易规则有一定的时代局限性。现有 WTO 农业贸易规则是在 20 世纪 80 年代 WTO 乌拉圭回合谈判时制定的。当时世界农产品贸易的特征是欧美等发达国家大量使用扭曲性的贸易保护和补贴措施，特别是刺激生产的措施，导致过度生产，又通过出口补贴等将过剩的农产品倾销到国际市场，使世界农产品价格低迷。因此，乌拉圭农业谈判的主要目标就是削减当时农产品贸易中存在的大量贸易扭曲，包括农业补贴和支持，防止生产过剩。当时很难预期世界农产品供求形势将发生剧烈变化，农产品价格飙升，甚至导致粮食危机爆发。

2. 现有规则没有充分反映发展中成员的关注。 在当时全球农产品供给过剩的情况下，WTO 农业贸易规则并未对发展中国家提高自身粮食生产能力维持必要的粮食安全水平给予充分重视，发展中国家因此缺乏有效手段保障粮食安全。另外，加之乌拉圭回合时期贸易规则制定权由发达国家把持，发展中国家缺乏与发达国家博弈的能力，因而乌拉圭回合《农业协定》对于发展中国家实现粮食安全等发展诉求没有提供充分有效的灵活性。

3. 粮食安全关注在当前正在进行的多哈农业谈判中有所体现但仍不完善。 尽管在多哈农业谈判过程中，随着发展中国家力量的壮大，发展中国家维护自身发展权益的意识的增强，在多哈发展议程的授权下，发展中国家努力纠正现有贸易规则的不平衡，为发展中国家实现粮食安全、生计安全、农村发展等发展目标争取了一定特殊差别待遇，包括国内支持政策的灵活性、特殊产品和特殊保障机制等，并体现在农业谈判模式草案中，但多哈回合农业谈判毕竟是在乌拉圭回合《农业协定》的基础上继续自由化的改革进程，因此，总体上多哈谈判无法脱离 WTO 贸易优先的框架。另外，多哈谈判主要在粮食危机爆发前进行，因此并未就新的粮食安全形势下对现有贸易规则进行更多调整展开更加充分和细致的讨论。

（二）相较其他成员粮食安全问题对我国更突出

1. 我国国情决定粮食安全至关重要。 我国有 14 亿多人口，保障粮食安全始终是我国农业的首要任务，其重要性和艰巨性比其他发展中国家更为突出。由于世界粮食贸易量有限，贸易无法满足我们的粮食需求，况且由于大国效应，我国大量进口粮食也会造成世界粮食市场价格波动。因此，我国必须立足国内，完全依靠国际贸易无法保障粮食安全。受资源禀赋限制，我国以小规模分散生产为主，农业竞争力不强。近年随着工业化、城镇化发展，劳动力价格上升，农业比较优势进一步下降。这种情况下，我国面临着在利用两个市场的同时如何维持国内农业生产，从而保障农产品稳定供给，尤其是保障国内粮食安全的重大挑战。

2. 相比其他发展中成员，我国在维护粮食安全可灵活利用的政策空间更小。我国在加入 WTO 的过程中做出了重大而广泛的承诺，这不仅仅体现在降低关税开放农产品市场方面，同时也体现在限制国内支持空间方面。中国入世时承诺的"黄箱"AMS 为零，"黄箱"微量允许水平仅为农业产值的 8.5%（一般发展中成员为 10%），且乌拉圭回合《农业协定》6.2 条款规定发展中成员用于鼓励农村发展及支持小农生计的投资和投入物补贴不计入微量允许，而我国不能享受这一待遇。因此，我国受到 WTO 贸易规则更严格的限制，支持农业生产和粮食安全的政策空间更为有限。

因此，舒特报告在确保发展中国家粮食安全方面的许多观点值得我们深思。就中国而言，确保国家粮食安全必须立足我们自己，必须在对外开放中进一步加强对农业产业的保护，在下一步的多双边谈判中为我国农业发展和粮食安全预留必要的政策空间。

（2012 年）

新形势下关税保护作用再思考

　　关税政策是各国普遍采用保护国内生产和市场的重要贸易措施。在当前我国城镇化快速发展阶段，农产品的供需缺口和进口需求持续扩大的情况下，"是否有必要继续对农产品保持一定关税水平""国内需求持续增长和农业竞争力不强，应该有保有放、选择性地放开一些产品，更好地满足国内需求，缓解资源压力"等讨论，在我国入世十余年后再次成为热点。比较主要国家关税保护的实践，总结我国入世十余年正反两方面的经验教训，可以得出，WTO 主要成员无论处于何种发展阶段、无论农业竞争力强弱，都应重视关税的保护作用；对我国来说，在现阶段要合理有序地调控农产品进口，保障重要农产品的有效供给和农业的健康发展，保持一定的关税水平和关税管理机制尤为必要。

一、WTO 成员农产品关税保护情况分析

　　从表 4-6、表 4-7 可以看出，主要国家农产品关税呈现以下特点。

（一）普遍重视关税的保护作用

　　各国根据自身的发展程度和农业竞争力选择适合自身的关税水平，虽然保护程度和重点不同，但普遍注重关税的保护作用，着力用好关税。美国、巴西等国家农业竞争力很强，是主要的农产品出口国，其农产品关税平均水平不高，分别为 5.2% 和 35%，但对不具有比较优势的农产品和重要农产品，设置了较高的关税水平。例如，美国的最高关税为 440%，巴西最高税率虽然只有 55%，但有 147 个税目的税率接近最高税率，见表 4-6。欧盟、日本、韩国作为农业资源相对紧缺的国家和地区，对农业的保护程度普遍较高，对大多数的农产品设置了较高的关税水平。例如，日本除对大米保持 778% 的高税率外，还有 386 个税目关税较高，其中果仁（1 706%）、花生（737%）、乳制品（661%）、糖（346%）、茶叶（335%）等产品关

税都大于300%。一般来讲，发达成员的高关税都构成禁止性关税，旨在保护国内重要农产品。印度农业经济状况与中国情况比较相似，以小农经济为主，农业国际竞争力弱，但印度对农业维持高保护，平均关税水平高达114%，大部分产品使用了高关税，其中有258个税目的关税高于150%。其他发展中成员也普遍利用高关税保护国内产业，如南非、墨西哥、巴基斯坦、菲律宾和埃及的农产品平均关税分别为39%、44.2%、36%和95.4%。

表4-6　中国与主要国家农产品关税比较

单位：%

	挪威	瑞士	日本	美国	欧盟	巴西	印度	中国
最高	1 062	1 909	1 706	440	408	55	300	65
平均	70.7	85	41.8	11.3	22.8	35.7	114	15.2

（二）税制结构复杂，保护程度更加隐蔽

除对重点产品采取高关税外，WTO主要成员特别是发达成员还普遍实施从量税、复合税、选择税等非从价税。如表4-7所示，美国、欧盟、日本等成员的非从价税比例非分别高达42.49%、45.87%、18.38%。此外，挪威、瑞士等成员非从价税所占的比重很高。与从价税相比，非从价税更加复杂，具有隐蔽性，其真实保护程度高于关税水平。此外，瑞士等国家还采用复杂的关税配额管理体制，不同的产品适用不同的配额管理方法。一般来讲，其他国家很难知道这些国家的真实关税保护水平。

表4-7　WTO主要成员关税结构分析

	项目	美国	欧盟	日本	韩国	巴西	印度	中国
关税分布	税目总数/个	1 798	2 213	1 332	1 515	945	705	988
	平均税率/%	11.28	22.8	41.8	61.1	35.7	113.98	15
	最高税率/%	439.87	407.8	1 705.9	887.4	55	300	65
	关税高峰/个（税率20%及以上）	211	731	386	857	147（税率大于50%）	258（税率大于150%）	25（税率大于40%）
关税类型	从量税/个	622	593	157	0	0	2	0
	复合税/个	119	324	46	0	0	0	0

（续）

	项目	美国	欧盟	日本	韩国	巴西	印度	中国
关税类型	选择税/个	0	40	44	82	0	0	0
	其他非从价税/个	14	53	0		0	0	0
	非从价税比例/%	42.49	45.87	18.38	5.47	0	0.29	0
高关税产品		牛奶、糖、花生（还重点保护玉米、牛肉、牛奶、鸡肉、大豆、小麦、猪肉、鸡蛋、马铃薯等）	乳制品、牛肉、猪肉、禽肉、橄榄油、玉米、大麦、小麦、羊肉、禽蛋、酿酒葡萄汁、糖	乳制品、大米、猪肉、牛肉、干豆类蔬菜、糖、小麦	大米、蔬菜（大蒜、洋葱、番茄）、水果（苹果、梨、葡萄、西瓜、柑橘）、乳制品、牛肉	牛肉、乳制品、玉米、猪肉、稻谷、烟草、小麦、番茄	对农产品普遍采取了高关税保护，并对谷物、棉花、糖、黄麻、油料、烟草等重点进行补贴	谷物、糖、棉花、羊毛、部分烟酒（但都低于65%）

（三）对大宗农产品普遍维持高关税

无论是发达国家还是发展中国家，从其资源配置、产业发展及利益集团的角度等出发，都有其关注的重点产品，并且对这些重点产品设置了较高的关税水平，对部分产品还利用关税配额制度或是复杂税进行保护，充分体现出关税所具有的保护国内重点产品的重要作用。值得注意的是，尽管各个国家的重点产品不尽相同，保护程度有所差异，但如表4-8所示，各国（除澳大利亚外）普遍都对谷物、糖、植物油、牛肉、猪肉、羊肉、禽肉、乳制品等大宗产品采取了高关税。

表4-8　主要国家主要农产品关税税率

单位：%

国家	谷物	棉	糖	植物油	油菜籽	大豆	猪肉	牛肉	羊肉	禽肉	乳制品
美国	97.0	32.3	185.0	10.0	2.5	1.9	66.0	146.0	2.2	94.0	264.0
澳大利亚	1.0	2.0	22.0	8.0	1.0	1.0	11.0	11.0	0.0	9.0	29.0
加拿大	95.2	8.0	11.1	11.2	0.0	6.4	12.5	26.5	2.9	597.8	313.6
欧盟	100.8	0.0	218.1	118.7	0.0	4.5	65.5	407.8	104.9	93.9	264.3
瑞士	537.8	2.0	100.0	260.0	255.1	139.0	369.0	523.0	212.7	1 019.1	900.1
挪威	379.0	0.0	148.0	126.0	268.0	268.0	500.0	604.0	429.0	665.0	528.0
日本	778.0	0.0	346.0	20.8	0.0	4.2	252.0	50.0	0.0	12.0	660.7

（续）

国家	谷物	棉	糖	植物油	油菜籽	大豆	猪肉	牛肉	羊肉	禽肉	乳制品
韩国	800.3	6.6	86.1	630.0	20.0	487.0	54.0	89.1	22.5	72.0	176.0
巴西	55.0	55.0	35.0	35.0	35.0	35.0	55.0	55.0	35.0	55.0	55.0
中国	65.0	40.0	50.0	20.0	9.0	9.0	25.0	25.0	23.0	20.0	20.0
印度	150.0	150.0	150.0	300.0	100.0	150.0	150.0	150.0	100.0	150.0	150.0
印度尼西亚	160.0	40.0	95.0	40.0	40.0	40.0	50.0	50.0	50.0	50.0	210.0
南非	99.0	60.0	105.0	81.0	40.0	40.0	60.0	160.0	95.0	82.0	96.0
菲律宾	50.0	10.0	80.0	40.0	40.0	40.0	40.0	40.0	40.0	40.0	40.0
巴基斯坦	150.0	100.0	150.0	100.0	100.0	100.0	—	100.0	100.0	100.0	100.0

（四）关税保护充分体现本国农业发展的实际

归纳起来，成员根据各自农业发展的特点，利用关税保护主要遵循以下规律：一是在农业生产资源禀赋不足、农产品外贸依存度较高的国家，关税保护的重点对象是本国主要生产和消费的农产品。例如，日本、韩国对稻米的高关税保护。二是在本国不具比较优势，生产量不能满足国内消费需求的产品，为了给这部分产品留足发展空间，各国进行高关税保护。例如，美国的乳制品、花生，欧盟的大米、糖，韩国的大蒜、乳制品、蔬菜，日本的蔬菜、谷物，印度的植物油，巴西的玉米、小麦等。三是在高额补贴政策下具有比较优势、出口量大的一些产品也作为高保护的产品。这些产品是农村经济的主要支撑，并且由于生产资源有限，这些国家的农业在世界农产品市场并不具备绝对优势，为避免受到国际市场进口冲击，对这些优势产业进行极力保护。例如，欧盟的乳制品、肉类等。

（五）珍视资源，在多双边贸易谈判中不轻易削减农产品关税

在WTO农业谈判中，尽管对绝大多数成员来讲，关税减让谈判的目标只是削减约束关税，并不会降低实际保护水平，但各国都将关税作为一种珍贵的资源不轻易让步。发达成员中，欧盟、G10等不仅要求较小幅度的关税削减，还要求通过特殊差别待遇保护其重点农产品；G20、G33等发展中成员集团则通过争取各种灵活性而尽可能少减或不减关税。在以削减关税为主要内容的自贸区谈判中，对农产品进行特殊或例外处理是各国通行的做法。例如，在美国—澳大利亚自贸协定中，美国对糖、

牛肉和乳制品进行了例外处理；欧盟在自由贸易谈判中，对牛及牛肉、猪肉、禽类、奶类、谷物、糖等产品尽可能减少关税减让或实行数量限制。此外，一些国家还在多双边谈判中将关税作为一种重要的谈判资源。例如，在 WTO 热带产品谈判中，欧盟虽然不生产热带产品，但对热带产品保持的高关税，使欧盟可以将其作为重要的筹码在谈判中换取重大利益。

二、我国农产品关税保护分析

（一）农产品关税水平低，保护程度不高

我国农产品市场已高度开放，关税几乎是调控农产品贸易的唯一手段，但与其他国家相比，我国农产品关税水平低，没有关税高峰和复杂税制，关税形式单一，关税保护作用非常有限。农产品平均关税仅为 15.2%，不足世界平均水平的 1/4；普遍低于发展中国家水平印度（114%）、巴西（35.7%）、南非（39%）、墨西哥（44.2%）、巴基斯坦（95.6%）、菲律宾（36%）、埃及（95.4%）等绝大多数发展中成员，甚至低于部分发达国家水平，如日本（41.8%）、瑞士（85%）、韩国（56.1%）、挪威（130.9%）。

我国绝大多数产品关税很低，84% 的农产品税目的关税低于 29%，其中 25% 的农产品税目税率低于 10%，最高税率竟为 65%。关税形式单一，从价税比例达 99%，几乎没有复杂税制，关税制度极其透明。我国实施税率和约束税率一致，任何程度的削减关税对我国而言都将是实质性削减。

在大宗产品保护方面，我国的保护程度远远不及 WTO 其他成员。大豆只有 3% 的单一关税，食用植物油 9%，猪肉、牛肉、羊肉、禽肉和乳制品等产品的关税约为 20%。粮食、棉花、食糖等大宗产品虽然实行关税配额制，但配额内关税低，除糖为 15% 外，其他产品多数只有 1%，见表 4-9。尽管配额外关税相对较高（最高也只有 65%），但由于关税配额量大，均占到该产品世界总配额量的 2/3 甚至 90% 以上，绝大部分进口为配额内进口（棉花超配额进口较多，但滑准税为配额外进口提供优惠税率，只有 10%~15%，远低于 40% 的水平），因此我国关税配额产品的实际保护作用远低于名义税率。

表 4 - 9　中国农产品关税配额情况

产品类别	小麦	玉米	稻谷	食糖	羊毛	棉花
配额内税率/%	1	1	1	15	1	1
配额外税率/%	65	65	65	50	38	40
配额量/万吨	963.6	720	532	194.5	28.7	89.4

（二）现有关税水平对进口农产品不构成实质性障碍

2001—2012 年，我国农产品贸易进口由 118.5 亿美元增长到 1 124.8 亿美元，年均增长 22.7%。在现有关税水平下，重要农产品进口大多保持高位增长。2001—2012 年，大豆、食用植物油、奶粉等年均进口增长分别为 12.6%、16.6% 和 20.8%，至 2012 年进口量分别达到 5 838.1 万吨、960 万吨和 57.9 万吨。关税配额产品中，棉花和食糖 2012 年已超配额进口，进口量达 292 万吨和 374 万吨，年均增长 39% 和 9.6%；小麦、玉米、大米等粮食产品在 2012 年转为全面净进口，进口量分别为 341.5 万吨、515.3 万吨和 208.8 万吨；畜产品进口也持续增加。可以说，我国现有农产品关税保护，只是提高了农产品进口成本，一定程度保护了国内市场过多地受到低价进口农产品的冲击，但不对满足现有的进口需求构成障碍。从这个意义上讲，对我国而言也不存在"有保有放、选择性地放开一些产品"的问题，因为中国已经几乎放开了农产品。

（三）必要的关税水平对我国农业有效利用两个市场两种资源意义重大

我国关税水平虽然有限，但对入世后有效调控农产品进口、减缓国际市场波动对农业发展的影响具有积极的作用。例如，我国在入世谈判中争取到了对粮食、棉花、食糖等大宗农产品实行关税配额管理，并保持一定比例国营贸易的权利。这些保护政策措施，为入世后我国粮食生产持续稳定发展及在世界金融危机和粮食危机中保持市场稳定发挥了重要作用。入世后我国大豆产业的发展情况，则从另一个侧面证明了必要的关税水平的重要性。我国是大豆的故乡，有世界上最丰富的种质资源，曾是世界上第二大生产国和主要出口国。但是由于在入世谈判中做出了巨大承诺，取消了配额限制，仅实行 3% 的单一关税。入世以来我国大豆进口量呈几何级数增长，2001—2012 年，我国新增大豆需求 4 258 万吨，进口增加 4 444 万吨，不仅新增市场 100% 被进口大豆占有，大豆产业发展也受到明显打压，产量多年徘徊在 1 500 万吨左右，2012 年减少到 1 360 万吨。低水平的关税也使我国对产业的控制力和话语权削弱。2008 年金融危机发生后，国家对东北大豆实施临时收储，但关税水平不能提高，进口难以调控，政策效果非常有限。

三、启示与思考

当前我国农产品进口快速增长，农产品进口格局发生显著的转变，特别是 2012 年我国农产品净进口产品范围已由大豆、植物油、棉花等部分产品扩大到粮食、棉花、植物油、食糖等所有大宗农产品，我国重要农产品进入全面净进口阶段的趋势十分明显。随着我国农产品贸易进入新阶段，农产品进口对国内产业发展的影响将更加广泛、更加深刻、更加直接。借鉴国际经验可知，在进口显著增加的情况下关税的保护作用只能增加不能削弱。我国的关税水平已经非常有限，必须更加珍惜加强对进口的合理调控，确保农产品进口在满足国内需求的同时，对农业的不利影响尽可能减少。

（一）扩大进口并不必然要降低关税

扩大农产品贸易，有效利用国际国内两个市场两种资源，有利于农产品的有效供给和农业的可持续发展，这是多年改革开放实践证明了的重要经验，也是今后我国农业发展的现实选择。与世界主要国家相比，我国农业资源短缺，农业生产不具有比较优势。在当前我国城镇化快速发展阶段，扩大进口不仅可以直接满足国内消费需求，还可间接利用国外资源，使国内粮食作物之间、粮食作物与经济作物之间，以及其他农产品之间争地的问题得到一定缓解。但这并不意味着"我们农产品需求增长快，产需缺口大，要利用国际市场进口满足需求就要一放了之，就可以实行零关税"。日本、瑞士、挪威等农产品产需缺口大的国家普遍实行高关税和高保护的通行做法就是最好的例证。事实上农产品进口所涉及的国家粮食安全、农产品价格和对国内产业结构的影响并非简单的"线性"关系，一放了之的观点忽视了缺乏有效调控的进口带来的负面影响和必要关税水平、边境措施的重要作用。入世以来缺乏关税有效调控的大豆进口对国内价格、产业发展和农民收入等带来的一系列负面影响也证明了这一点。

（二）在大宗农产品进入全面净进口的趋势下，关税的保护作用进一步凸显

对进口产品保持一定的关税水平，使得进口在满足国内需求的同时，不对国内农产品价格稳定和农业生产造成影响，而且越是进口需求强烈、进口量大的产品，关税设置得更高，保护作用也更强。这是世界各国的普遍做法，也是我国入世十余年来实践总结的重要经验。随着我国劳动力成本的上升、人民币在贸易平衡压力下升值，国内外农产品价格差距将继续拉大，农产品进口动力进一步增强，进口对国内产业发展的影响也将更加广泛、更加深刻、更加直接，尤其在我国相当一部分进口不是因为国内短缺和品种调剂需要，而是受内外差价扩大驱动的情况下，利用一定的关税提高进口成本，避免过多的低价进口对农业造成过大的抑制和打压显得更为必要。因此，对我国来说，在当前情况下关税的保护作用将进一步增强。

（三）珍视有限的关税资源，引导农产品合理有序进口

尽管我国农产品关税水平低，但却是调控庞大数量农产品进口最直接最有效的手段。为此，我们必须珍视现有的关税资源，特别注重发挥关税、关税配额管理等边境措施的"门槛"作用，加强对大宗农产品生产的合理保护，使进口农产品进入国内后在相近的价格水平基础上与国内产品竞争，着力避免进口对国内趋势价格的过度打压和抑制，确保农产品保有合理价格水平、有随着成本上升而相应上涨的空间。同时，在推进贸易自由化过程中，要注重对目前有限的政策空间的保护，将农业作为敏感产业争取更多的灵活性待遇，将重要农产品作为例外不参与降低关税，为我国农业应对贸易自由化提供一定的政策调控和产业发展空间，推动农业发展方式的转变。

（2013 年）

从区域贸易谈判进程加快看
多边贸易谈判

金融危机以来，以建立自贸区为主要内容的区域贸易安排谈判节奏加快，并呈现出一些新特点；同时历时十余年的多哈回合谈判分歧依旧，止步不前。区域贸易谈判快速发展是否会替代目前陷入停滞的多边贸易谈判、多哈回合谈判如果失败是否会有损现有多边贸易体制、在当前形势下农业在多双边谈判中应如何处置等，这一系列问题都值得我们深入思考，以便我们做好下一步农业谈判和农业贸易工作。

一、区域贸易谈判将取代多边贸易谈判？

多哈回合于 2001 年启动，其间几经挫折，2008 年曾接近达成协议，但由于在农产品补贴、工业品部门自由化等议题上未能弥合分歧，错失成功的机会。此后，金融危机爆发，美国政府更迭等，使得成员间分歧不断扩大，谈判一再陷入停滞。与多哈回合谈判止步不前、在部分议题上有所倒退相反，当前全球以自由贸易区为主要内容的区域贸易谈判快速发展。据统计，截至 2012 年 1 月 WTO 已接到 511 个有关区域贸易协定的通知，其中有 319 个已生效。特别是金融危机后，发达国家将注意力转向双边。美国积极推动"跨太平洋伙伴关系（TPP）"谈判和与欧盟的"跨大西洋贸易与投资伙伴协议（美欧自贸区，TTIP）"；欧盟提出了将推动与贸易伙伴签署自由贸易协定（FTA）作为拓展欧盟贸易增长新空间的重要途径；日本推出完整的自由贸易区战略，在东亚地区有重点地推行内容广泛的自由贸易协定，并于近期宣布加入 TPP 谈判。

区域贸易谈判快速推进弥补了多哈回合止步不前的影响，为世界经济发展增添了动力。一些区域贸易协定甚至在促进贸易自由化、制定贸易规则方面，实现了许多 WTO 多边贸易体制一直希望实现却没有实现的内容，推动了世界经济的发展，并在一定程度上减弱了各国推动多哈谈判的注意力和积极性。但从整体上看，多边贸易仍是实现贸易自由化的主渠道，而区域经济一体化则是其合理补充，两者相辅相成。

（一）无论是多哈回合谈判受阻还是区域贸易谈判加速，两者背后都存在一系列复杂的原因

作为贸易自由化推进的两种主要形式，近年来两者力量此消彼长只是一种表象，都是金融危机后国际经贸环境发生改变和美国等发达国家贸易战略重点转移的具体体现。

1. 全球战略经济格局在最近十年发生深刻变化

进入21世纪以来，世界经济在经历了全球化和贸易自由化的迅猛扩张后，许多复杂影响因素逐步显现，特别是金融危机爆发后，全球战略经济格局与2001年多哈回合启动之初相比发生了深刻变化。美国、欧盟等发达国家经济深层次问题集中暴露，经济复苏缺乏有效的动力和支撑；新兴经济体高速增长，特别是我国在改革开放后一直保持高速增长，目前出口居世界第一、经济规模居世界第二，在国际事务中发挥越来越重要的作用。金融危机爆发和发展中国家的崛起对以美国为代表的发达国家主导的世界经济贸易秩序构成了挑战。在此情况下，美国一方面寻求新的经济复苏动力，另一方面意在重新构建以发达成员为主导的规则体系，在单方面否定多哈回合谈判基础的同时，力推双边自贸区谈判。

2. 美国寻求新的市场准入机会

多哈谈判自启动以来，在美国的主导下形成了一系列阶段性的成果，包括2004年《7月框架协议》、2005年《香港部长宣言》及2008年模式案文等。金融危机后，由于现有的财政货币政策难以推动经济复苏，奥巴马政府将目光转向贸易，提出了在2015年前实现出口倍增及增加200万就业岗位的目标。在此情况下，美国认为多哈谈判之前形成的基础难以满足其开拓市场的要求，必须寻求新的市场准入机会。因此，一方面积极推动TPP等区域贸易谈判，另一方面在多边谈判中单方面提高要价，特别是冀望通过双边要价的方式，推动中国、印度、巴西等成员进一步开放市场。美国单方面提高要价打破了成员间脆弱的平衡关系，使得谈判分歧逐步扩大，多哈谈判逐步失去达成协议的基础。其他成员在多哈短期内无望成功的情况下，为了不错失经济全球化的机遇，也将注意力集中在谈判对象少、形式灵活、更易达成协议的区域贸易谈判，客观上推动了区域贸易谈判的发展。

3. 发达国家意在构建新的贸易规则体系

发达成员是现有贸易规则的主要制定者，也是多边贸易谈判最具影响力的力量，但全球经济格局的多极化发展对其在国际规则构建中的绝对主导权形成挑战，多哈回合谈判中发展中成员话语权大幅提升，逐步形成与发达国家抗衡之势。金融危机的爆发进一步加剧了双方的力量对比变化。面对国际秩序的调整变化，发达成员加强合作，积极倡导区域贸易谈判，并在谈判中力推劳工标准、环保标准等新议题，冀望通过自贸区建立新的主导平台，重新争夺时代新格局及新秩序的主导权和制定权。

因此，与之前区域贸易协定多集中于小国之间或大国与小国间相比，金融危机后，美国、欧盟、日本等主要经济体在区域乃至全球范围内合纵连横趋势明显。包含日本在内的 TPP 如果达成，将形成一个成员国 GDP 总计 27 万亿美元、覆盖 8.6％的全球贸易、占世界经济规模四成的超大经贸共同体。美国、欧盟两个经济体的 GDP 和贸易额分别占全球的 47％和 33％，美欧自贸区一旦达成，将成为全球规模最大的自由贸易区。可以预见，如果美国、欧盟、日本三大经济圈实现统合，将形成新的符合自身利益框架的"贸易网"，无需再听取有利益冲突的新兴经济体的声音。其他国家如果想参与其中，将沦为发达国家规则的被动接受者。

4. 限制新兴国家的发展空间

事实上，区域贸易协定除追求贸易利益外，从未脱离政治色彩，经济上的各种自贸协定背后都有政治战略的考量。金融危机后，发达成员力推区域贸易建设，限制以中国为代表的新兴国家的发展空间的意图更加明显。例如，美国将亚太作为重点区域，力推排除中国在外的 TPP 谈判，实现其"重返亚洲"的目标。美欧自贸区如果达成，美国借助跨大西洋体系推动跨太平洋体系建设的脚步就会提速，双方针对新兴国家的政策协调程度无疑会明显加强。日本加入 TPP 谈判，除提振本国经济的目的外，巩固以美国为首的同盟关系意味更浓。从理论上讲，这都将给发展中新兴国家经济和战略空间带来挤压。

（二）从长期来看，发展和完善多边贸易体制仍是全球贸易自由化的主要目标，同时也是区域贸易协定发展的最终目标

尽管多哈回合自启动以来一波三折，但推动多边贸易自由化仍是

WTO成员各方共同的现实选择。在谈判目标上，多边贸易体制目标是把世界许多国家同时纳入一个统一的规则中，所有缔约方带来的潜力出口收益远比双边协议大。在规则制定上，WTO制定和实施的一整套多边贸易规则涵盖面非常广，几乎触及当今世界经济贸易的各个方面，与此相比，区域贸易协定内容相对简单、开放水平低，而且各种区域贸易协定发展会造成全球贸易规则的重叠与混乱。以原产地规则为例，绝大多数区域贸易协定都有各自的原产地机制。这些机制的复杂程度各不相同，有些基本适用于所有商品的一般规则，有些针对不同产品包含多重规则。这实际上造成了全球贸易规则的混乱，最终导致所有成员不得不处理和应付种类繁多的贸易规则，增加了出口商的交易成本，不利于贸易自由化。在具体议题上，除关税等传统贸易措施外，涉及农业补贴、标准、国内规则制定等全球问题靠美欧达成协议并不能解决，最终还是要回到多边渠道中。此外，区域贸易协定对内宽松、对外排斥的特征，从长远看也会阻碍全球贸易自由化的发展。

从发展前景看，虽然当前区域贸易协定涵盖的国家类型日益广泛，甚至已扩大至主要发达国家之间，但没有涉及主要发达国家与新兴国家（特别是金砖国家）之间，其原因与多哈谈判受阻的原因一致，即发达国家与新兴国家利益难以调和，难以达成一致。未来实现全球贸易自由化不可能离开发达国家与新兴发展中大国这样对世界经济有举足轻重作用的国家参与，也就是说多边贸易谈判解决不了的核心问题，通过区域贸易协定也难以解决，实现全球贸易自由化的最终目标仍只能由多边贸易体制来完成。

二、多哈回合谈判一旦失败将使多边贸易体制崩溃？

多哈回合在启动十余年后一再停滞，短期仍无达成全面协议的可能，使得各方对多边贸易体制的作用及其重要性的质疑声不断增强。但可以肯定，多哈谈判停滞乃至失败可能会削弱多边贸易体制的信誉，并不意味着其将因此而崩溃。

（一）WTO仍是调节全球贸易的重要平台

作为第二次世界大战后为恢复世界经贸秩序而建立的组织，世界贸易组织及其前身关贸总协定，与国际货币基金组织、世界银行一起被称为世界经济发展的三大支柱。经过多年发展，当前WTO调节全球贸易达90%

以上，吸纳了世界上绝大多数的国家和地区，有力地推动了全球经济一体化和贸易自由化的进程，这充分显示出了多边贸易体制的重要性和巨大吸引力。

（二）多边贸易规则仍是维持全球贸易关系的基础

在多哈回合之前，关贸总协定主持了 8 轮多边关税与贸易谈判，多哈谈判是多边贸易体制发动的第 9 轮谈判。作为 WTO 成立后发起的首轮回合和多边贸易体制迄今为止发动的最为雄心勃勃的多边贸易谈判，其在启动之初便受到广泛的关注。多哈回合如果成功，无疑将提升多边贸易体制的信誉和权威，但作为多边贸易体制发动的一轮谈判，多哈回合停滞乃至失败还不足以对多边贸易体制带来毁灭性打击。第二次世界大战后以WTO 及其前身关贸总协定为代表的多边贸易体制经过多年发展，形成了一整套系统规范的贸易规则，这些规则已被证明对于维护世界贸易秩序、扩大贸易交往行之有效。多边贸易体制的重要性不仅仅是促进经济体开放市场，更重要的是为经济体之间开展贸易制定了一整套行为规则，使得各经济体能够在透明和可预测的环境中公平竞争，提升了贸易的可预见性。

（三）多边规则下的争端解决机制在全球贸易中依然不可或缺

除规则制定和监督成员执行规定外，多边贸易体制与其他国际组织相比，最大的不同和最独特的地方是其争端解决机制，为国家间化解经济摩擦、维护自身正当权益提供了有效途径。由于争端解决机制强制性、统一性和效率性的特点，世贸组织也被称为有"牙齿的组织"。随着当前世界经济波动性和不确定性加剧，各国间的贸易摩擦和争端将不可避免。作为规范全球贸易的重要平台，世贸组织的作用依然重要。

三、农业贸易自由化方向何在？

由于农业的特殊性，农产品贸易自由化始终在全球贸易自由化中处于特殊地位，是最难以解决的问题。尽管第二次世界大战以来在关贸总协定推动下对农业的保护程度不断下降，但农业依然是最不开放的部门、农产品贸易自由化依旧最不规范。在当前多双边谈判中农产品往往都被作为例外处理。

（一）多边贸易体制下农业贸易自由化步履维艰

第二次世界大战后，关贸总协定在推动世界贸易自由化中扮演了十分重要的角色。但在总协定发动的前 7 轮谈判中，尽管农业贸易问题被试图纳入总协定的管理框架却一直未能成功。由于对农业保护主义不能有效地进行约束，发达国家利用总协定的体制缺陷，推行农业支持和进口限制政策，造成农产品结构严重失衡和过量生产。为缓解库存压力，处理剩余产品，发达国家又采取巨额出口补贴向国际市场销售农产品。20 世纪 80 年代初，国际农产品贸易冲突不断升级，严重扭曲了国际农产品市场。1993年，乌拉圭回合谈判达成的《农业协定》才首次将农产品贸易全面纳入世界多边贸易体制的管理框架。由于农业的特殊性、农业贸易的敏感性和农业谈判的复杂性，特别是由于发达国家主导谈判，使乌拉圭回合《农业协定》在实现农业贸易自由化方面并没有实质性进展。多哈回合谈判中，农业谈判始终是整个多哈回合谈判的重点和难点。2008 年 7 月，美国等发达成员与印度等发展中成员在如何具体实施农产品特殊保障机制等诸多问题上存在难以弥合的分歧，直接导致了谈判的破裂，多哈回合谈判此后也一再陷入停滞，难以取得任何进展。

（二）各国自贸区谈判普遍对农业进行特殊处理

在自贸区谈判中，对农业等在内的敏感产业采取分期逐渐取消关税、将重要敏感领域产品作为完全例外不参与降税的方式是国际产业保护的通行做法。从实际情况看，多数国家或经济体在谈判中对农产品都采取了多种特殊处理方式。例如，美国在要求其他国家开放货物贸易、服务贸易和投资市场的同时，在自由贸易协定中对本国一些重要农产品均采取有所保留的处理方式。在美国—澳大利亚自由贸易协定中，美国将糖、牛肉和乳制品排除在零关税范围之外。北美自由贸易协定中，美国对 7 个税目的农产品实行关税配额管理，包括糖、糖浆、含糖可可、制备饮料的浓缩物等，15 年后取消关税和配额限制。欧盟在自贸区谈判中也一直争取对大量农产品进行例外处理。因担心进口对内部市场造成价格冲击，欧盟对牛及牛肉、猪、禽类、奶类、谷物、糖、部分水果蔬菜、橄榄油等产品尽可能减少关税减让或实行数量限制。农业资源条件和竞争力相对较弱的日本和韩国对敏感产业的保护更为明确，在自贸区谈判中始终坚持对大米等重要农产品进行例外处理。

对于已经在双边自贸区中开放的农产品，也普遍建立了相应的补偿机制。《韩—美自贸协定》实施后，政府扩大了补偿产品对象范围，将牛肉、柑橘和大豆列入了补贴名单。对被迫转产其他产品的企业和农户提供了产业倒闭补偿款。同时支持技术开发，扩大专业农户培训资金规模，提高其产品竞争力，并通过增加转移支付维持国内各产业间发展平衡。

（三）高水平的支持与保护是当今农业贸易的主导特征

农产品贸易保护在发达国家非常普遍，大多数发达国家对农业贸易实行不同方式和程度的保护，主要做法有：第一，保持较高的农产品关税。例如，欧盟、日本、挪威的农产品进口平均关税分别为 22.8％、41.8％ 和 70.7％。第二，存在大量的关税高峰和关税升级现象。据统计，发达国家关税高峰农产品（关税超过 12％的农产品）占全部农产品税号的 10％，一些重要农产品关税更是高达 350％～900％。在关税高峰农产品中，美国有 20％的农产品关税超过 30％，日本、欧盟、加拿大的比例分别达到 30％、25％和 14％。第三，继续实行高额农业补贴。据 WTO 资料显示，从"黄箱"补贴约束水平相当于农业总产值比重看，欧盟为 25％，日本为 41％，美国为 9.5％。第四，对农产品提供巨额出口补贴。例如，经合组织国家 2/3 的乳制品、1/2 的肉蛋产品、1/3 的蔬菜水果、1/3～2/3 的粮食出口需要补贴。欧盟、瑞士、美国和挪威 4 个经合组织成员出口补贴占全球的 97％。第五，非关税壁垒花样繁多。美国、日本、欧盟等国家凭借其自身的技术、经济优势，制定苛刻的技术标准、技术法规、技术认证等，对发展中国家的农产品出口进行限制。

四、对我国的启示

（一）积极推进自贸区建设的同时，应继续支持多边贸易体制发展和完善，推动多哈回合谈判

金融危机后，全球多双边贸易谈判格局转变必然会对未来国际贸易规则产生深远影响。包括中国在内的发展中国家一方面应顺应潮流，积极推进双边自贸区谈判，拓展经济发展空间，改善国际环境。特别是加强与其他新兴经济体之间的立场协调，以自身巨大内需和市场容量的优势为杠杆，积极跻身参与双边自贸区规则的制定。同时，推动 TPP、美欧自贸区等朝公开透明的方向进展，防止美国、欧盟等自贸区战略带来的不利影响。另一方面应继续支持多边贸易体制发展和完善，继续努力推动多哈回合谈判。WTO 一旦被空心化，发展中成员将失去多边贸易体制这个重要

平台，原本提升的话语权将再次被削弱；接受发达成员主导的新的贸易规则对发展中成员来说意味着再次"入世"，必将付出更大的成本。

（二）在多双边谈判继续加强对农业和农业政策空间的保护

入世十余多年的实践表明，高度开放的市场已对我国造成巨大压力。当前我国农业农村发展进入新阶段，人口总量增加、城镇人口比重上升、居民消费水平提高、农产品工业用途拓展，农产品需求呈刚性增长，与此同时农业生产的要素和环境制约已绷得很紧，保障重要农产品有效供给任务十分艰巨。我国包括粮食、棉花、植物油、食糖在内的重要农产品已全面呈净进口状态，未来进口量将不可避免地继续增加，对我国农业健康发展的影响也将更加直接、更加深刻、更加全面。我国人口众多，国际市场农产品贸易总量有限，利用进口调剂余缺的同时，保障国家粮食安全和重要农产品有效供给始终是我国农业发展的必然选择。因此，在推进贸易自由化过程中，必须加强对农业的保护。同时，要注重对目前有限的政策空间的保护，为未来提供政策调控和产业发展空间，推动农业发展方式的转变。

（2013 年）

多边贸易规则与粮食安全

　　粮食安全是一个世界性的概念，也是一个世界性的难题。1996 年 11 月，联合国粮食及农业组织召开世界粮食首脑会议，通过了《世界粮食安全罗马宣言》和《世界粮食首脑会议行动计划》，将粮食安全定义为：任何人、任何时候、在物质条件和经济上，都能够获得足够、安全、营养的食物来满足其积极和健康生活所需的膳食要求与偏好。这一定义包含了三方面最基本要素，一是充足的粮食供给，二是供给的稳定性，三是粮食的可获得性，即在经济和运输等物质条件方面不会对人们获得粮食造成困难和障碍，也就是我们通常所说的买得起、买得到。在国家层面，粮食安全主要取决于该国的粮食生产能力和进口能力，其中进口能力包括可以获得稳定的粮源和有足够的支付能力。

　　贸易是解决全球粮食安全问题一个重要的途径。理论上讲，粮食安全三个基本方面都会受到贸易影响。就供给而言，粮食的有效供给取决于国内生产和从国际市场上的净进口。就供给的稳定性而言，要保证粮食供给的稳定，包括价格、数量和质量的稳定，既要减少国内生产和市场自身的波动，又要尽可能减缓国际市场波动。就可获得性而言，开放条件下，国际市场价格波动、国际跨国公司对粮食市场的垄断、国际运输成本变动、粮食出口限制禁运政策等都将对人们获得粮食的能力和可持续性造成影响。总之，要提高贸易对粮食安全的保障能力，既要开放市场，又要在开放中减小贸易政策对粮食生产、运输等的不利影响。

　　当前全球粮食安全主要是发展中国家的粮食安全问题。近 20 年来，以 WTO 为主导的农业多边贸易规则，一方面以推进农业贸易自由化为主要方向，强调开放市场、减少补贴、降低对市场的扭曲程度；另一方面也意识到贸易自由化对发展中国家粮食安全的现实及潜力影响，进而在有关规则及谈判中予以了体现。

一、GATT 时期农产品贸易规则与粮食安全

乌拉圭回合之前，关贸总协定（GATT）一直名义上将农业包含在内，但适用于工业品的做法并不适应初级产品，致使农产品贸易长期游离于多边贸易体制约束之外。例如，GATT 允许各国在农产品领域使用数量限制、进口配额等非关税措施、允许成员使用出口补贴、没有针对农产品补贴有效的规则等，使得其无法对农业贸易进行有效约束。

在 GATT 时期，主要发达国家（发展中国家大多征收出口税、对农产品价格进行管制、对农业以负支持）除对进口征收从价税外，还实行浮动关税、差额关税、季节关税等隐蔽性强、保护程度高的关税措施，同时还经常通过进口配额、自愿限制协定等对进口实施限制措施。由于GATT 并无直接约束国内支持的规则，导致发达国家一方面对农业进行巨额补贴，维持国内农产品高价，增加和稳定农业收入；另一方面大量采用直接或间接的出口补贴、出口信贷、粮食援助等措施鼓励出口。

贸易壁垒扭曲了农产品贸易，阻碍了粮食生产和消费地区流通，影响到全球粮食供给和粮食安全的保障。一方面发达国家的巨额补贴和边境保护措施导致粮食生产过剩。例如，美国 20 世纪 80 年代粮食生产占全球粮食总产的 11％左右，其中超过 60％的产品出现过剩，必须依靠国际市场。另一方面许多缺粮的发展中国家又因缺乏足够的购买能力，从而全球粮食安全形势呈现出结构性过剩和结构性短缺同时存在的严重不平衡状态。占世界人口接近 3/4 的发展中国家粮食产量不足全球粮食总量的 1/2，有超过 1/3 的发展中国家人口长期处于缺粮的饥饿状态。

二、乌拉圭回合农产品贸易规则与粮食安全

首次将农产品贸易全面纳入世界多边贸易体制的有效管理之中，规范了全球农产品贸易，帮助改善了全球粮食安全情况。

（一）乌拉圭回合对农业贸易规则的改革，减小了农产品贸易扭曲，部分纠正了与农产品结构性过剩的有关规则

在市场准入方面，规范了成员的进口保护行为，减少了进口壁垒。规定关税是唯一允许的边境保护措施，所有的非关税措施禁止使用并进行关税化，所用农产品关税必须削减一定幅度后进行上限约束；允许重点产品

有较高关税（关税高峰）；可以使用复杂关税形式和关税配额管理制度；允许特定产品使用特殊保障机制。

在国内支持方面，规范 WTO 成员对国内农业生产的支持和补贴行为。按对生产和贸易影响的不同，WTO 将国内农业支持划分为"绿箱"政策、"黄箱"政策和"蓝箱"政策三种类别，并做出了不同规定。"绿箱"政策指对生产和贸易没有影响或影响微弱的政策，不要求削减也不限制将来扩大和强化使用，主要包括农业科研推广、基础设施建设、直接收入支持等 12 项政策。"黄箱"政策指对生产和贸易有直接扭曲作用的政策，也是对生产激励效果最为有效的政策，包括价格支持，与产量、面积、牲畜数量挂钩的补贴、投入物和投资补贴等，要求各方用 AMS 计算并逐步予以削减。各成员可以在削减后的约束水平或微量许可水平下使用"黄箱"政策。"蓝箱"政策是指与限产联系的补贴政策，不列入需削减的国内支持计算且没有上限约束。

在出口竞争方面，削减和最终取消出口补贴，保障国际市场的公平竞争。乌拉圭回合《农业协定》规定既有的出口补贴在削减一定幅度后进行上限约束，没有使用出口补贴的成员不得使用出口补贴（实质造成了发达成员可以保留大量出口补贴空间，发展中成员空间很少）；对与出口竞争相关的出口信贷、出口国营贸易和粮食援助进行规范；允许作为营销促销公共服务的出口促进行为。

（二）乌拉圭回合《农业协定》达成了与粮食安全有关的条款，一定程度照顾了发展中成员对于本国农业发展和粮食安全的关注

乌拉圭回合《农业协定》的长期目标是建立"公平的、市场为导向的农业贸易体制"，要求缔约方在议定的期限内逐步实现对农业支持和保护的实质性削减，以纠正和防止世界农产品市场中的限制和扭曲。但乌拉圭回合《农业协定》也注意到贸易自由化过程中对发展中成员粮食生产能力及粮食安全的影响，因此乌拉圭回合《农业协定》在序言中明确规定：注意到应以公平的方式在所有成员之间做出改革计划下的承诺，并注意到非贸易关注，包括粮食安全和保护环境的需要，注意到各方一致同意发展中国家的特殊和差别待遇是谈判的组成部分，同时考虑改革计划的实施可能对最不发达国家和粮食净进口发展中国家产生的消极影响。

在乌拉圭回合《农业协定》具体条文中，有关减少贸易对发展中成员粮食生产能力的影响，帮助发展中成员及保障粮食安全的方面主要体现在以下几个方面。

一是为履行义务提供更长期限的条款。《农业协定》15.2 条款规定：发展中成员应拥有在最长为 10 年的时间内实施削减承诺的灵活性；最不发达成员不需做出削减。

二是履行较低义务的条款。《农业协定》15.1 条款规定，发展中成员在市场准入、国内支持和出口补贴的削减幅度方面享有特殊和差别待遇。具体而言，发达成员承诺农产品平均关税削减 36％，而发展中成员做出 24％的削减，其中每一税目发达国家需要削减 15％，而发展中成员削减 10％。国内支持上，发达成员承诺削减总 AMS 的 20％，而发展中成员削减 13％。出口补贴上，发达成员出口补贴额和补贴出口量需分别削减 36％和 21％，发展中成员削减比例分别为 24％和 14％。

三是在部分领域免除发展中成员的削减义务。例如，在国内支持上，《农业协定》6.2 条款规定：对于发展中成员农业可普遍获得的投资补贴、发展中成员中低收入或资源贫乏生产者可普遍获得的农业投入补贴等，免除其国内支持削减承诺。

四是在直接影响发展中成员粮食安全的相关领域予以了明确条款。在出口禁止或限制上，《农业协定》第 12 条明确规定：设立出口禁止或限制的成员应适当考虑此类出口禁止或限制对进口成员粮食安全的影响。要求成员的国际粮食援助需要遵循一定的规范、不能影响正常的粮食出口和正常粮食贸易。《农业协定》10.4 条款明确规定：捐赠国际粮食援助成员应保证：（a）国际粮食援助的提供与对受援国的农产品商业出口无直接或间接联系；（b）国际粮食援助交易，包括货币化的双边粮食援助，应依照联合国粮食及农业组织《剩余食品处理原则和协商义务》的规定进行，在适当时，还应依照通常营销要求（UMRs）制度；以及（c）此类援助应在可能的限度内以完全赠予的形式提供或以不低于《1986 年粮食援助公约》第 4 条规定的条件提供。

（三）乌拉圭回合达成的《马拉喀什决议》，致力于消除贸易对粮食净进口国的不利影响

意识到实施乌拉圭回合《农业协定》不断创造贸易扩张和经济增长的机会、为全体参与者带来利益的同时，成员也承认农业贸易更加自由化有可能对最不发达国家和粮食净进口发展中国家的粮食安全产生消极影响，对此 WTO 还达成了《马拉喀什决议》，即《关于改革计划对最不发达国家和粮食净进口发展中国家可能产生消极影响的措施的决定》。《马拉喀什决议》主要从粮食援助、农业出口信贷、短期融资、技术与财政援助四个方面，试图消除贸易对粮食安全的负面影响，为粮食净进口国家构筑了粮食安全网。

其中，为保证最不发达国家和粮食净进口发展中国家的粮食合理需求得到满足，《马拉喀什决议》规定重新确定《1986 年粮食援助公约》要求的最低粮食援助义务，以完全赠予方式或恰当优惠条件提供比例日益上升的粮食。该规定实际上是要求捐赠国提高粮食援助的承诺水平，并以完全赠予的方式或恰当的优惠条件提供粮食援助。同时，为防止粮食援助构成出口补贴规避，《农业协定》10.4 条款对粮食捐助国做出了更为具体的约束：①捐助国应确保提供的粮食援助不直接或间接与对受援国的农产品商业出口挂钩；②粮食援助，包括货币化的双边粮食援助，应该遵守联合国粮食及农业组织《剩余粮食处理原则和协商义务》的规定进行，并确保受援国的一般营销需求；③粮食援助的提供应该尽可能采用无偿捐赠的形式，或者提供援助的优惠条件不低于《1986 年粮食援助公约》中第 4 条的规定，以限制粮食援助对农产品正常的商业贸易产生不利影响。

整体上看，乌拉圭回合达成的农业贸易规则为保障全球粮食安全发挥了积极作用。一是为保障粮食安全提供了相对可预见的制度环境。乌拉圭回合最大的贡献在于将贸易政策改革与国内农业政策改革结合起来，并将影响市场准入和出口竞争的保护主义措施置于国际法的约束之下。这不仅为各成员提供了一个改善贸易政策的框架，而且为其国内农业政策确立了一套行为准则，增强了贸易的可预见性。二是《农业协定》的实施推动了粮食贸易增长，有利于保证世界粮食供给。乌拉圭回合农业改革一定程度上促进了 WTO 成员方开放农产品市场，相应地改善了粮食市场状况，为各国的粮食进出口提供了机会，从而增加了粮食贸易流量。据 WTO 统计，20 世纪 80 年代中期至 90 年代中期（1993—1995 年），世界粮食贸易几乎没有增长，但在 2000—2010 年，粮食贸易波动减弱，持续增长。根据美国农业部网站分析，世界粮食进口总量 26 738 万吨，年均增长 1.47%。

但不可否认的是，乌拉圭回合《农业协定》的实施并未实质性改善发展中国家市场准入条件，发达国家农业补贴依然严重，并继续产生扭曲贸易的效果。这对发展中国家农业生产造成了损害，进而影响其粮食安全问题的解决。

一是乌拉圭回合《农业协定》对农产品关税削减作用有限，发达国家仍然允许存在大量高关税和关税高峰。关税削减不足一方面限制了发展中国家农产品出口，影响其出口创汇能力；另一方面大量进口对发展中国家自身农业发展造成损害。因而，无论是出口还是进口，发展中国家粮食供给和获取能力都受到不利影响。

二是对国内支持和出口补贴的削减相当有限，仍然允许部分成员使用大量扭曲贸易的国内支持和出口补贴。例如，除 5％的微量允许空间外，《农业协定》还允许发达成员拥有一定水平的 AMS。美国 191 亿美元、欧盟（27 国）722 亿欧元、加拿大 43 亿加元，日本 39 729 亿日元等。与微量允许本身构成对每个产品支持封顶限制不同，AMS 是不分产品的支持，成员可以将 AMS 补贴集中使用在少数重点产品上，补贴方式的灵活性很高。高的补贴空间使得发达国家对农业的高补贴依然广泛存在，对发展中国家农产品生产和贸易产生巨大冲击。WTO 前总干事拉米在谈判粮食危机时，也认可富国农业补贴扭曲了农产品贸易，伤害了发展中国家的粮食生产。

三是发展中成员与发达成员间在国内支持、出口补贴等方面存在严重的不平衡，对发展中成员生计型小农的特殊性和需要也没有充分考虑。例如，大部分"绿箱"标准是依照发达国家支持计划设计的，而大部分粮食不安全人口生活在发展中国家，其中很多是小农。鉴于"绿箱"关于直接支付和保险计划的标准以发达国家大农场和产业化农业生产为参照，其条款对于发展中国家劳动密集的小规模生产模式缺乏适配性。又如，对于 PSH，虽然规定发展中国家在价格收购方面享有一定灵活性，其储备粮可以管理价格采购和出售，但管理价格和市场价格的差额部分应计入扭曲贸易的 AMS。

三、多哈回合谈判与粮食安全

认识到农业贸易改革不能忽略粮食安全关注，也认识到农业对发展中国家粮食安全的重要作用，《农业协定》第 20 条要求后续农业贸易改革继续考虑非贸易关注，粮食安全关注也被纳入"发展"目标。2001 年启动的多哈回合以"发展"为主题，在推进农业贸易自由化、实现贸易增长和经济发展的同时，也将有效解决发展中国家粮食安全、农村发展和小农生计作为重要目标。

多哈谈判经历曲折，虽然至今没有达成协议，但也取得一系列共识及谈判结果，体现了发展中成员在粮食安全上的关注。

一是 2004 年达成的《7 月框架协议》、2005 年《香港部长宣言》确立了与发展中成员粮食安全有关的基本原则。在市场准入方面，对涉及粮食和生计安全、农村发展的农产品，发展中成员可通过确定一定数量的特殊产品加以保护；"逐步取消发达成员的 SSG，建立只有发展中成员使用的 SSM"。在国内支持方面，AMS 为零的发展中成员，以及粮食净进口国被免于 OTDS 削减；AMS 约束为零，或者虽有 AMS 约束但针对资源贫乏、用于维持生计的生产者，以及粮食净进口的发展中成员，微量支持可维持现有水平；在"绿箱"支持中给予发展中成员更多的发展计划。在出口竞争方面，允许发展中成员利用国营贸易企业的出口垄断权来维持国内消费价格稳定、保障粮食安全。

二是 2013 年 WTO 巴厘岛部长会议就发展中成员粮食安全公共储备达成和平条款，明确在永久方案达成之前，临时方案（和平条款）持续有效，在此期间，成员不得就粮食安全目的的公共储备项目诉诸 WTO 争端解决机制，在永久方案达成之前和平条款始终有效。

三是 2015 年第十届部长会宣布取消农产品出口补贴，进一步规范了国际农产品贸易的秩序。

2015 年内罗毕会议之后至今，由于逆全球化和保护主义抬头，多哈谈判外部大环境不利，农业谈判总体进展有限。目前，成员正就推动 MC11 达成协议进行努力。其中 PSH 永久方案因有明确部长授权（2017 年底的第十一届部长会议上达成永久方案）是其中主要内容之一。目前，成员就 PSH 永久方案的成员范围、产品范围、法律地位、保障措施和透明度要求等各个要素展开密集磋商，但以 G33 为代表的进口发展中成员提案方与发达成员和出口发展中成员之间分歧依然较大。

四、对下一步 WTO 农业谈判的有关建议

（一）当前全球粮食安全面临的挑战依然突出

一是世界粮食供需总体基本平衡（紧平衡），但区域性短缺和粮食不安全问题突出，粮食危机的风险始终存在。1961—2012 年，全球谷物、油料和肉类等主要农产品产量保持增长趋势，高于同期人口增长速度，人均占有量稳步提高，但地区间不平衡、差异明显。发达国家粮食生产过剩，发展中国家供应不足，全球仍有 8.42 亿饥饿和营养不良人口。粮食供需平衡也不稳定，其间还发生了 20 世纪 70 年代初和 90 年代初，以及 2008 年 3 次世界性粮食危机，粮食危机的威胁始终没有根除。2001 年以来，世界粮食安全形势总体有所改进，但有 7 年产不足需，库存减少。

二是发展中国家粮食安全形势没有得到根本性改善。据联合国粮食及农业组织估算，2015 年全球不能获得充足粮食的 7.95 亿人口中有 7.8 亿生活在发展中国家，其中中国和印度共有 3.28 亿人面临饥饿问题，占全球的 41％。据南方中心统计，乌拉圭回合以来，伴随着削减关税和降低对农业的支持，部分发展中国家市场不断受到发达国家高补贴农产品进口冲击，粮食生产能力不仅没有改善，反而一再被削弱。联合国粮食及农业数据显示，2014 年最不发达国家粮食产品进口逆差达到 370 亿美元，是 2002 年乌拉圭回合《农业协定》实施之初的 4.1 倍。目前全球粮食进口国比 2002 年增长了 8 个，比 1995 年增长了 16 个。

三是当前世界粮食和农产品分配与贸易体系，不能解决地区不平衡问题、不能解决世界粮食安全和主要农产品供给保障问题。全球谷物贸易占产量的比重比较低，2001—2012 年基本上保持在 12％～13.5％的水平。相对而言，大豆、棉花和食糖等非粮食作物的贸易自由化程度较高，2013 年、2014 年全球大豆、棉花和食糖贸易量占产量的比重分别为 38％、33％和 34％。这说明，国际市场粮食等主要农产品贸易量在生产总量中占比有限，不足 15％，粮食等重要农产品的基本供给能力主要依靠各国国内生产。发展中国家只有增加对农业和粮食生产的投资，特别是扶持小农生产，增强自身的粮食生产能力，才能形成稳定的粮食供给、保障粮食安全。

（二）多哈回合谈判应继续围绕发展这一主题，在推进贸易自由化过程中解决发展中成员的发展关注，帮助其改善粮食安全

多哈回合是发展回合，多哈回合谈判授权决定了农业谈判的目标就是要促进发展中成员的农业发展。发展中成员数量众多、情况多样、对于发展的诉求各不相同。总体看可以分为两大类：一是具有农产品出口利益的发展中成员。这些成员的农产品出口面临着国际市场高关税乃至禁止性关税及不断增加的技术壁垒的约束，面临着发达国家高额补贴支持及数十年、近百年补贴支持累积的竞争优势所带来的不公平竞争。二是拥有大量小规模、生计型小农的发展中成员。这些成员因土地资源、人口等客观因素限制，农业生产成本高、基础竞争力弱，存在大量饥饿和营养不良人口，在确保粮食安全、农民生计和农村发展方面面临着越来越严峻的挑战，在贸易自由化进程中面临巨大的竞争压力，需要拥有足够的政策空间来加强对小农的支持保护、应对日趋加剧的国际市场的波动。

因此，履行多哈农业谈判授权、实现农业谈判目标、建立公平的和以市场为导向的世界农业贸易体制，最重要、最核心的任务：一是要实质性削减高关税特别是禁止性关税、实质性削减乃至消除扭曲贸易的国内支持补贴；二是要给予发展成员充分有效的灵活性，加强对生计型农业的合理支持和保护，促进其粮食安全、农民生计安全、农村发展目标的实现，增强其应对国际市场波动的能力。

（2017 年）

粮食安全需要与商业利益的较量

——WTO规则及其对印度和中国的影响

2016 年 9 月 13 日，美国就中国对小麦、大米（籼米和粳米）和玉米等农产品采取的相关支持政策提起世贸组织争端解决机制下的磋商请求，指称中国政府对上述农产品实施的国内支持政策与中国加入世贸组织相关承诺不符，并违反《农业协定》等相关世贸组织规则。美国此次在 WTO 起诉中国农业支持政策，既是世界最大的农产品出口国对世界最大的农产品进口国农业政策的挑战，更是以美国为代表的商业出口型农业首次在 WTO 框架下对以中国为代表的发展中国家粮食安全政策的挑战，其结果将产生重大而深远的影响，故本案引起了 WTO 成员的广泛关注。近日，印度对外贸易研究院（Indian Institute of Foreign Trade，IIFT）WTO 研究中心专家针对中美间争端，从发展中国家保障粮食安全角度出发，深入研究了 WTO 规则对中印两国的影响。现摘译其主要观点。

一、价格支持政策是很多发展中国家粮食安全保障计划的必要选择

美国起诉中国粮食产品补贴主要是认为中国政府按照管理价格收购粮食产品突破了中国入世承诺的微量允许限制。美国贸易代表办公室（USTR）认为，2012 年以来中国利用市场价格支持政策将国内价格维持在世界市场价格之上，影响了国内粮食生产，阻碍了谷物进口。

为实现粮食自给并确保千万贫困人口的粮食安全，中国实施了粮食最低收购价政策：当谷物市场价格低于政府设定的干预价格时，中国储备粮管理集团有限公司按管理价格启动收购。对粮食产品收储被认为是中国在 2007—2008 年粮食危机期间能够稳定国内粮价最重要的原因之一。

中国不是唯一对农业采取市场价格支持的国家。USTR 声称"中国政府和越来越多其他先进发展中国家采取的这种行为对美国农民和农场主造

成不利影响"，这里的"其他先进发展中国家"包括印度。印度国家粮食安全法案（NFSA）的目标是消除饥饿并保护社会脆弱群体的利益。根据农业成本与价格委员会（CACP）的建议，印度政府对包括大米和小麦在内的 23 种主要产品实施最低支持价格（MSP）政策，以确保粮食安全，防止价格波动。印度粮食公司（FCI）按最低支持价格收购小麦、大米等产品，并通过公共分配系统（PDS）按补贴的价格向消费者供应粮食。根据 NFSA，2013 年受补贴人群可按补贴价格每人每月购买 5 千克粮食。2015—2016 年小麦及稻谷的最低收购价格分别为每吨 15 250 卢比（约合 1 482 元）和 14 100 卢比（约合 1 370 元）[①]。目前，印度小麦和大米的自给率已经达到非常高的水平，特别是大米，自给率为 100%。

除中国和印度外，印度尼西亚、巴基斯坦、土耳其和肯尼亚等很多发展中国家也将价格支持政策作为稳定粮食价格、保障粮食安全必不可少的手段。南方中心[②]分析认为，价格支持及政府收购作为发展中国家重要的政策工具，可以保障和稳定资源匮乏型贫困农民的收入。

据联合国粮食及农业组织估算，2015 年全球不能获得充足粮食的 7.95 亿人口中有 7.8 亿生活在发展中国家，其中中国和印度共有 3.28 亿人面临饥饿问题，占全球的 41%。保障数以亿计人口免于饥饿和营养不良是这两个亚洲国家的艰巨任务，其共同挑战不仅是利用有限的资源实现粮食生产自给自足，还要确保贫困人口能够获得粮食。支持资源匮乏型农民和社会弱势群体对于消除饥饿、实现 2030 年联合国可持续发展目标至关重要。

二、WTO《农业协定》通过层层规定严格限制了发展中成员以价格支持政策保障粮食安全的空间

考虑到粮食安全方面的特殊需要，发展中国家对粮食产品的补贴具有天然的正当性和合理性，但美国出于其商业利益的需要，首先通过 WTO 规则限制发展中国家保护粮食安全的能力，然后批评发展中国家与粮食安全息息相关的粮食补贴政策。

---

① 2016 年 4 月 18 日卢比买入价：1 卢比＝0.097 2 元人民币。

② 南方中心（South Centre），是发展中国家建立的政府间国际组织。现有 51 个成员国，总部设立于日内瓦。

（一）发展中成员政府使用管理价格收购粮食产品的能力因现有规定大打折扣

实践证明，粮食产品的收购、储备和分配对于发展中国家保障粮食安全具有重要意义，但 WTO《农业协定》之下，成员粮食的收购、储备、分配分别对应不同的规则：其中粮食储备和分配属于没有限制的"绿箱"政策，但是使用管理价格收购本国粮食因为有可能会对出口成员的商业利益造成影响需计入"黄箱"。

WTO《农业协定》将国内支持划分为"绿箱""蓝箱"和"黄箱"。"绿箱"措施及对限产条件下直接补贴的"蓝箱"措施免于削减承诺；根据《农业协定》6.2 条款，发展中成员用于支持资源匮乏型农户的投资补贴和投入品补贴也免于削减承诺，但中国此类补贴需计入"黄箱"，受"黄箱"承诺限制。"黄箱"包括特定产品支持和非特定产品支持。其中，特定产品支持包括特定产品价格支持和政策预算性支持；非特定产品支持是将农业部门作为一个整体来制定政策，如对肥料和灌溉的补贴等。发展中国家特定产品支持量允许水平为产值的 10%，中国仅为 8.5%，且发展中国家不能使用发达国家普遍享有的 AMS 空间。

（二）现有价格支持计算方法使 WTO 成员有限的"黄箱"空间不断萎缩

美国诉中国三大粮食产品的支持属于特定产品价格支持，根据 WTO 规则，其支持量主要受政府的收购价（管理价格）、固定的外部参考价和获得该管理价格的产量等因素决定。《农业协定》规定，外部参考价通常是以 1986—1988 年为基期（中国的基期是 1996—1998 年）。使用固定外部参考价决定了在计算价格支持时不考虑通货膨胀这一重要而现实的因素。发展中国家的经济特点决定了其经济高速发展得益于货币扩张和财政赤字，在此过程中通货膨胀不仅不可避免，而且通胀率远高于发达国家。因此，使用"固定的外部参考价"必将导致发展中国家"黄箱"政策空间随着经济发展自然萎缩。1999—2010 年，中国在微量允许水平内对小麦实施了价格支持政策，在此期间小麦年平均收购量为产量的 33%，但以此收购量模拟 2011—2016 年小麦的价格支持水平，结果显示从 2013 年开始中国将突破微量允许。这一结果清晰显示了在 WTO 规则之下中国小麦政策空间的不断萎缩。

尽管《农业协定》18.4 条款包含通货膨胀条件下的国内支持量计算，但在成员单边权利下是不适用的，取决于其他成员的决定。《农业协定》中虽也提到了"过度通货膨胀"的概念，但对其定义模棱两可，目前并无明确的处理方法。

三、发展中国家用于收购粮食的特定产品支持被严重高估

中国农业国内支持目前通报至 2010 年。分析显示"绿箱"在中国农业国内支持中占主导地位，2010 年一般服务和直接补贴占"绿箱"支出总额的 85%。"黄箱"特定产品支持中，1999—2010 年小麦特定产品支持低于 8.5% 的微量允许上限，其中 2010 年支持水平占产值比率为 2.46%。大米特定产品支持在通报期内低于微量允许；以通报期内大米年均收购量占总产量 11% 模拟，2011—2016 年大米特定产品支持仍远低于 8.5%。玉米产品在通报期内同样低于微量允许；以 1999—2003 年平均收购量占产量 26.58%（2004—2010 年中国未对玉米实施价格支持）模拟，2011—2015 年临时收储政策实施期间中国对玉米特定产品支持突破了微量允许，其中 2015 年达 14.4%。2016 年，中国政府对玉米开始实施市场化收购政策，支持水平大幅降至 1.98%。

印度国内支持主要是"绿箱"和"发展箱"（《农业协定》第 6 条）。2010—2011 年（印度最新通报的年份），"绿箱"支持为 194.72 亿美元，其中 138.12 亿美元为食物补贴。由于印度将经营面积小于 10 公顷的农户归类为低收入和资源匮乏型农户，2010 年农业普查显示其国内 99% 的农户属于这一类，因而印度不必像中国一样将对农业的投资补贴和对低收入及资源匮乏型农户的投入补贴，如化肥、灌溉、电力等归入"黄箱"非特定产品支持，而是归入不受限制的 6.2 条款。2010—2011 年，印度发展性补贴达到 316.1 亿美元。在特定产品支持上，2011 年印度对大米和小麦的支持占产值的比例分别为 7.21% 和 −0.73%，均小于 10% 的微量允许水平。在尚未通报的 2012—2015 年，计算显示大米和小麦特定产品支持依然小于微量允许水平（小麦依然为负值）。

关于粮食产品收购的政策空间，假定收购价、产量和其他特定产品支持保持在 2016 年水平（玉米为 2015 年）上，中国可分别收购占产量 23.7% 的小麦、106% 的大米及 13.9% 的玉米，不会突破 8.5% 的微量允

许承诺。印度则可收购 5 390 万吨（占总产量 52.2%）的大米，不违反微量允许水平；小麦由于收购价低于外部参考价，收购空间充足。

USTR 认为 2015 年中国对小麦、大米和玉米的市场支持超出国内支持承诺（农林牧渔总产值的 8.5%）近 1 000 亿元。根据对小麦、大米和玉米特定产品支持量的分析，可以发现 2015 年中国对这些产品的特定产品支持仅为 1 068.7 亿元或 171.6 亿美元，明显低于 USTR 认为的数量。扣除通货膨胀因素后，中国对三大主粮的支持水平更低。模拟结果显示，如果完全扣除通货膨胀因素，2011—2016 年中国对大米的特定产品支持为负值，小麦不足 2%，但对玉米的支持水平在临时收储政策实施期间依然突破 8.5%的限制。

四、美国长期以来利用 WTO 规则为其商业出口型农产品提供高额补贴，严重损害了发展中成员为保障粮食安全所做出的努力

美国指责新兴发展中成员利用价格支持等补贴政策对美国农民造成了不公平的竞争，但事实恰恰是发展中国家农民长期以来不断遭受美国高额农产品补贴的伤害。2010 年美国农业领域人均国内支出达到 51 194 美元，而印度和中国仅为 201 美元和 191 美元。美国长期对包括谷物、牛奶、棉花等在内的很多农产品提供超出其 5%微量允许承诺水平的补贴，如 2001 年对大米特定产品支持高达产值的 82.5%。

美国之所以能够对主要农产品提供高额农产品补贴而不担心违反WTO 规则，主要是因为其拥有高达 191 亿美元的综合支持量（AMS）空间。根据 WTO 规则，拥有 AMS 的成员可以灵活将其用于任意需要支持的农产品，不必受微量允许承诺限制。除美国外，日本 AMS 空间为 39 729亿日元，欧盟为 722 亿欧元，而包括中国、印度在内的发展中国家则为0。具有讽刺意味的是，在乌拉圭回合谈判中，正是由于美国等发达成员长期对农产品提供高额支持，使用了大量扭曲贸易的国内支持，才拥有超出微量允许水平的 AMS 空间，而中国、印度等发展中国家由于在基期内没有农业补贴，最终 AMS 空间为 0，不能超出微量允许水平提供"黄箱"支持。这也就是说，WTO 规则惩罚了基期内没有扭曲贸易国内支持的成员，而长期以来对国际贸易造成大量扭曲的成员则得到了丰厚的奖赏。

由于这种不公平，美国长期在全球农产品贸易中享受这种人为制造的竞争优势。美国环境工作组①（EWG）指出，美国对农业提供高额补贴，通过管控气候、市场价格和其他因素造成农产品产量和利润率的波动，从而保障美国农民的收入；美国农业补贴主要向玉米、大豆、棉花、小麦和大米等其主要出口产品倾斜。美国诉中国粮食产品农业支持表明，美国目前在利用其高额补贴继续对发展中国家产生不公平竞争的同时，还为这些享受高额补贴的产品获得更多的市场准入机会和更大的利润批评发展中国家的农业政策。有学者②指出："当美国农民已高度富裕起来并且美国人可以获得中国、印度等发展中成员4倍之多的食品援助时，却对为解决最饥饿人口的吃饭问题而对世界上最贫穷的农民发展补贴施加严格的纪律，这是虚伪的。"

五、发展中成员应携手努力争取更公平的贸易规则

2010年，美国粮食安全支出为940亿美元（2013年上涨至1 090亿美元），中国和印度则分别仅为113.8亿美元、138.1亿美元；而美国人口仅有3.18亿，中国和印度分别为13.9亿、12.7亿，两国贫困和营养不良人口共计3.28亿，超出美国全国人口总数。

发展中成员保障自身粮食安全和数以亿计贫困、营养不良人口生计安全具有天然的合理性和优先性。鉴于当前社会经济形势，两个国家不应屈服于WTO《农业协定》不公正的规则和美国不合理的要求，而应继续将以价格支持为支撑的粮食收购作为确保粮食安全和保护资源贫乏农民利益的必然措施。

中美关于口粮国内支持争端的结果将为发展中成员实现粮食安全目标可能触及其入世承诺的情况提供判例，发展中成员应对此予以高度关注。与此同时，预见到在实施粮食安全公共储备政策时可能面临的问题，发展中国家应要求修改WTO《农业协定》，以便为实施与本国社会经济形势

---

① 美国环境工作组（Environmental Working Group），是设在华盛顿的一个非营利、非党派的民间环保组织，成立于1993年。

② Wise A. Timothy and Patnaik Biraj（2015）Destruction of US credibility at WTO. Published in Livemint on September 8. Accessed on 16th September, 2016. http：//www. livemint. com/Opinion/Jpi4o78XnwziAnsbzTHgrJ/Destruction - of - US - credibility - at - WTO. html.

相匹配的粮食安全政策提供政策空间。

在 2013 年巴厘部长会议上，在发展中成员的共同努力下，WTO 成员同意以"和平条款"作为发展中成员保障粮食安全问题过渡性解决方案。根据"和平条款"，如果一个发展中成员以粮食安全为目标，按管理价格收购粮食突破了微量允许的上限，其他成员应免于向 WTO 起诉。2014 年，WTO 总理事会决议规定：如果 2017 年第十一届部长会议不能达成并通过粮食安全公共储备永久解决方案，"和平条款"将继续生效，直至达成永久解决方案。"和平条款"使用必须满足严格的限制条件：一是相关国家需要承认其违背或可能违反《农业协定》规定的义务；二是成员必须通报其近年的农业国内支持。中国在小麦特定产品支持超出微量允许时，可考虑启用"和平条款"。为此，中国必须通报近年农业国内支持，并遵守部长会议粮食安全公共储备决议中的其他规定。

发展中国家应坚持要求早日达成简单、可操作性强的粮食安全公共储备永久方案，以便为实施价格支持性粮食收购提供充分政策空间，确保千万营养不良和贫困人口的粮食安全，战胜少数发达国家赤裸裸的商业利益。

［本文摘译自印度对外贸易研究院（Indian Institute of Foreign Trade，IIFT）WTO 研究中心文章］